"十三五"国家重点出版物出版规划项目

南水北调中线工程文物保护项目
河南省考古发掘报告
第㉙号

淅川蛮子营墓地

河南省文物局 编著

科学出版社
北京

内 容 简 介

本书是南水北调中线工程丹江口库区淹没区文物保护项目——淅川蛮子营墓地的考古发掘报告。全书分为六章，共发表各时期遗迹72处，其中灰坑16个、墓葬56座。时代包括新石器时代、两周之际、汉晋及宋金时期，其中以汉晋时期遗存最为丰富，墓葬年代从西汉晚期延续至魏晋时期。此外，该墓地发现的两周之际遗物虽然较少，但是同时期遗存在老鹳河流域少有发现。该墓地发现的各时期遗存为研究丹江口地区新石器时代文化、早期楚文化、汉晋文化及宋金文化面貌提供了较为丰富的考古学材料。

本书可供从事文物考古、历史学及相关学科的研究者和大专院校相关专业师生阅读、参考。

图书在版编目（CIP）数据

淅川蛮子营墓地 / 河南省文物局编著. —北京：科学出版社，2016. 10
南水北调中线工程文物保护项目. 河南省考古发掘报告. 第29号
ISBN 978-7-03-050142-4

Ⅰ. ①淅…　Ⅱ. ①河…　Ⅲ. ①墓葬（考古）-发掘报告-淅川县　Ⅳ. ①K878.85

中国版本图书馆CIP数据核字（2016）第238143号

责任编辑：张亚娜　王光明 / 责任校对：钟　洋
责任印制：肖　兴 / 封面设计：陈　敬

科学出版社 出版
北京东黄城根北街16号
邮政编码：100717
http://www.sciencep.com

中国科学院印刷厂 印刷

科学出版社发行　各地新华书店经销

*

2016年10月第　一　版　开本：889 × 1194　1/16
2016年10月第一次印刷　印张：12 1/4　插页：37
字数：353 000

定价：228.00元

（如有印装质量问题，我社负责调换）

"13th Five-Year Plan" National Key Publications Publishing and Planning Project

Reports on the Cultural Relics Conservation
in the South-to-North Water Diversion Project
Henan Vol.29

Manziying Cemetery in Xichuan County

Administration of Cultural Heritage of Henan Province

Science Press
Beijing

南水北调中线工程文物保护项目

河南省考古发掘报告第29号

《淅川蛮子营墓地》

主　编

陈文利　姚军英

执　笔

陈文利　姚军英　王建平

项目承担单位

河南省文物考古研究院

许昌市文物考古研究管理所

前　言

作为举世瞩目的特大型水利建设项目，南水北调中线工程的文物保护工作在河南是史无前例的。无论是工程涉及区域之广大，还是文物点分布的密集程度和价值之高，在河南的考古史上都是前所未有的。因此，当黄河小浪底水利枢纽工程和长江三峡库区的文物保护工作结束后不久，随着南水北调中线工程设计规划和施工的渐次展开，世人的目光便开始聚焦古老的中原大地。如何在配合特大型工程建设的同时，使中原大地珍贵的文化遗产得到有效保护，成为河南文物部门的重要任务。

南水北调中线工程包括水源地和总干渠两个主要项目。水源地丹江口水库地跨河南、湖北两省，总淹没面积达370平方千米，其中河南省境内占170平方千米，约占总面积的46%。总干渠起自河南省淅川县的陶岔，流经河南、河北、北京、天津等省市，全长1276千米，其中河南境内达731千米，约占总长度的58%。从南阳盆地沿太行山东麓北行，流经南阳、平顶山、许昌、郑州、焦作、新乡、鹤壁、安阳8个省辖市32个县（市、区），南水北调中线工程纵贯了古代中原的核心区域。在淹没区和总干渠沿线及其附近分布的文物点，既有旧石器时代的化石地点和古人类遗迹，也有新石器时代的大型聚落，更有数量众多、内涵丰富的反映不同文化风格及其交融过程的历史时期的城址、墓葬群、古代建筑和石刻艺术等。可以说，纵贯河南南北的总干渠，在中原大地形成了一条极为难得的融汇各个文化发展时期和各种文化因素的古代文化廊道。

南水北调中线工程河南段的文物保护工作，有以下几个显著特点：

一是全国文物考古队伍积极参与。1994～2005年，河南省组织协调省内外有关文物考古、科研和工程设计单位，对南水北调中线工程丹江口河南淹没区和总干渠沿线进行文物调查、复核和确认工作。经国家有关部门复核确认，南水北调中线工程共涉及河南境内文物点330处。2005年，南水北调中线工程河南段文物保护抢救工作正式启动。河南省文物考古研究所和中国社会科学院考古研究所、武汉大学历史系、陕西省考古研究院等来自全国各地的50余家文物考古单位，先后参加南水北调中线工程河南段的文物保护抢救工作。河南省文物局积极组织协调，在工作中强化大局意识、质量意识、安全意识和服务意识，组织专家现场指导，安排部署市县文物部门进行巡视，为考古发掘单位提供优良的工作环境，确保工程建设和文物保护工程顺利进行。

二是保护抢救了一大批珍贵文物。南水北调文物保护不仅工程浩大，而且总干渠绝大部分是开挖明渠，更容易造成文物的破坏和损害。我们组织考古队伍提前介入，对将要开工渠段的已知文物点进行抢救发掘，有效地保护了文物。其中不乏历史价值、科学价值、艺术价值颇高的珍贵文物。如徐家岭墓地清理的一座战国早期楚国贵族墓葬，出土的一件小口鼎上铸有多达49字的清晰铭文，铭文上有岁星纪年和墓主人身份等，对于研究墓葬年代及墓主人身份提供了重要资料；鹤壁关庄墓地发现的清代西安府守备之墓，出土了一批金质头饰，造型优美，制作精细，特别是一件印有喜鹊登梅图案的金冠，工艺精良，有极高的艺术价值；博爱聂村墓地出土的4件唐代三彩钵，做工精湛，造型精美，是唐三彩器物中不可多得的精品。

三是考古发现具有重要的科学研究价值。如鹤壁刘庄遗址在全国首次发现分布密集、排列规律的大面积先商文化墓地，填补了先商文化发掘和研究工作的一项空白，是该研究领域的重大学术突破；安阳固岸墓地在我国第一次发现了以二十四孝为题材的东魏时期围屏石榻，首次发现了明确纪年的东魏墓葬，出土了大批北齐时期陶俑、瓷器和多方北齐、东魏墓志等重要文物，是研究豫北地区北朝时期的丧葬习俗和陶塑艺术，白瓷、黑瓷的起源和制作工艺，以及北齐和东魏时期的书法艺术的宝贵资料；卫辉大司马墓地唐代乞扶令和夫妇合葬墓的发掘，为研究我国隋唐时期的官吏体制、书法艺术和社会的繁盛提供了新证据；温县徐堡发现了龙山、西周、春秋、战国、汉、宋、明和清时期连续叠压的古城址，是目前黄河流域所发现的龙山文化城址中保存较好、规模较大的一座城址，填补了豫西北龙山城址发现的空白；荥阳薛村遗址为二里头文化晚期到早商文化时期的大型遗址，该遗址的发掘保护工作，对于研究薛村遗址聚落的结构、内部功能区的划分及其特点，探讨夏、商文化的演变的态势和更替有重要的学术意义和科学研究价值；荥阳关帝庙遗址发现了保存完整的商代晚期小型聚落，聚落功能齐全，分居住区、制陶区、祭祀区、墓葬区四部分，在我国商代考古发掘中尚属首次；新郑唐户遗址发现了大面积裴李岗文化时期的居住基址，房址形制结构特点和排水系统的使用，反映了裴李岗文化时期较为先进的建筑理念。

四是考古发掘与课题研究有机结合。在发掘过程中，不仅注重各类文物的抢救保护，而且采用现代科技手段，最大可能地采集各类标本。特别是对于出土的人骨、兽骨进行了性别、年龄、病理以及DNA等方面的鉴定；按照国家地理信息标准，对每处文物点都测量绘制了要素齐全的总平面图，为今后文物普查和保护奠定了基础。如武汉大学历史系对辉县大官庄墓地的一座9个墓室的大型汉墓，进行了发掘现场三维重建和近景摄影测绘技术的全面测绘，通过数字测绘技术、计算机虚拟现实技术，建立了三维的考古对象模型；山东大学在博爱西金城遗址发掘中，设立了主要涉及古地貌、动物、植物、石器、陶器以及遗址资源域十余个子课题的环境考古课题，是开展多学科综合研究的一次重大尝试。

河南省南水北调工程文物保护工作走过了艰辛而光荣的历程。我们积极探索大型项目建设中文物保护抢救工作的新路子，更新管理理念，创新管理机制，培育专业队伍，提升研究层次，取得了非凡的荣誉。安阳固岸墓地、鹤壁刘庄遗址、荥阳娘娘寨遗址、荥阳关帝庙遗址、新郑唐户遗址、新郑胡庄墓地等6个项目先后被评为“全国十大考古新发现”。鹤壁刘庄遗址、荥阳娘娘寨遗址、荥阳关帝庙遗址、新郑唐户遗址、新郑胡庄墓地、淅川沟湾遗址等6个项目荣获“全国田野考古质量奖”。国家文物局授予河南省文物局南水北调文物保护办公室

“全国文化遗产保护工作先进集体”荣誉称号。

河南省南水北调中线工程文物保护工作一直受到各级领导的关心和社会各界的支持。全国政协张思卿副主席曾率团视察河南省南水北调工程文物保护工作。国务院南水北调办公室和国家文物局各位领导多次亲临一线检查指导，帮助排忧解难。河南省委、省政府多次召开会议，研究解决文物抢救保护工程中的重大问题。南水北调中线干线工程建设管理局、南水北调中线水源有限责任公司、河南省南水北调中线干线工程领导小组办公室、河南省人民政府移民工作领导小组办公室对南水北调文物保护工作也给予了大力支持和帮助。国内诸多考古学家多次深入到文物保护抢救现场，对重大学术问题和考古发掘质量给予帮助指导。社会各界特别是新闻媒体给予极大关注和广泛宣传。

为了更好地利用考古资料开展学术研究，充分展示河南省南水北调中线工程文物保护项目考古发掘的巨大成果，河南省文物局积极组织考古发掘单位及时对考古发掘资料进行整理和研究，编辑出版考古发掘报告，以期进一步推动文物保护和考古学研究工作。

河南省文物局

2010年5月

目　　录

插图目录

彩版目录

图版目录

第一章 概 述

一、墓地位置与自然环境

淅川县位于河南省的西南隅，东部和北部紧邻邓州市、内乡县、西峡县，西北部与陕西省的商南县相邻，南部、西南部和湖北省的丹江口市、十堰市郧阳区接壤。淅川县境内丘陵起伏，山峦重叠，丹江从县西北向东南流去。丹江是汉水的主要支流，《水经注》“丹水”条云：“丹水出京兆上洛县西北冢岭山，东南过其县南，又东南过商南县，又东南至于丹水县，入于均。”丹江即古之丹水，发源于陕西省秦岭山脉的南麓，向东南流经商洛市商州区、丹凤县、商南县入淅川县境，至湖北省的丹江口市与汉水汇合。丹水流域的地理位置很重要，是古代通往陕西的交通要道。

蛮子营墓地位于南阳市淅川县上集镇境内，北距淅川县城区约7千米，东距蛮子营村约200米，墓地位于老鹳河东岸、335省道西部约500米，北邻沟湾遗址，南部为贾沟遗址。地理坐标东经111°27′712″、北纬33°04′561″，海拔162～168米（图一；彩版一）。

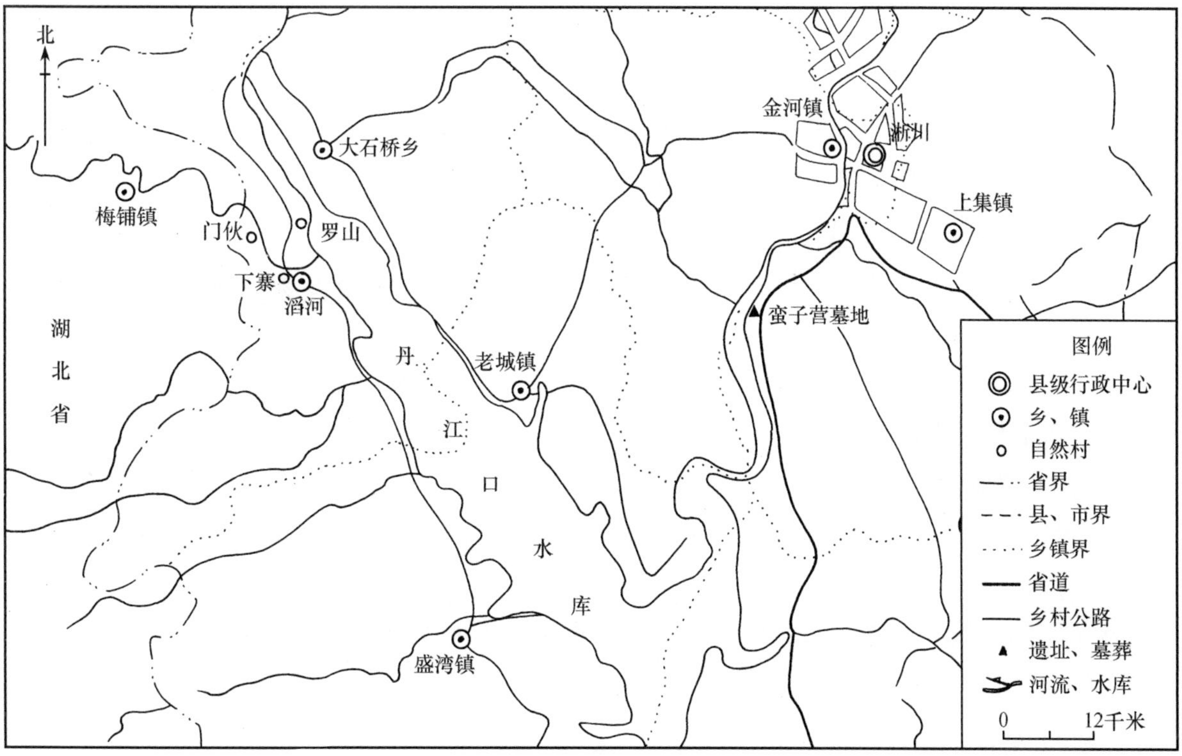

图一　蛮子营墓地位置示意图

二、发掘经过

为了配合南水北调中线工程丹江口水库淹没区的发掘工作，淅川县文物局于2004年6月至9月在丹江口库区文物调查时发现蛮子营墓地，在地表采集有陶片，并在断崖发现多处古墓葬。2008年5月，许昌市文物工作队（今许昌市文物考古研究管理所，后同）对该墓地进行勘探，发现有多座灰坑和墓葬，并将勘探结果上报河南省文物局，同年6月，经河南省文物局批准，受河南省文物局南水北调文物保护办公室委托，许昌市文物工作队对蛮子营墓地进行抢救性发掘。

2008年10月12日考古工作人员进驻现场，发掘工作正式开始。发掘严格按照《田野考古操作规程》的要求，采用探方法科学发掘，以象限法布方，探方均为10米×10米。整个发掘工作由南往北分两个区域进行（彩版二～彩版六），对所有遗迹进行统一编号。田野发掘工作于2010年10月底完成，室内资料的整理和报告的编写工作也随即展开。

本次发掘共布10米×10米探方46个，实际发掘面积4000平方米。共发现新石器时代、两周之际、汉晋、宋金等时期遗迹72处，其中灰坑16个、墓葬56座（图二、图三）。出土器物质地有陶、瓷、石、铜、铁、骨、玻璃等多种，其中陶器有甗、鬲、豆、瓮、鼎、壶、罐、盒、盆、灶、仓、釜、甑、磨、井、碗、案、勺等；瓷器有碗；石器有凿、锛、斧、饼、网坠等；铜器有镞、壶、镜、钱、车马饰件，其中铜钱有货泉、大泉五十、五铢钱三种；其他有铁鼎、铁釜、铁刀、骨珠、玻璃饰件等。

三、地层堆积

由于该墓地西边紧临老鹳河，常年受河水侵蚀，墓地破坏严重，经勘探，墓地分布于两个比较集中地区域，发掘时将墓地分为Ⅰ区和Ⅱ区。

Ⅰ区地层堆积分为2层。

第1层：厚0.25～0.3米，浅灰色土，土质较软，结构疏松，包含较多植物根系和近现代陶瓷片。

第2层：深0.25～0.3米，厚0.2～0.3米，浅黄色土，土质较软，结构疏松，包含有少量红烧土颗粒、草木灰及碎砖块等。

Ⅱ区地层堆积分为2层。

第1层：厚0.2～0.25米，灰色土，土质较软，结构疏松，包含有大量植物根系和近代陶瓷片等。

第2层：深0.2～0.25米，厚0.35～0.4米，黄褐色土，土质较软，结构疏松，包含有汉代花纹砖残块，少量筒、板瓦残片。

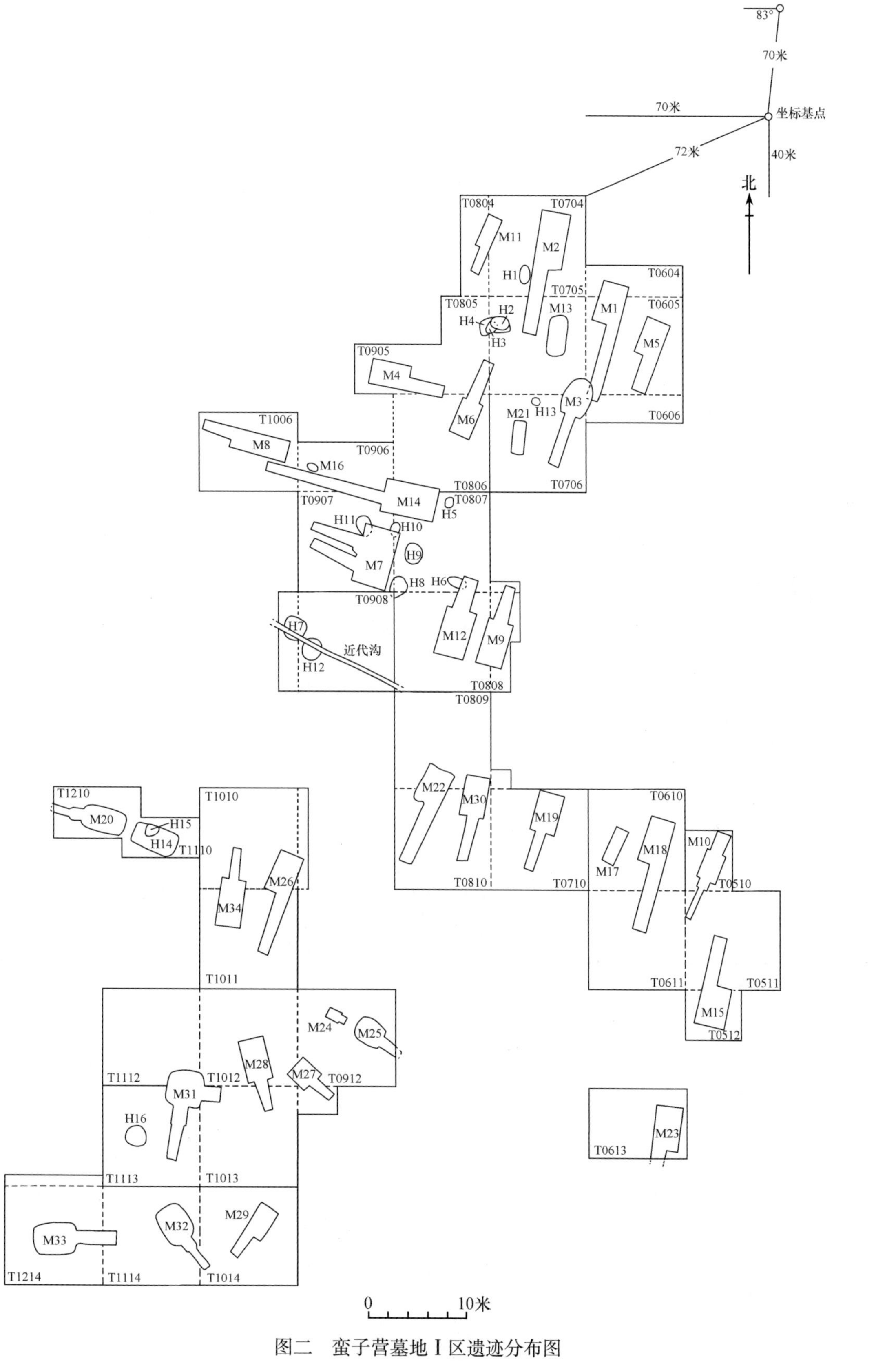

图二　蛮子营墓地Ⅰ区遗迹分布图

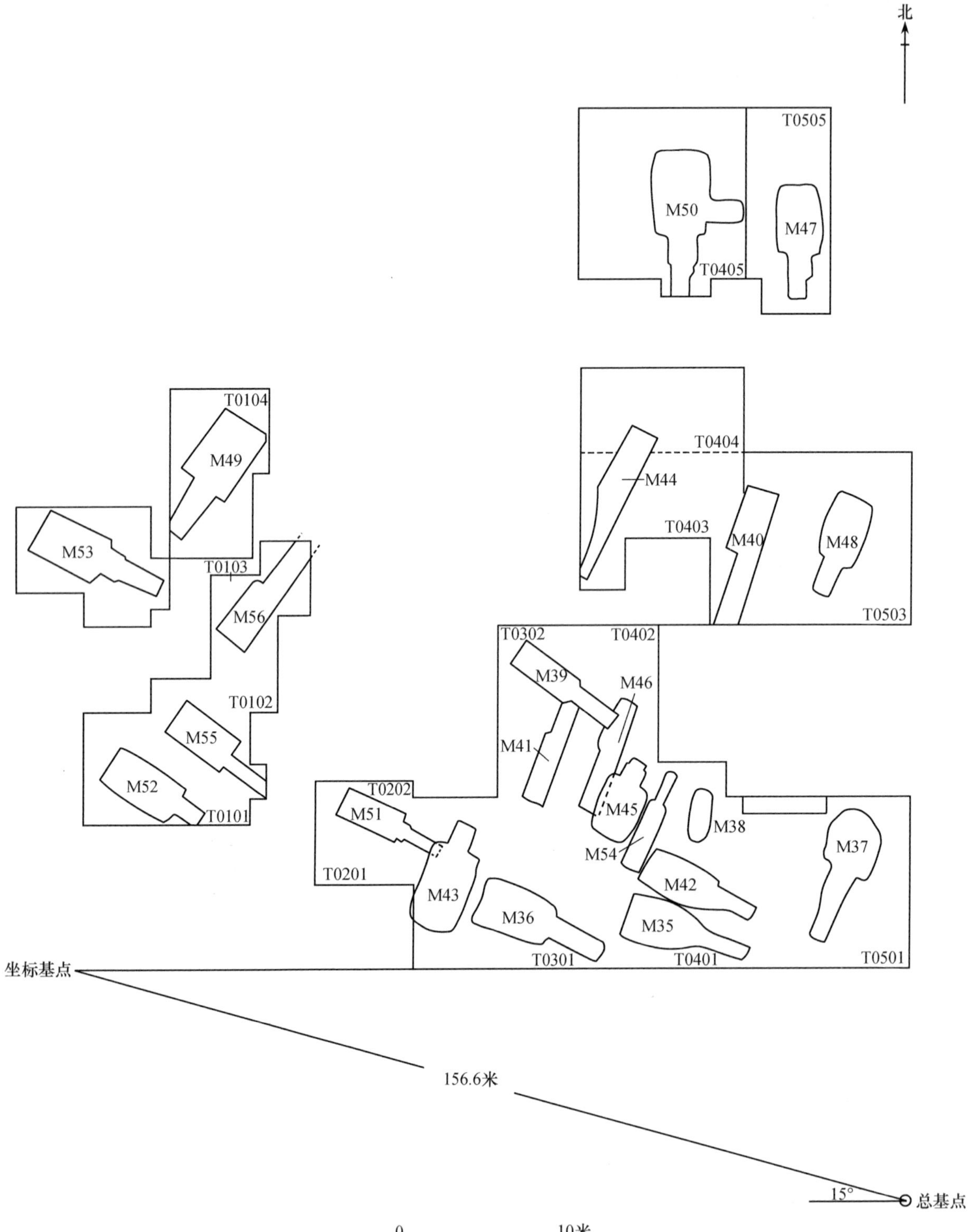

图三　蛮子营墓地Ⅱ区遗迹分布图

第二章　新石器时代文化遗存

新石器时代文化遗存仅发现有1处墓葬，为瓮棺葬，编号为M16。

M16

（一）瓮棺概况

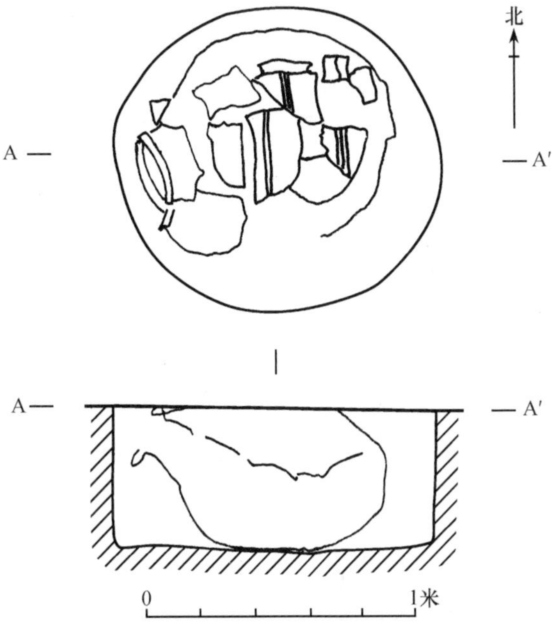

图四　M16平、剖面图

位于ⅠT0906西南部，开口于第2层下，打破生土，口部距地表深0.45米，方向95°。该墓为瓮棺葬（图四）。

土圹　平面形状近圆形，直壁，平底。口径0.55～0.6、深0.45米。

葬具　瓮棺1个。

葬式、性别及年龄　人骨腐朽，故其葬式、性别及年龄均不详。

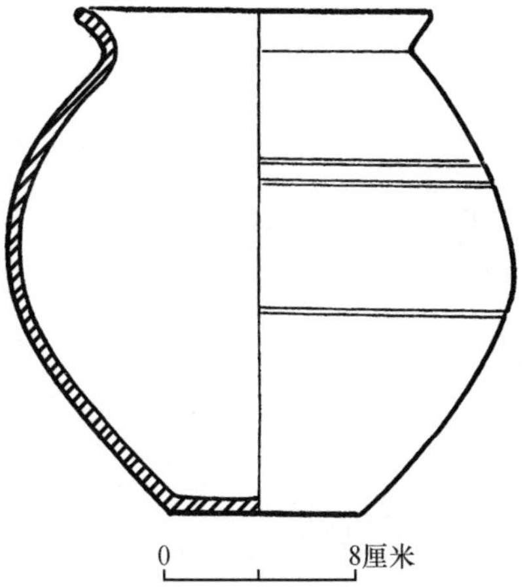

图五　M16出土陶瓮
M16：1

（二）出土遗物

出土遗物即葬具，夹砂红陶瓮1件。

瓮　1件。M16：1，夹砂红陶。侈口，折沿微卷，圆唇，束颈，鼓腹，平底，上腹部饰两周凹弦纹，下腹部饰一周凹弦纹。口径30、腹径42、底径16、高40厘米（图五；图版六，1）。

第三章　两周之际文化遗存

两周之际文化遗存主要分布在Ⅰ区，由于常年受河水冲刷及人类耕作影响，仅发现部分遗迹，并没有发现同时期的文化层。该时期遗迹均为灰坑，共15个，其中，椭圆形者5座，圆形或近圆形者7座，半圆形者1座，长方形者1座，不规则形者1座。现将其具体情况报告如下。

一、灰　　坑

（一）椭圆形

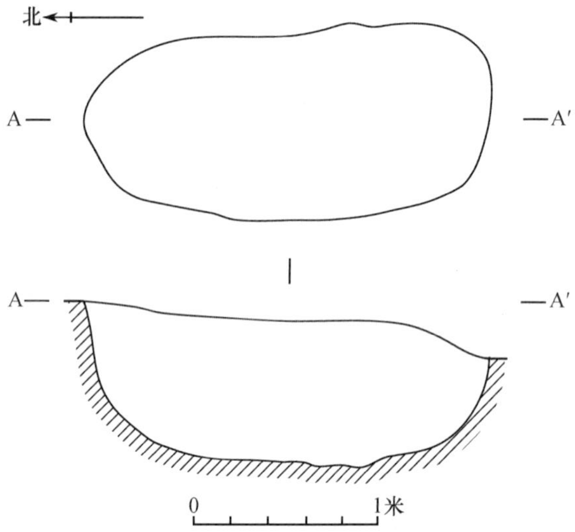

图六　H1平、剖面图

H1　位于ⅠT0704南部，开口于第2层下，打破生土，口部距地表深0.42米。平面形状呈椭圆形，弧壁，圜底。口长2.2、宽1、深0.44～0.74米。坑内填土不分层，土色呈灰褐色，土质较硬，结构致密。包含有大量的红烧土颗粒、少量的草木灰。出土遗物有夹砂灰陶片、夹砂红陶片，纹饰为绳纹，可辨器形为鬲（图六）。

H4　位于ⅠT0705西北部和ⅠT0805东隔梁下，开口于第2层下，打破生土，口部距地表深0.5米。平面形状呈椭圆形，弧壁，圜底。口长4.4、宽2.56、深0.9米。坑内填土不分层，土色呈灰褐色，土质较硬，结构致密。包含较多的草木灰、少量的烧土颗粒。出土遗物为夹砂陶片（图七）。

H6　位于ⅠT0807南部，开口于第2层下，被M12墓道打破，向下打破生土，口部距地表深0.3米。平面形状呈椭圆形，弧壁，底不平。口残长2.1、宽0.92、深0.32～0.42米。坑内填土不分层，土色呈黑灰色，土质较硬，结构致密。包含有大量的红烧土颗粒，出土遗物有夹砂绳纹陶片、陶鬲足、铜镞等（图八）。

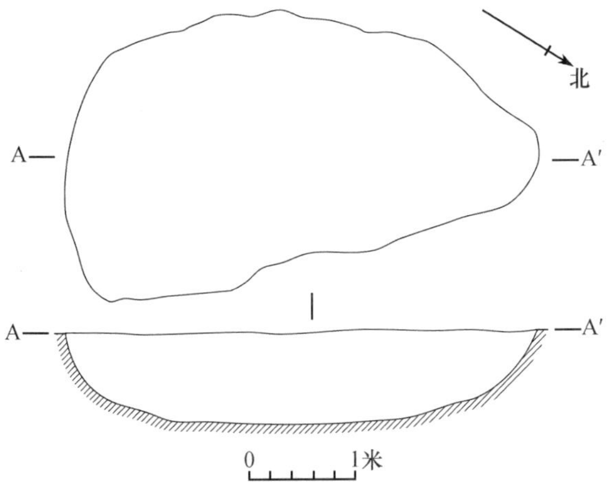

图七　H4平、剖面图

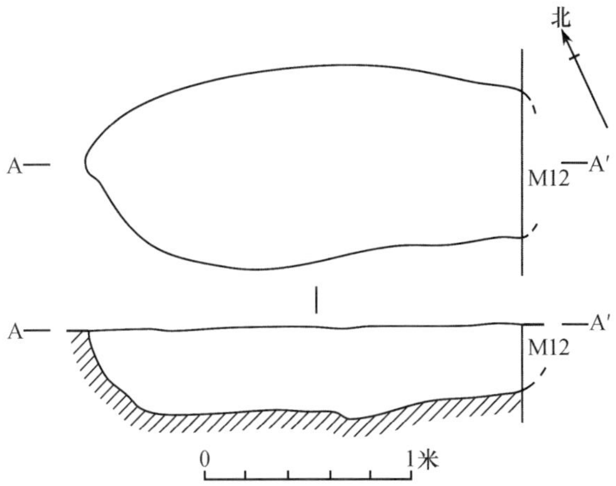

图八　H6平、剖面图

H8　位于ⅠT0907东南部、ⅠT0807西南部及ⅠT0808西北部，开口于第2层下，打破生土，口部距地表深0.3米。平面形状呈椭圆形，弧壁，底略平。口长2.1、宽1.75、深0.55～0.65米。坑内填土不分层，土色呈灰褐色，土质较硬，结构致密，包含有大量的红烧土块及颗粒，出土遗物多是夹砂红陶片、夹砂灰陶片，还有少量的泥质灰陶片及兽骨，可辨器形有鬲、罐等（图九）。

H11　位于ⅠT0907中部，被M7打破，开口于第2层下，打破生土，口部距地表深0.5米。平面形状呈椭圆形，弧壁，圜底。口残长1.46、宽0.8、深0.84米。坑内填土不分层，土色呈灰褐色，土质较硬，结构致密，含有大量的草木灰及红烧土颗粒。出土遗物多是夹砂红陶片、夹砂灰陶片，还有少量的泥质灰陶片、兽骨等，可辨器形有鬲、罐等（图一〇）。

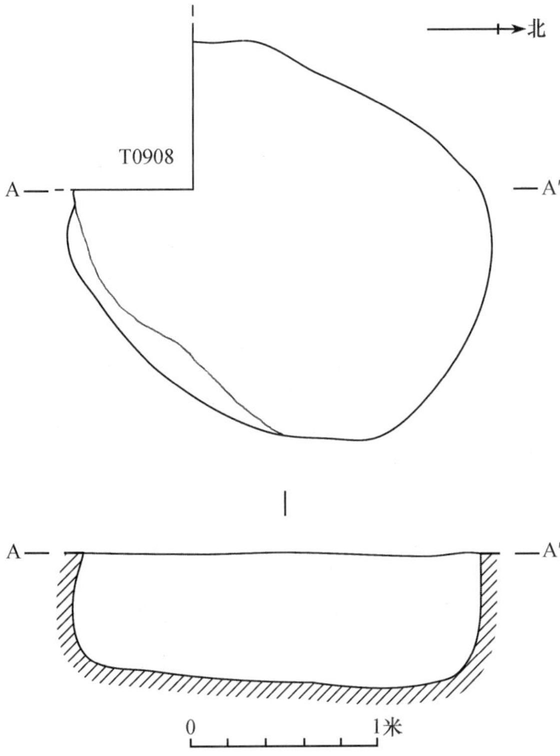

图九　H8平、剖面图

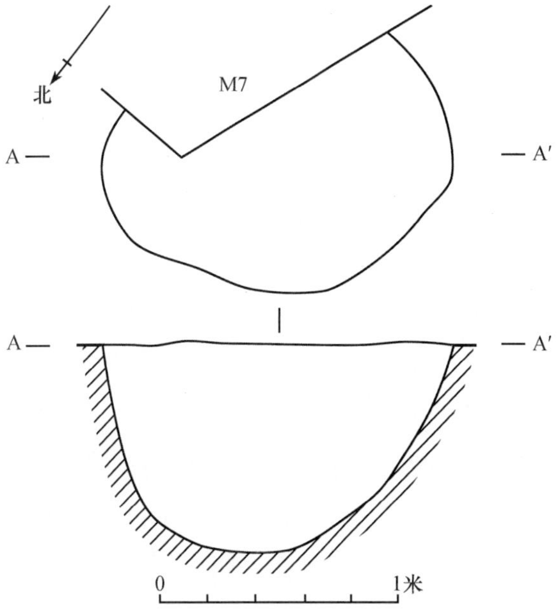

图一〇　H11平、剖面图

（二）圆形或近圆形

H2　位于ⅠT0705西北部，开口于第2层下，打破生土，口部距地表深0.5米。平面形状近圆形，弧壁，底略平。口径2.06、底径1.6、深0.52～0.56米。坑内填土不分层，土色呈灰褐色，土质较硬，结构致密，包含物有大量的草木灰、烧土颗粒。出土遗物为夹砂红陶片和灰陶片，可辨器形为鬲（图一一；图版一，1）。

H5　位于ⅠT0807北部，开口于第2层下，打破生土，口部距地表深0.35米。平面形状呈圆形，弧壁，平底。口径1.4、底径1.2、深0.78米。坑内填土不分层，土色呈红褐色，土质较硬，结构致密，包含有大量的红烧土块。出土遗物有夹砂红、灰陶片，可辨器形为鬲（图一二）。

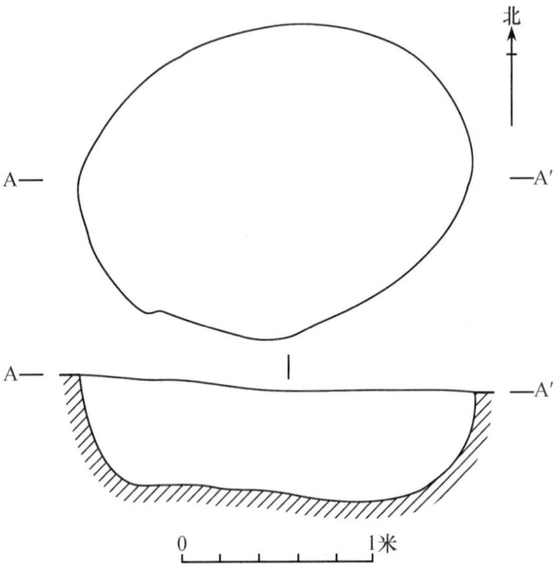

图一一　H2平、剖面图

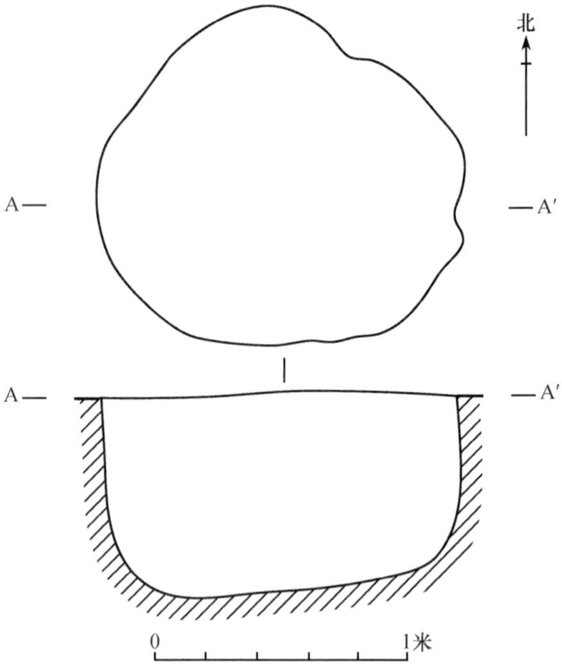

图一二　H5平、剖面图

H7　位于ⅠT0908西部，部分延伸至探方外，开口于第2层下，口部被近代沟打破，打破生土，口部距地表深0.3米。平面形状近圆形，直壁，底不平。口径1.9、深0.44米。坑内填土不分层，土色呈黑灰色，土质较硬，结构致密，包含有少量的红烧土和一些河卵石。出土遗物有泥质红陶片、夹砂红陶片，石凿1件，可辨器形有鬲（图一三）。

H9　位于ⅠT0807西部偏南，开口于第2层下，打破生土，口部距地表深0.5米。平面形状近圆形，壁微弧，圜底。口径2.12、深0.7～0.76米。坑内填土不分层，土色呈灰褐色，土质较硬，结构致密，包含有大量的红烧土块及颗粒和较多的草木灰。出土遗物有夹砂红陶片、夹砂灰陶片、少量的泥质灰陶片、少量的兽骨；陶片的纹饰以绳纹为主，还有少量的附加堆纹，可辨器形有鬲、罐等（图一四）。

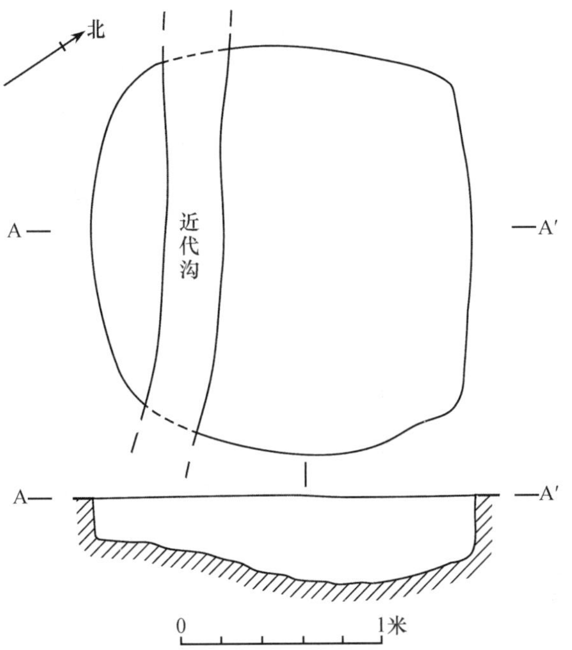

图一三　H7平、剖面图

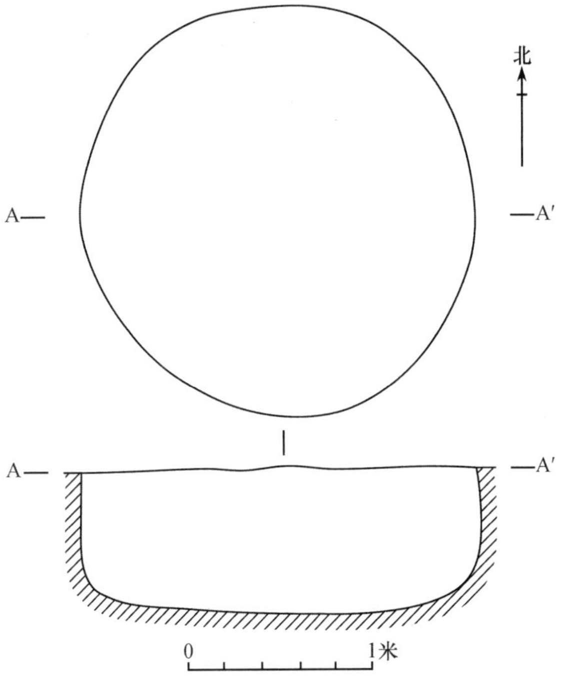

图一四　H9平、剖面图

H12　位于ⅠT0908西部，开口于第2层下，口部被近代沟打破，打破生土，口部距地表深0.35米。平面形状近圆形，口大底小，斜壁，圜底。口径2.08、深1.8米。坑内填土共分4层：第1层为五花土，厚0.8～0.9米，土质较硬，结构致密，含有大量红烧土颗粒、红烧土块、河卵石等，出土遗物有夹砂红陶片、泥质灰陶片、器盖、石网坠；第2层为浅黄色沙土，厚0.2～0.4米，土质较软，结构较疏松，含沙量较大，较纯净；第3层为黑色土，厚0.28～0.4米，土质软，结构疏松，含有大量的草木灰，出土泥质灰陶残片较多，还有少量的夹砂红陶残片，可辨器形为罐；第4层为灰褐色土，厚0.1～0.4米，土质较软，结构较疏松。出土大量的夹砂红陶残片、少量的泥质灰陶残片及石器，可辨器形有鬲、豆、罐、石锛、石凿等（图一五）。

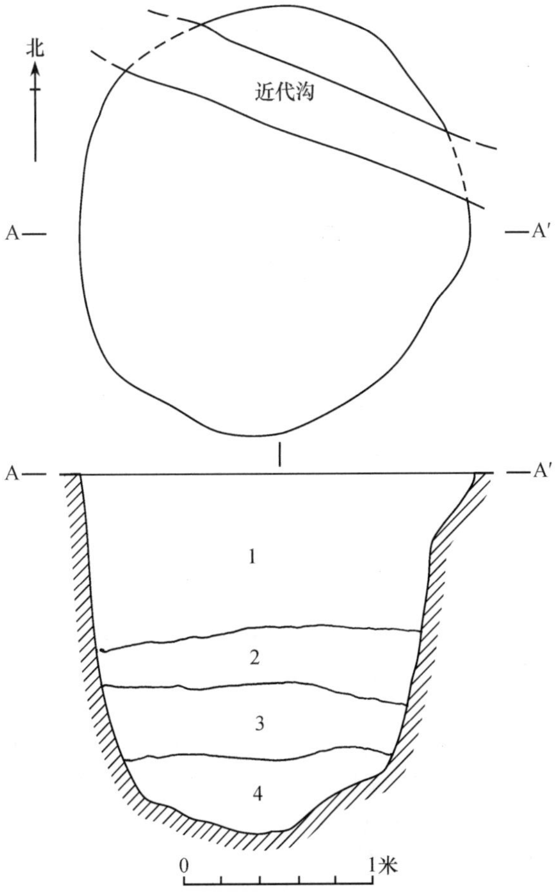

图一五　H12平、剖面图

H13　位于ⅠT0706的北隔梁下。开口于第2层下，打破生土，口部距地表深0.4米。平面形

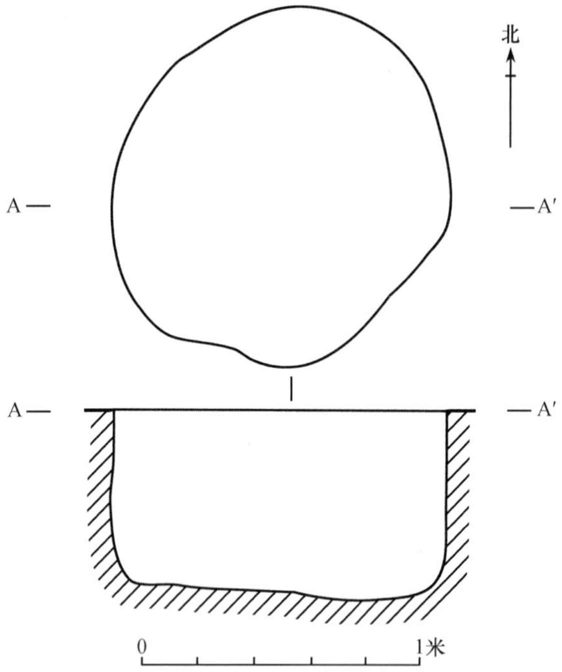

图一六　H13平、剖面图

状近圆形，弧壁，底不平。口径1.2、底径1.1、深0.66米。坑内填土不分层，土色呈灰褐色，土质较硬，结构较致密，内含大量的红烧土块、少量的草木灰。出土遗物有夹砂红陶片、灰陶片，泥质红陶片、灰陶片，可辨器形为鬲、罐（图一六）。

H15　位于ⅠT1110中部，开口于第2层下，打破生土，口部距地表深0.5米。平面形状近圆形，壁略弧，底不平。长径1.6、短径1.5、深0.2～0.4米。坑内填土不分层，土色呈褐色，土质较硬，结构较致密，包含较多的红烧土颗粒、草木灰和少量的河卵石。出土遗物有夹砂红、灰陶片，少量泥质陶片，并出土石网坠2件、石饼1件、石锛1件（图一七）。

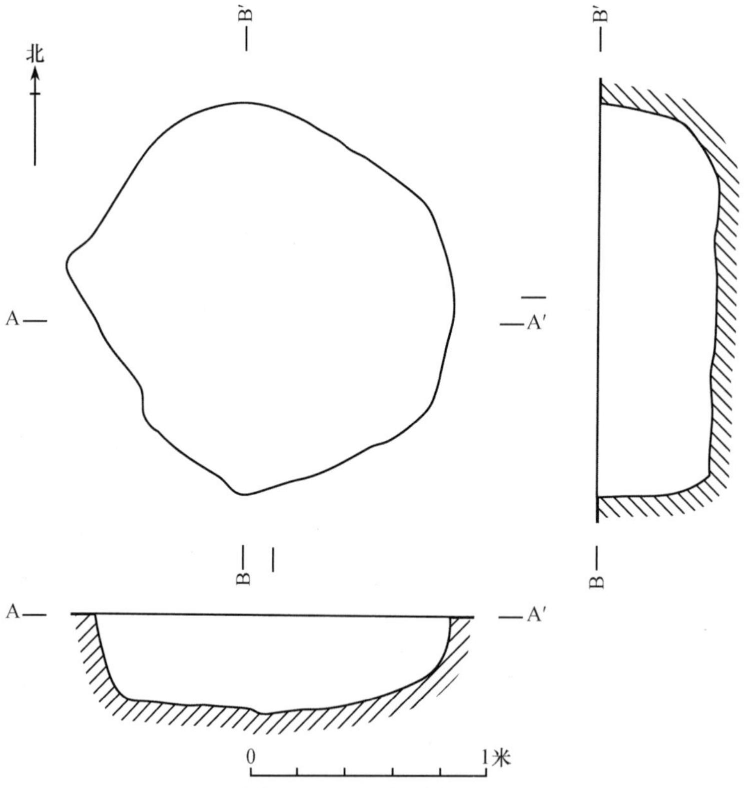

图一七　H15平、剖面图

（三）半圆形

H10　位于ⅠT0907东隔梁下及ⅠT0807西部，开口于第2层下，被M7打破，打破生土，口部距地表深0.5米。平面形状呈半圆形，弧壁，圜底。长径1.7、短径0.9、深0.9米。坑内填土不分层，土色呈灰褐色，土质较硬，结构致密，含有大量的红烧土块及颗粒、少量的草木灰。出土遗物多是夹砂红陶片、夹砂灰陶片，少量的是泥质灰陶片、兽骨及牙齿，陶片的纹饰有细绳纹和附加堆纹，另出土有截锥鬲足（图一八）。

（四）长方形

H14　位于ⅠT1110中部，开口于第2层下，打破生土，口部距地表深0.3～0.35米。平面形状近长方形，斜壁，圜底。坑口长4.4、宽2.56米，坑底长4.2、宽1.4～2.16米，深0.3～0.8米。坑内填土不分层，土色呈青灰色，土质软，结构疏松，包含有草木灰和烧土颗粒。无出土遗物（图一九）。

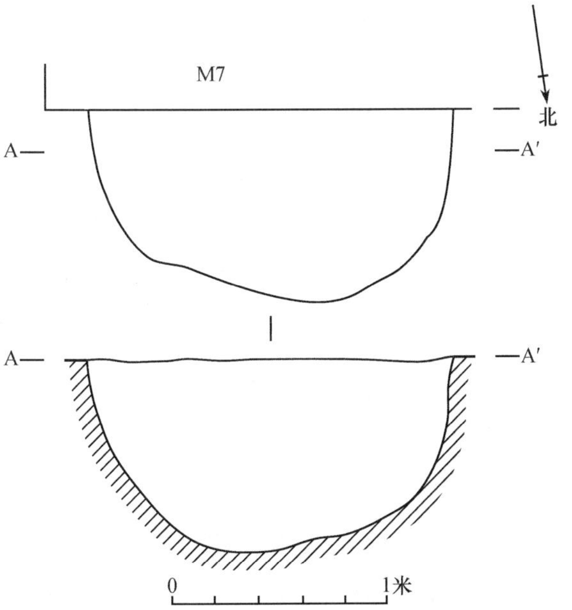

图一八　H10平、剖面图

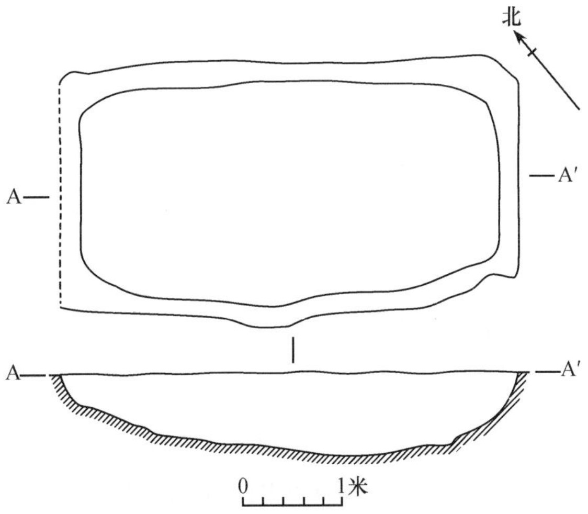

图一九　H14平、剖面图

（五）不规则形

H3　位于ⅠT0705西北部和ⅠT0805东隔梁下，开口于第2层下，打破生土，口部距地表深0.5米。被H2所打破，残存形状呈不规则形，弧壁，平底。长径2.36、短径0.74、深0.42米。坑

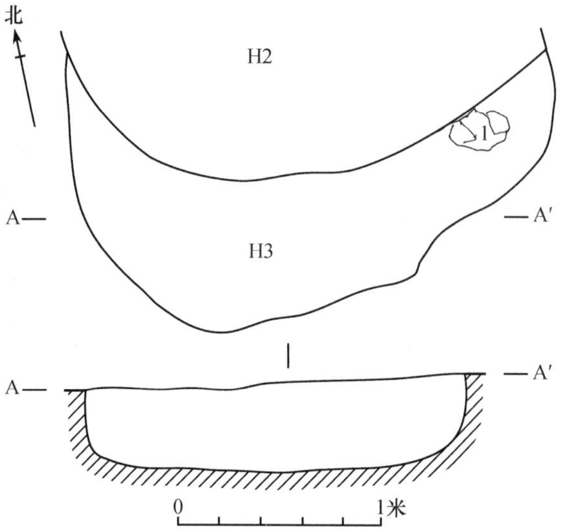

图二〇　H3平、剖面图
1. 陶甗

内填土不分层，土色呈红褐色，土质较硬，结构较致密，包含有草木灰和烧土颗粒。出土遗物有夹砂陶片、兽骨，可辨器形有鬲、甗（图二〇；图版一，2）。

二、遗　　物

由于该区域大部分被河水侵蚀及被近现代的农田基本建设破坏，早期的遗迹大部分都被破坏，只留下比较少的一部分，通过发掘清理出的遗物有少量的石器、陶器、铜器等。

（一）石器

石器　1件。H12：3，长方形，直背。长14.5、宽8.2厘米（图二二，1）。

石饼　1件。H15：3，圆饼状，两面磨制光滑。直径6、厚0.4厘米。

石凿　2件。弧刃，磨制，器身有琢制痕迹。H7：1，器身扁平，上端稍窄。高8、宽3.5、厚1厘米（图二一，3）。H12：4，扁长体。高9、宽3、厚1厘米（图二二，3）。

石锛　1件。H15：2，高9、宽5、厚3厘米（图二三，1；图版七，5）。

网坠　3件。椭圆形河卵石，中部有两个对称的缺口。H12：2，长6、宽3.2、厚1.2厘米（图二二，2）。H15：1-1，长4、宽2.5、厚0.8厘米（图二三，3；图版七，4）。H15：1-2，长4、宽3、厚0.8厘米（图二三，2；图版七，4）。

（二）陶器

鬲　2件。侈口，卷沿，夹砂褐陶，器身饰细绳纹，底部有火烧痕迹。H2：1，方唇，瘪裆，袋状足，器身有八周凹弦纹。口径16、腹径17、高15厘米（图二四，3；图版六，2）。H2：2，方圆唇，束颈，联裆，底附三个截尖锥足。口径18、腹径17、高15厘米（图二四，2；图版六，3）。

甗　3件。夹砂褐陶，通体饰细绳纹。H3：1，口部残，深腹圆鼓，瘪裆，底附三个截尖锥足，甗腰以下器身饰七周凹弦纹。残存腹径18、残高28厘米（图二四，4；图版六，5）。H3：2，口部残，瘪裆，底附三个截尖锥足，甗腰饰一周按压附加堆纹，甗腰以下器身饰三周凹弦纹。残存口径40、残高42厘米（图二四，5；图版六，6）。H3：3，腰部以下残，侈口，折沿，方圆唇，鼓腹，上腹饰三周凹弦纹。甗腰外壁残存一周泥条，可知甗体上下两部分分制而成。口径34、残高24 厘米（图二四，1；图版七，1）。

器盖　1件。H12：1，泥质褐胎黑皮陶。拱面，直口，方唇，素面无纹。口径17.5、高3厘米（图二二，4；图版七，3）。

陶器　1件。H2：3，不明器形，整体呈锥形，圆顶，下端敞口，方唇，中空，近上侧有一圆孔可与器体相通。口径5、高10厘米（图二一，1；图版六，4）。

（三）铜器

铜镞　1件。H6：1，三棱形，三刃稍隆起，镞身微凹成槽，镞后端为圆柱铤。长5、宽2厘米（图二一，2；图版七，2）。

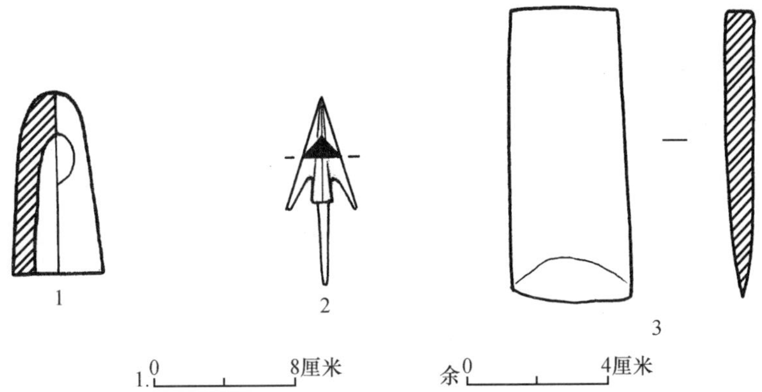

图二一　H2、H6、H7出土器物

1. 陶器（H2：3）　2. 铜镞（H6：1）　3. 石凿（H7：1）

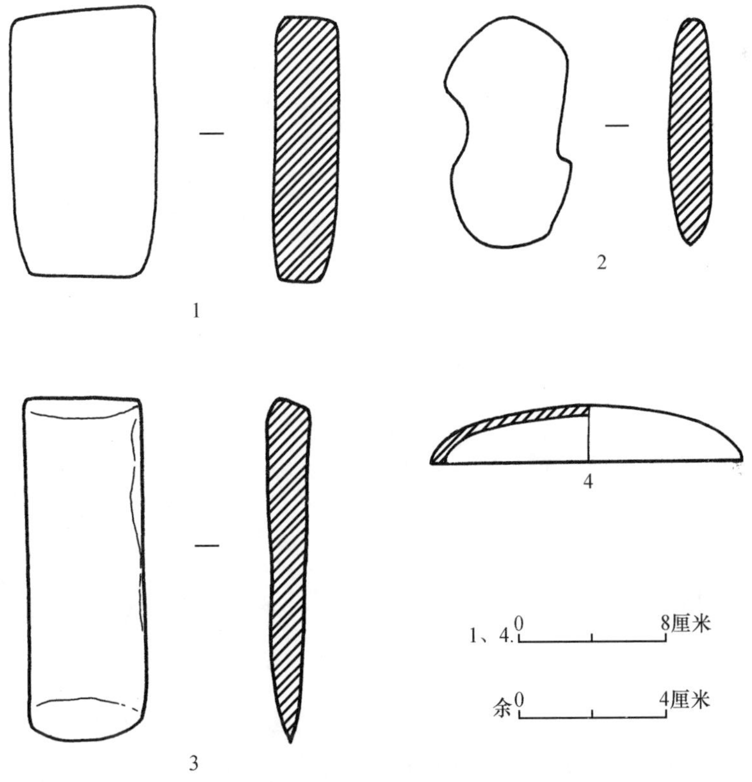

图二二　H12出土器物

1. 石器（H12：3）　2. 石网坠（H12：2）　3. 石凿（H12：4）　4. 陶器盖（H12：1）

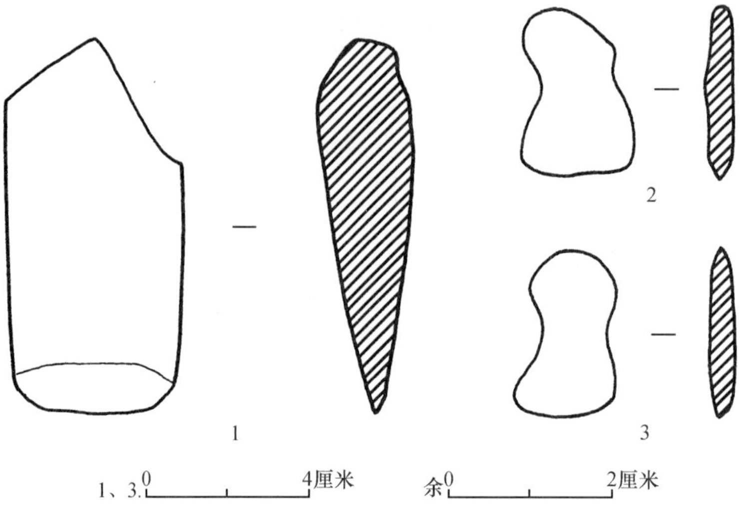

图二三　H15出土器物

1. 石锛（H15：2）　2、3. 石网坠（H15：1-2、H15：1-1）

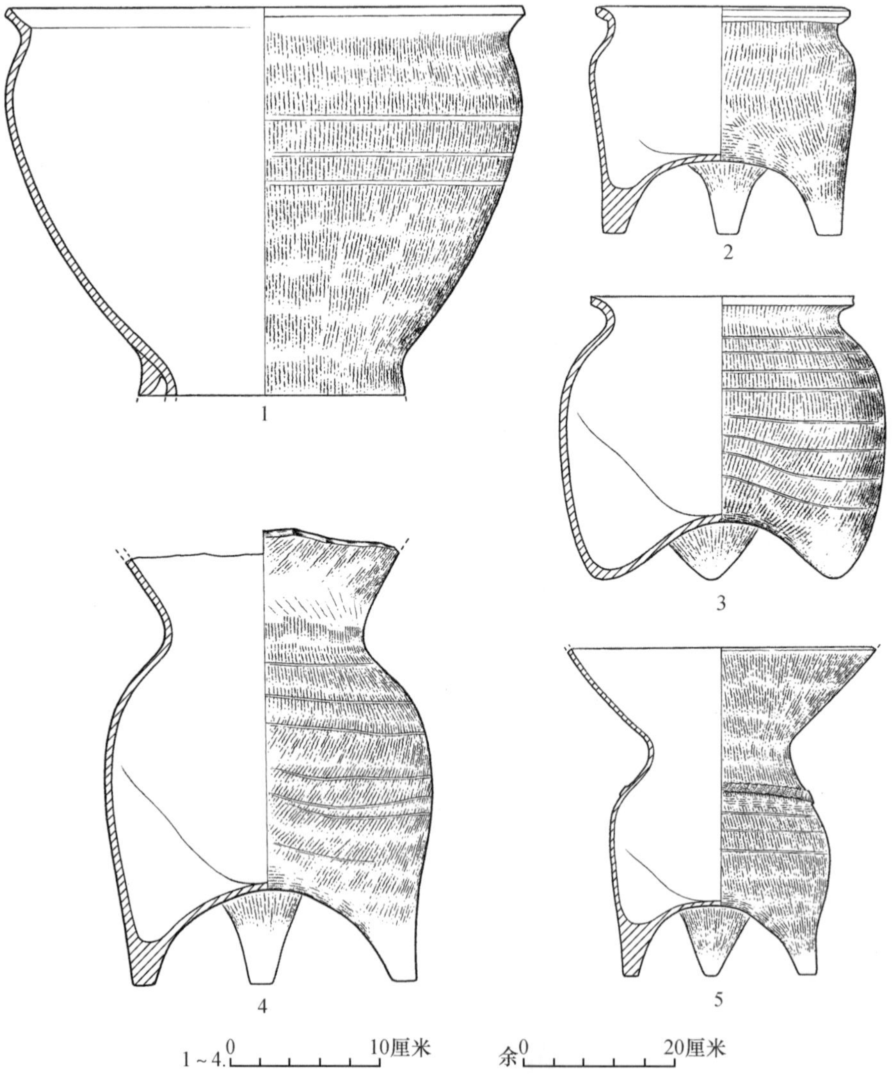

图二四　H2、H3出土器物

1、4、5. 陶甗（H3：3、H3：1、H3：2）　2、3. 陶鬲（H2：2、H2：1）

第四章　汉晋文化遗存

汉晋文化遗迹比较多，分布也比较广，Ⅰ区和Ⅱ区都发现有汉晋文化遗存。两区共清理汉晋文化遗迹53处，其中灰坑1个、墓葬52座。灰坑编号为H16，墓葬编号M1～M15、M17～M23、M26、M28～M56。

一、灰　坑

H16　位于ⅠT1113中部偏西，开口于第2层下，打破生土，口部距地表深0.45～0.5米。平面形状呈椭圆形，直壁微弧，底部不平。口部长径2.57、短径2.1、深0.17～0.31米。坑内填土不分层，土色呈灰黄色，土质较硬，结构较致密，包含物有大量的残砖块及少量的瓦片、石块。出土遗物均为泥质灰陶，可辨器形为筒瓦（图二五）。

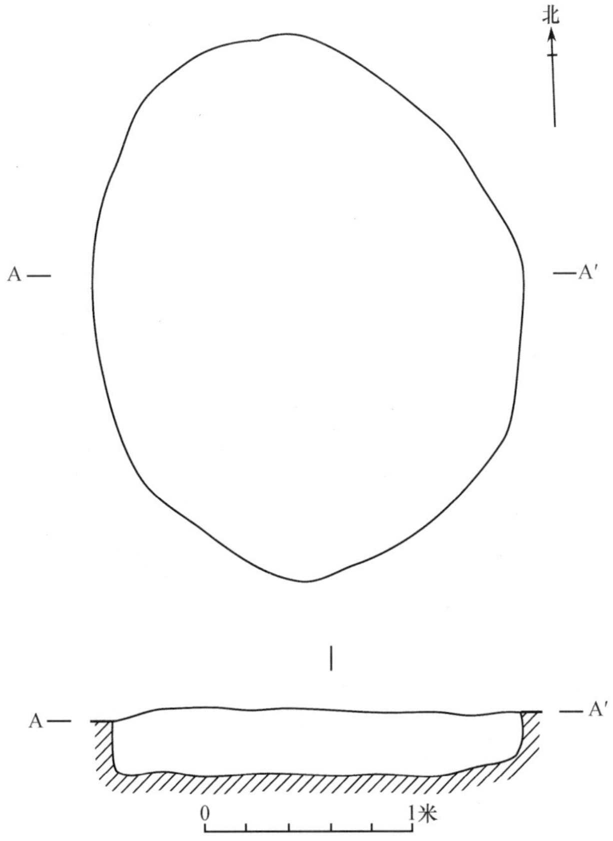

图二五　H16平、剖面图

二、墓　葬

M1

（一）墓葬概况

位于ⅠT0605西部、ⅠT0604西南部和ⅠT0606西北部，开口于第2层下，打破生土，口部距地表深0.45～0.5米，方向170°。该墓为斜坡墓道砖券洞室墓，平面形状呈“刀”形，由墓道、封门、甬道、墓室四部分组成（图二六；彩版七，1）。

墓道　位于墓室南部，平面形状呈梯形，南窄北宽。口部长7.68、宽1.2～1.48米；底部呈斜坡状，坡度28°，坡长8.56、宽1.2米；深0～2.9米。

封门　位于甬道南部，正视呈长方形，砖砌结构，顶部不存（彩版七，2）。封门宽1.04、厚0.3、残高0.88米，封门伸向甬道内0.15米。封门砖残留15层，第1层由6块条砖纵向齐缝平铺；第2层由两排每排3块条砖横向齐缝平铺，以上部分为第1、2层交替相砌而成。封门砖的规格为30厘米×16厘米×6厘米，纹饰为菱形纹。

甬道　位于墓室的南部，顶部不存。平面形状呈长方形，直壁。进深1.74、宽0.96、残高1米。甬道壁为条砖顺置错缝平砌，残存16层，条砖规格为32厘米×16厘米×6厘米。甬道东壁残留8层券砖，由东壁底部向上第19层开始起券，西壁残留13层壁砖。另外，根据甬道现状推测甬道由两次砌筑而成，第一次甬道的长度为1.08米，第二次长度为0.66米，两次砌筑之间留有一条明显的缝隙，且两次砌筑的券砖规格不同，纹饰有方格纹和云纹（图三一）。第一次砌筑券砖的规格为30厘米×18厘米×（5～6.5）厘米；第二次砌筑券砖的规格为32厘米×15厘米×（5.5～7.5）厘米。

墓室　位于甬道北部，顶部为券顶，保存完好，墓室顶部距地表1.75米。墓室长2.8、宽1.6、高1.8米。墓顶为条砖纵向错缝券顶，四壁为条砖顺置错缝平砌，铺地砖为条砖斜向错缝平铺（彩版七，3）。在墓室中部有条砖砌成的三个棺墩。条砖规格为32厘米×16厘米×6厘米。

葬具　木棺1具。仅在填土中发现有少量红色漆皮。

葬式、性别及年龄　墓底铺地砖上残存人骨少许，已成粉末状，葬式、性别及年龄均不详。

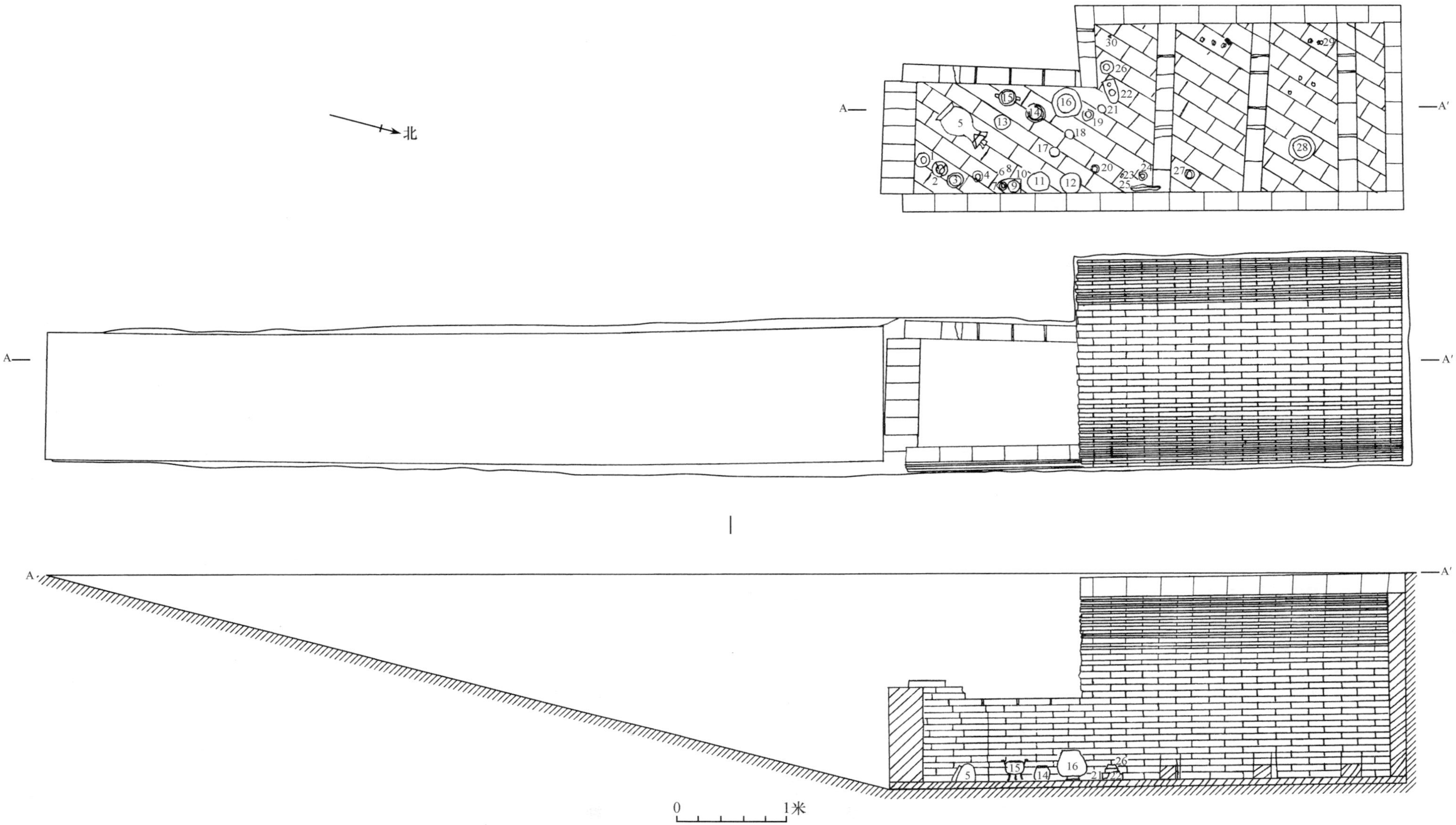

图二六　M2平、剖面图

1、7、10、14、20、24. 陶釜　2. 铜洗　3. 陶井　4、27. 陶罐　5. 釉陶壶　6、22. 陶灶　8、17、21. 陶盆　9. 陶甑　11～13. 釉陶器盖　15. 釉陶鼎　16、28. 陶瓮　18. 陶磨　19、26. 陶仓　23、30. 铜铺首　25. 铁器　29. 铜钱（24枚）

（二）随葬品

随葬品主要位于甬道的东、西两侧及墓室的南端。

（1）陶器

鼎　1件。M1：15，釉陶，通体施黄绿釉，胎呈红色。子母口微敛，垂腹，圜底，口外附长方形竖耳，底部附三个模制熊足。口径14、腹径17、高19厘米（图二八，3；彩版一三，3）。

壶　1件。M1：5，釉陶，通体施绿釉，胎呈红色。盘口微侈，束颈较高，球形腹，圜底，矮圈足稍外撇。口、肩、腹部分别饰有一周凹弦纹，腹上部饰有对称模印兽面衔环铺首。口径21.5、腹径33、底径21.5、高45厘米（图二九，5；彩版一三，1）。

釜　6件。泥质灰陶。敛口，鼓腹，平底。M1：1，圆唇。口径7.5、腹径10.6、高6.2厘米（图二七，5；图版八，1）。M1：7，在上腹部有一周凹弦纹。口径4.5、腹径6.4、底径4.5、高4厘米（图二七，8）。M1：10，圆唇，上腹部有一周凹弦纹。口径4.5、腹径6.4、底径4.5、高4厘米（图二七，2；图版八，5）。M1：14，子母口，肩部饰对称双桥形耳。口径13、腹径20、底径6.8、高13厘米（图二七，6；图版九，1）。M1：20，泥质红陶。圆唇，扁鼓腹。口径7、腹径9.6、底径3、高5厘米（图二七，7）。M1：24，圆唇。口径7、腹径11.4、底径7、

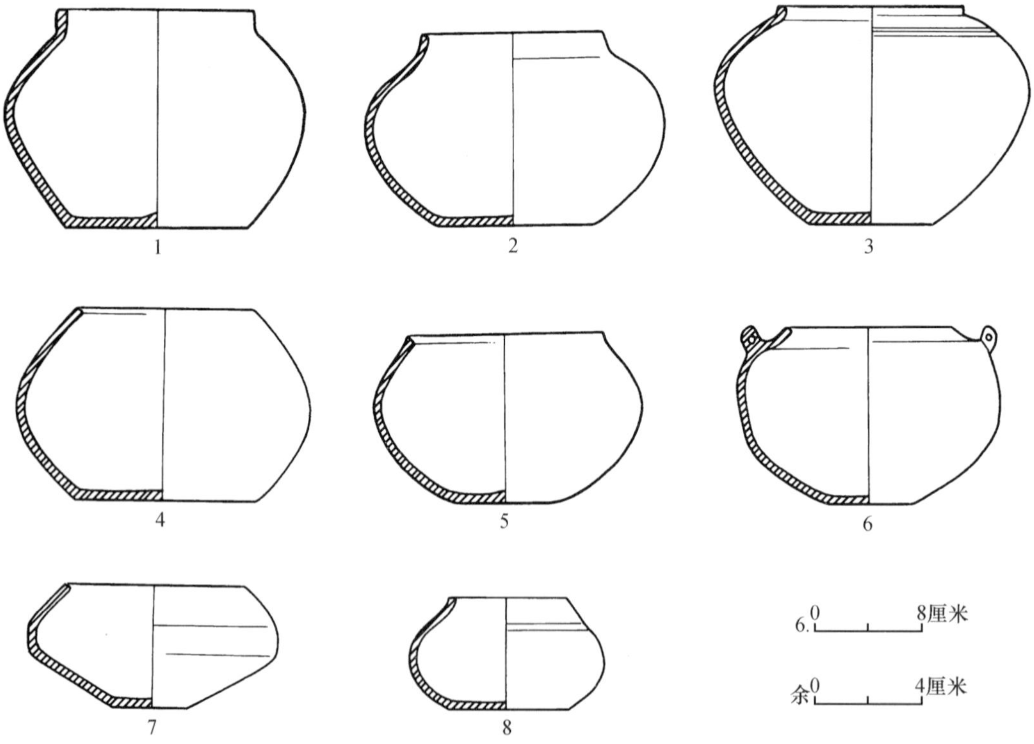

图二七　M1出土器物

1、3. 陶罐（M1：27、M1：4）　2、4～8. 陶釜（M1：10、M1：24、M1：1、M1：14、M1：20、M1：7）

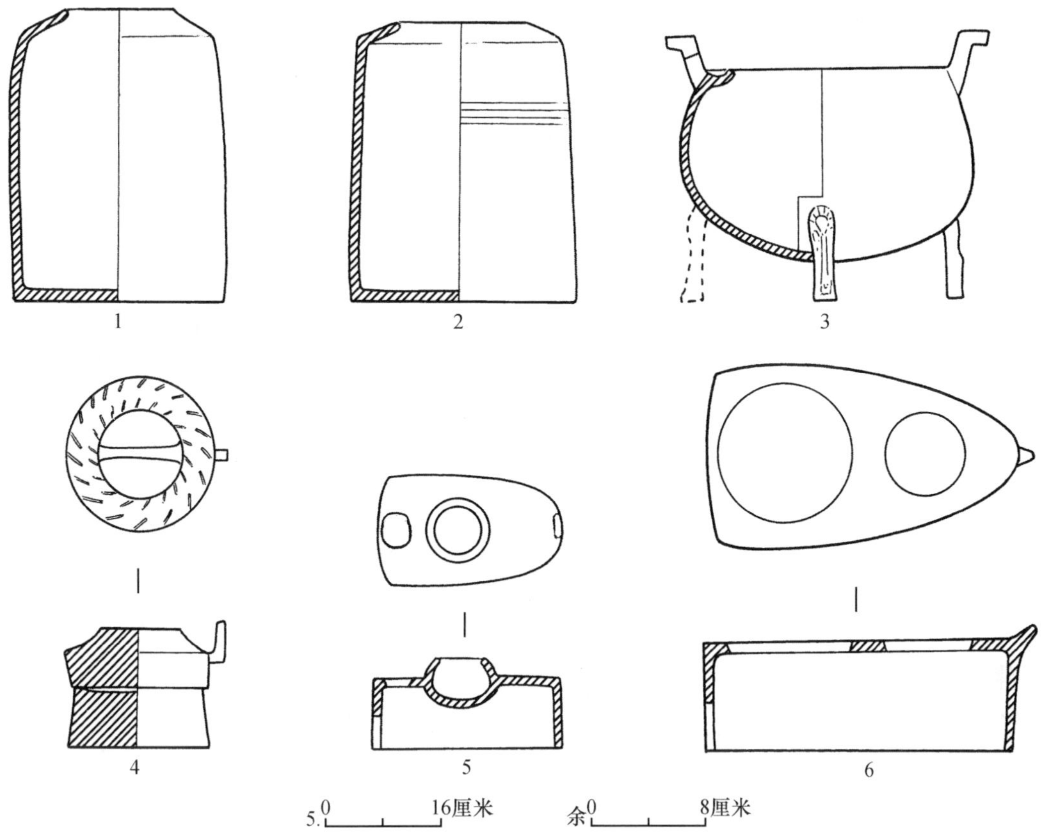

图二八　M1出土器物

1、2. 陶仓（M1：19、M1：26）　3. 釉陶鼎（M1：15）　4. 陶磨（M1：18）　5、6. 陶灶（M1：22、M1：6）

高7厘米（图二七，4）。

甑　1件。M1：9，泥质灰陶。敞口，尖唇，斜弧腹，平底，底部有箅孔，唇下有一周凹弦纹。口径13.4、底径5、高6厘米（图二九，3）。

盆　3件。泥质灰陶。敞口，尖唇。M1：8，斜腹，在近口部及腹中部饰两周凹弦纹。口径12.4、底径4.5、高5厘米（图二九，1）。M1：17，斜沿，弧壁，平底微凹，腹部饰一周凸弦纹。口径10、底径7、高4厘米（图二九，4；图版九，3）。M1：21，斜腹，平底，近口部处饰一周凹弦纹。口径12、底径5、高5厘米（图二九，2）。

罐　2件。泥质灰陶。直口，方唇，矮领，溜肩，鼓腹。M1：4，近口部饰两周凹弦纹。口径7、腹径12、底径5、高8厘米（图二七，3；图版八，3）。M1：27，平底微凹。口径7、腹径11.6、底径7、高8厘米（图二七，1）。

瓮　2件。泥质灰陶。直口，矮领，平底。M1：16，广肩，斜弧腹，口径20、腹径40、底径22、高26.5厘米（图二九，9；图版九，2）。M1：28，溜肩，鼓腹。口径17、腹径31、底径16、高26厘米（图二九，11；图版一〇，1）。

仓　2件。泥质灰陶。敛口，斜肩，筒腹，腹壁斜直，平底。M1：19，口径8、腹径15、底径15、高20厘米（图二八，1；图版九，5）。M1：26，上腹部饰有三周凹弦纹。口径9、底径16、高19厘米（图二八，2）。

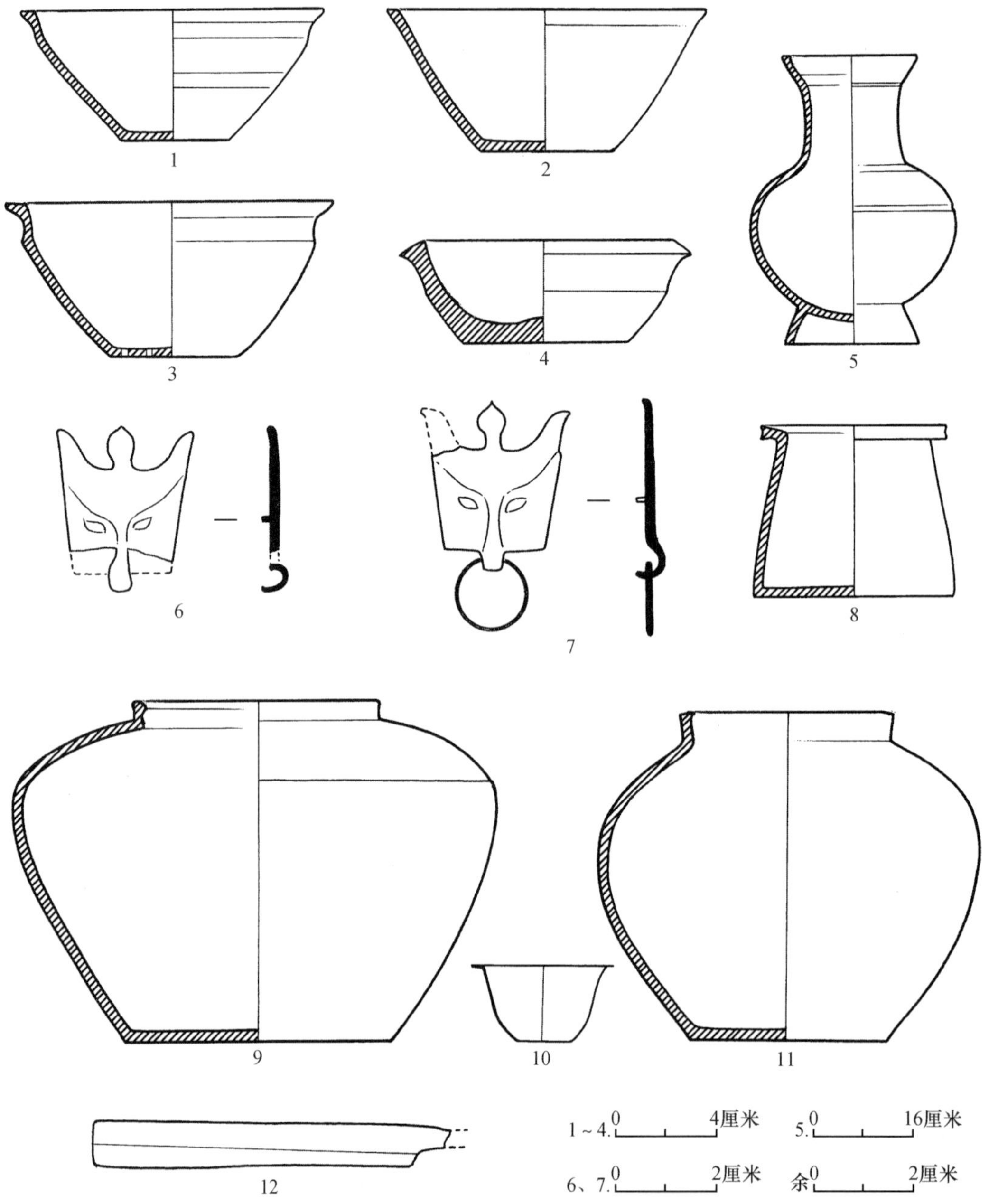

图二九　M1出土器物

1、2、4. 陶盆（M1：8、M1：21、M1：17）　3. 陶甑（M1：9）　5. 釉陶壶（M1：5）　6、7. 铜铺首（M1：30、M1：23）　8. 陶井（M1：3）　9、11. 陶瓮（M1：16、M1：28）　10. 铜洗（M1：2）　12. 铁器（M1：25）

井　1件。M1：3，泥质灰陶。敛口，斜折沿，方唇，唇部中间有一周凹槽，筒腹，斜壁，平底。口径15、底径16、高13.2厘米（图二九，8；图版八，2）。

磨　1件。M1：18，泥质灰陶。圆形，中部有一道隔梁，左右两侧正中各有一圆孔，外部有凸棱，磨边有竖棱，磨分上下两扇，底座圆饼状。口径6、底径7.5、高8厘米（图二八，4；图版九，4）。

灶　2件。泥质灰陶。灶面上有两个火眼。M1：6，灶面呈弧边三角形，火眼大小不等，灶后面有斜圆柱形烟囱，烟道不通。长25、宽12.4、高7.5厘米（图二八，6；图版八，4）。M1：22，灶面呈弧边长方形，较大的火眼上有釜，敞口，圆唇，扁鼓腹，前壁有半圆形火门。长26、宽15、高11厘米（图二八，5；图版九，6）。

釉陶器盖　3件。釉陶，通体施黄绿釉，胎呈红色。M1：11，模印山峦，残碎较甚。M1：12，模印四神。直径27、高5.5厘米（图三〇，1；彩版一三，2）。M1：13，模印山峦。直径20、高5厘米（图三〇，2；图版八，6）。

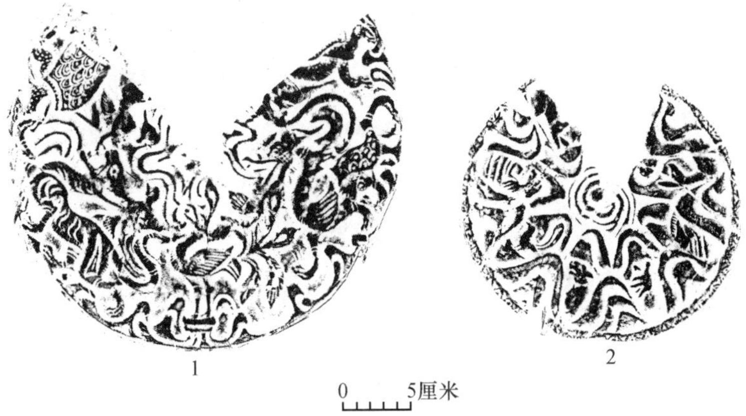

图三〇　M1出土釉陶器盖纹饰拓本
1、2. 釉陶器盖（M1：12、M1：13）

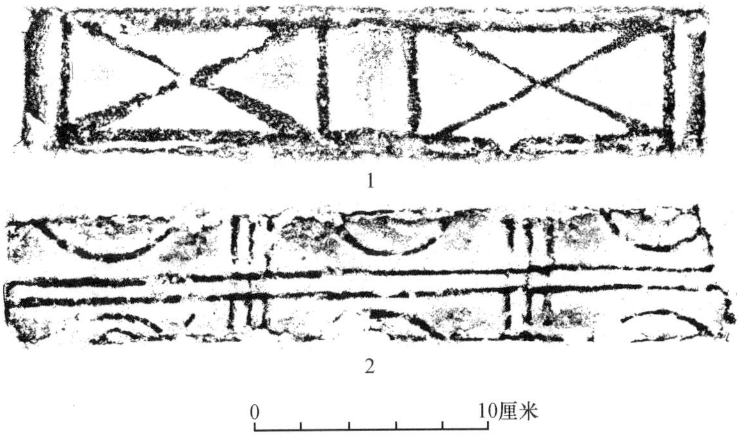

图三一　M1墓砖拓本

（2）铜器

铜铺首　2件。两耳向外斜出，上部正中作宝顶形，圆目，鼻中衔环。M1：23，宽3、高4.5厘米（图二九，7）。M1：30，环残。宽2.7、残高 3.2厘米（图二九，6）。

铜洗　1件。M1：2，敞口，平沿，方唇，弧腹，平底。口径12、底径4、高6厘米（图二九，10）。

铜钱　24枚（图版一〇，2）。其中6枚残碎较甚，其余18枚钱文可辨。其中“五铢”钱14枚、“大泉五十”3枚、“货泉”1枚（图三二）。

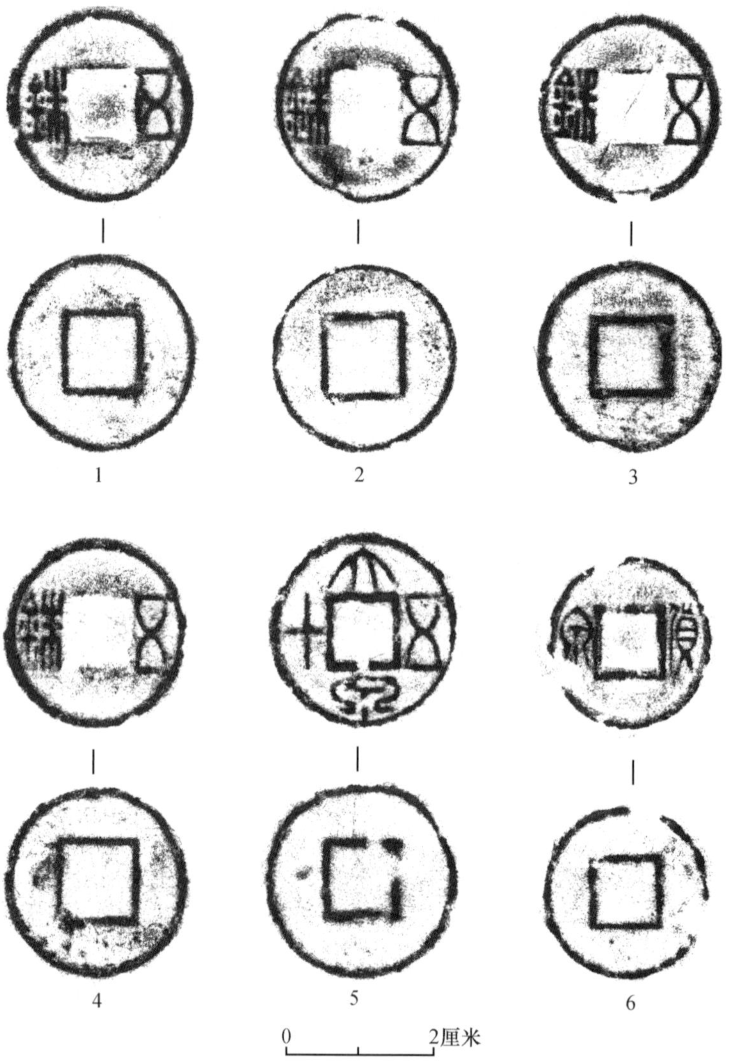

图三二　M1出土铜钱拓本

1～4. 五铢钱（M1：29-1、M1：29-2、M1：29-3、M1：29-4）　5. 大泉五十（M1：29-5）　6. 货泉（M1：29-6）

"五铢"　14枚。其中12枚正、背面均有外郭，穿背面有内郭，其中2枚为磨郭五铢。M1：29-1、M1：29-2、M1：29-3、M1：29-4，钱径2.5、穿径0.97、厚0.1厘米，重2.4克（图三二，1～4）。

"大泉五十"　3枚。正、背面均有内外郭。M1：29-5，钱径2.7、穿径0.95、厚0.11厘米，重2.7克（图三二，5）。

"货泉"　1枚。正、背面均有内外郭。M1：29-6，钱径2.25、穿径0.75、厚0.1厘米，重2.2克（图三二，6）。

（3）铁器

铁器　1件。M1：25，平面呈长方形，锈蚀严重。残长30、宽8厘米（图二九，12）。

M2

（一）墓葬概况

位于ⅠT0704东部和ⅠT0705北部，开口于第2层下，打破生土，口部距地表深0.48米，方向164°。该墓为斜坡墓道砖券洞室墓，平面形状呈“刀”形，由墓道、封门、甬道、墓室四部分组成（图三三）。

墓道　位于墓室南部，平面形状呈梯形。口部长5、宽1.1～1.54米；底部呈斜坡状，底坡长5.2、宽1～1.2米；深1.16～3米。

封门　位于甬道南部，条砖顺置错缝平砌，残存17层，残高1.4米。

甬道　位于墓道北部，顶部不存。进深2.2、宽1米。四壁为条砖顺置错缝平砌，铺地砖为条砖纵向错缝平铺。

墓室　位于甬道北部，顶部不存。口部残长3.94、宽2.4米，底部长3.7、宽2米，残高1.6米。墓室顶部为条砖纵向错缝券顶，四壁为条砖顺置错缝平砌，铺地砖为条砖错缝平铺（彩版七，4）。墓室内还砌有棺床1处，长3.1、宽1.2、高1.02米。棺床下砌有8道棺墩。条砖规格为32厘米×22厘米×8厘米，纹饰为几何纹（图三七）。

葬具　不详。

葬式、性别及年龄　墓底铺地砖上残存有人骨，已成粉末状，葬式、性别及年龄均不详。

（二）随葬品

随葬器物部分放置于棺床下面棺墩之间，部分发现于淤土中。

（1）陶器

壶　1件。M2：24，釉陶，通体施淡黄釉，胎呈红色。侈口，方唇，直领，球形腹，圜底，圈足外侈。肩部有对称兽面铺首。口径21.5、腹径33、底径21.5、高45厘米（图三四，8；图版一二，6）。

罐　1件。M2：1，釉陶，通体施淡黄釉，胎呈红色。直口，矮领，溜肩，弧腹，平底，肩与腹相接处有一周宽折棱。口径9、腹径15、底径6、高10.5厘米（图三四，9；图版一〇，3）。

盆　2件。敞口，平折沿，方唇，斜腹，平底。M2：17，泥质红陶。口径18.4、底径5.6、高9厘米（图三四，10；图版一二，1）。M2：23，泥质灰陶。口径9、底径3.5、高3.5厘米（图三四，12；图版一二，5）。

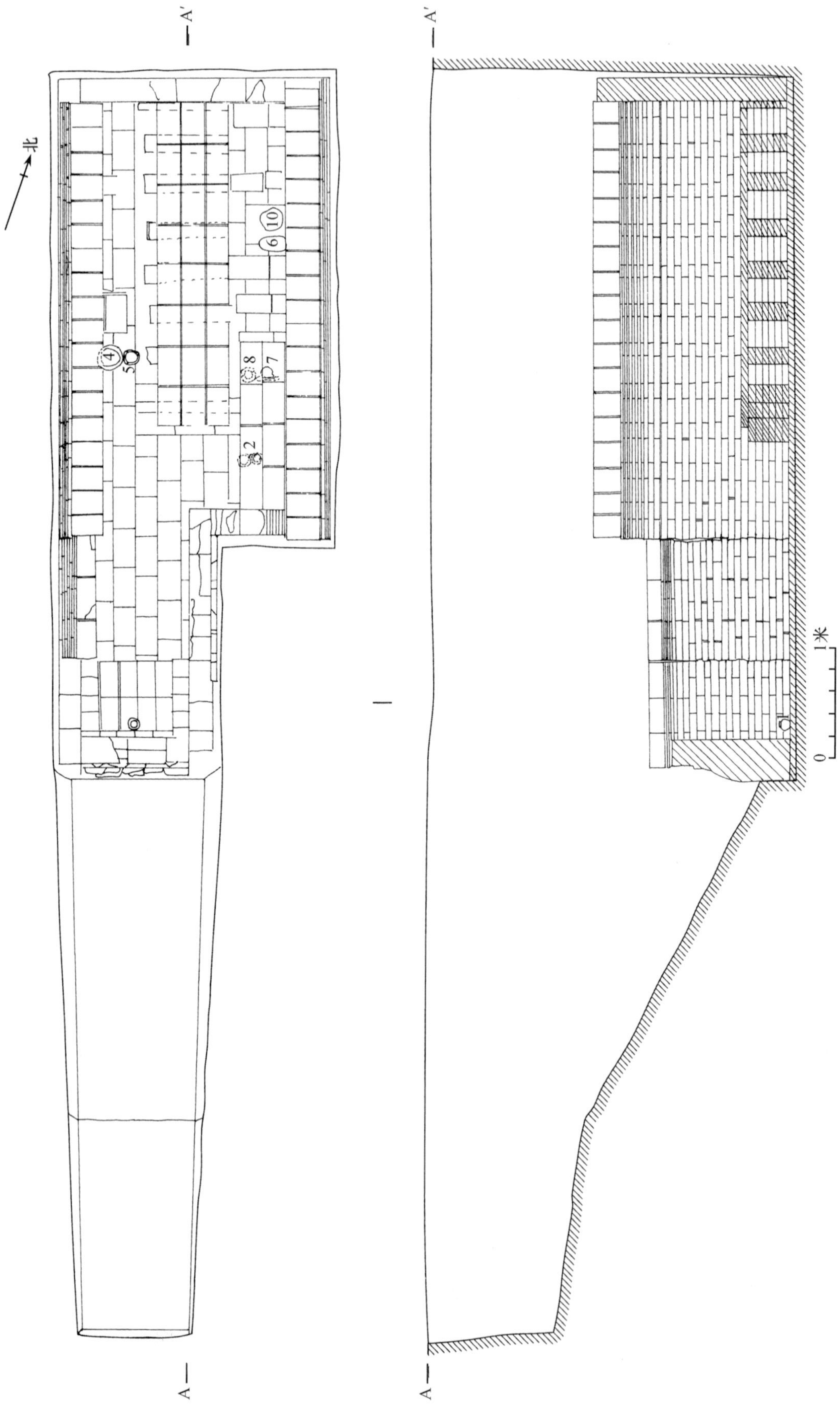

图二三　M2平、剖面图

1. 陶罐　2、3. 陶仓　4. 铁鼎　5. 陶釜　6. 铁洗　7. 铁块　8. 铜壶　9、14. 铜车軎（4件）　10、20～22. 釉陶器盖　11. 铜车轴　12. 铜钱（6枚）　13. 铜盖弓帽（4件）　15、16. 釉陶仓　17. 陶盆　18. 陶磨　19. 釉陶井（部分在淤土中，故未显示编号）

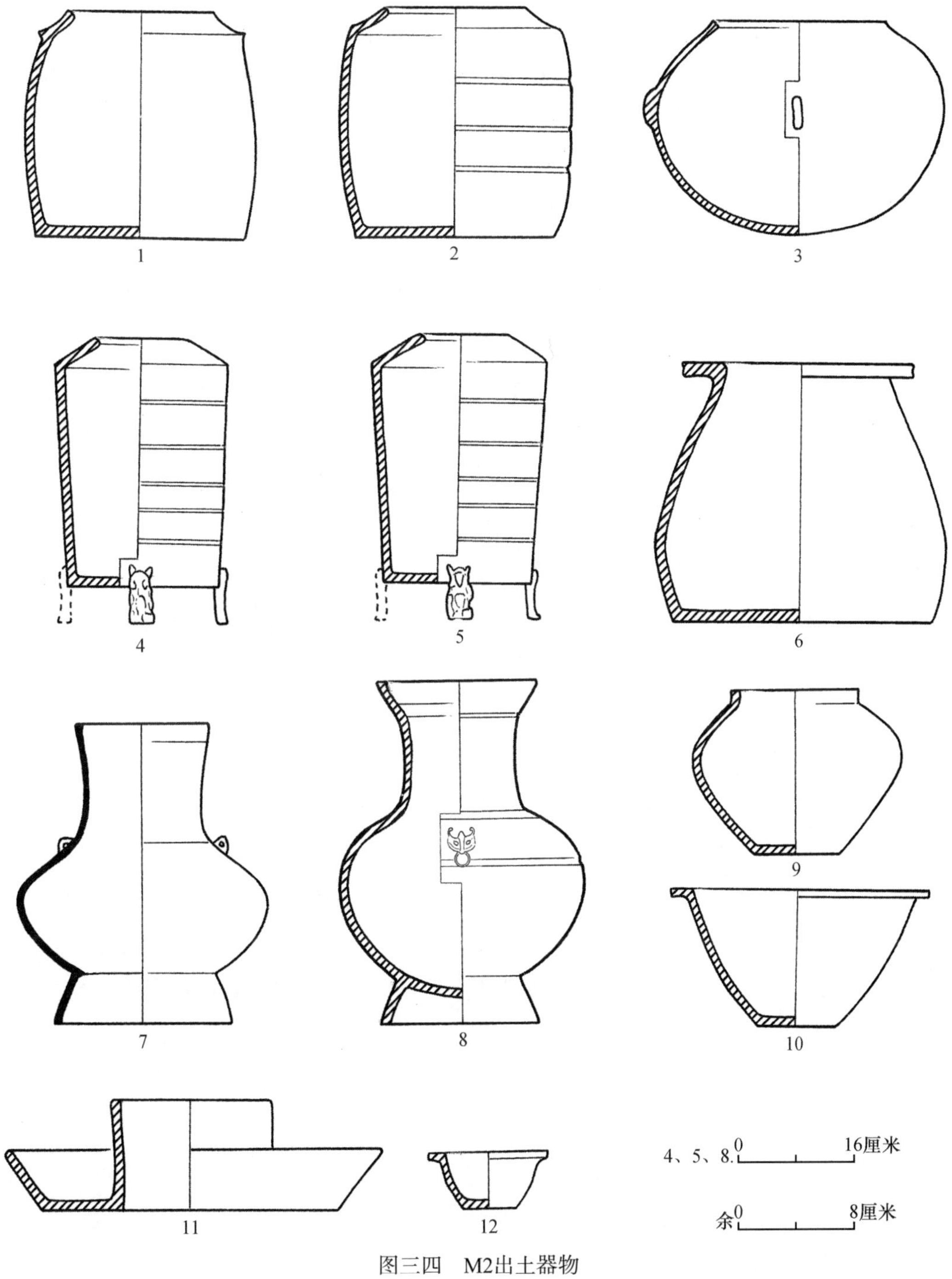

图三四　M2出土器物

1、2. 陶仓（M2：2、M2：3）　3. 陶釜（M2：5）　4、5. 釉陶仓（M2：16、M2：15）　6. 釉陶井（M2：19）　7. 铜壶（M2：8）　8. 釉陶壶（M2：24）　9. 陶罐（M2：1）　10、12. 陶盆（M2：17、M2：23）　11. 釉陶磨（M2：18）

仓　4件。敛口，斜肩，筒腹，平底。M2：2，泥质灰陶。腹壁弧，肩与腹部交接处有较宽的一周凸弦纹。口径10、腹径16、底径14、高14.8厘米（图三四，1；图版一〇，4）。M2：3，泥质灰陶。腹壁弧，腹部饰有三周凹弦纹。口径10、腹径16、底径14、高15.2厘米（图三四，2；图版一〇，5）。M2：15，釉陶，通体施黄褐釉，胎呈红色。腹壁斜向内收，底部附三个模制熊足。腹上饰五周凹弦纹。口径13、腹径24、底径20、高38厘米（图三四，5；图版一一，5）。M2：16，釉陶，通体施黄褐釉，胎呈红色。腹壁斜向内收，底部附三个模制熊足。腹上饰五周凹弦纹。口径11.2、腹径24、底径19.2、高38厘米（图三四，4；图版一一，6）。

釜　1件。M2：5，泥质灰陶。敛口，圆鼓腹，圜底，上腹中部饰两对对称桥形钮。口径12、腹径20、高14厘米（图三四，3；图版一〇，6）。

井　1件。M2：19，釉陶，通体施黄褐釉，胎呈红色。敛口，平折沿，方唇，唇中部有一周凹槽，束颈，斜弧腹，平底。口径16、腹径20、底径18、高17厘米（图三四，6；图版一二，3）。

磨　1件。M2：18，釉陶，通体施黄褐釉，胎呈红色。下有承盘，中空，承盘敞口，斜壁，平底。口径27.5、底径21、高5.5厘米（图三四，11；图版一二，2）。

釉陶器盖　4件。釉陶，通体施淡黄釉，胎呈红色。M2：10，模印四神。直径26、高5.5厘米（图三六；彩版一三，5）。M2：20，模印四神。直径26、高5.5厘米（彩版一三，6）。M2：21，模印山峦，残碎较甚。M2：22，模印山峦。直径20、高5厘米（图版一二，4）。

（2）铜器

壶　1件。M2：8，直口，高领，圆鼓腹，平底，高圈足。颈与腹相接处有一周凹弦纹且饰有两个对称桥形耳。口径9、腹径17、底径12、高20厘米（图三四，7；彩版一三，4）。

盖弓帽　4件（图版一一，4）。形制相同。M2：13-1，圆筒形，中空成銎，口缘处略宽大，上端稍缩小，顶部如一圆球，在器中部往上挑起一钩。高2.5厘米（图三五，3）。

车軎　4件（图版一一，1）。M2：9-1、M2：9-2、M2：14-1、M2：14-2直筒形，末端不透，首端外张内折，口中部和末端各有一周凸棱，下部有一穿，内套长条形辖。M2：9-1，底径2.2、高2.8厘米（图三五，4）。M2：14-1，底径3.2、高3.6厘米（图三五，2）。

车轴　1件。M2：11，直筒形，两端略呈喇叭口，中部及两端各有一周凸弦纹。口径1.5、长8厘米（图三五，1；图版一一，2）。

铜钱　6枚。可辨钱文者3枚，余者锈蚀严重。M2：12-1、M2：12-2、M2：12-3，其中"五铢"钱2枚、"货泉"1枚（图三八；图版一一，3）。

"五铢"　2枚。M2：12-1，正、背面均有外郭，背穿有郭，正面穿上一横。钱径2.5、穿径0.96、厚0.1厘米，重2.3克（图三八，1）。M2：12-3，磨郭，背穿有郭。钱径1.9、穿径0.96、厚0.1厘米，重2克（图三八，3）。

"货泉"　1枚。M2：12-2，正、背面均有内外郭。钱径2.25、穿径0.72、厚0.1厘米，重2.1克（图三八，2）。

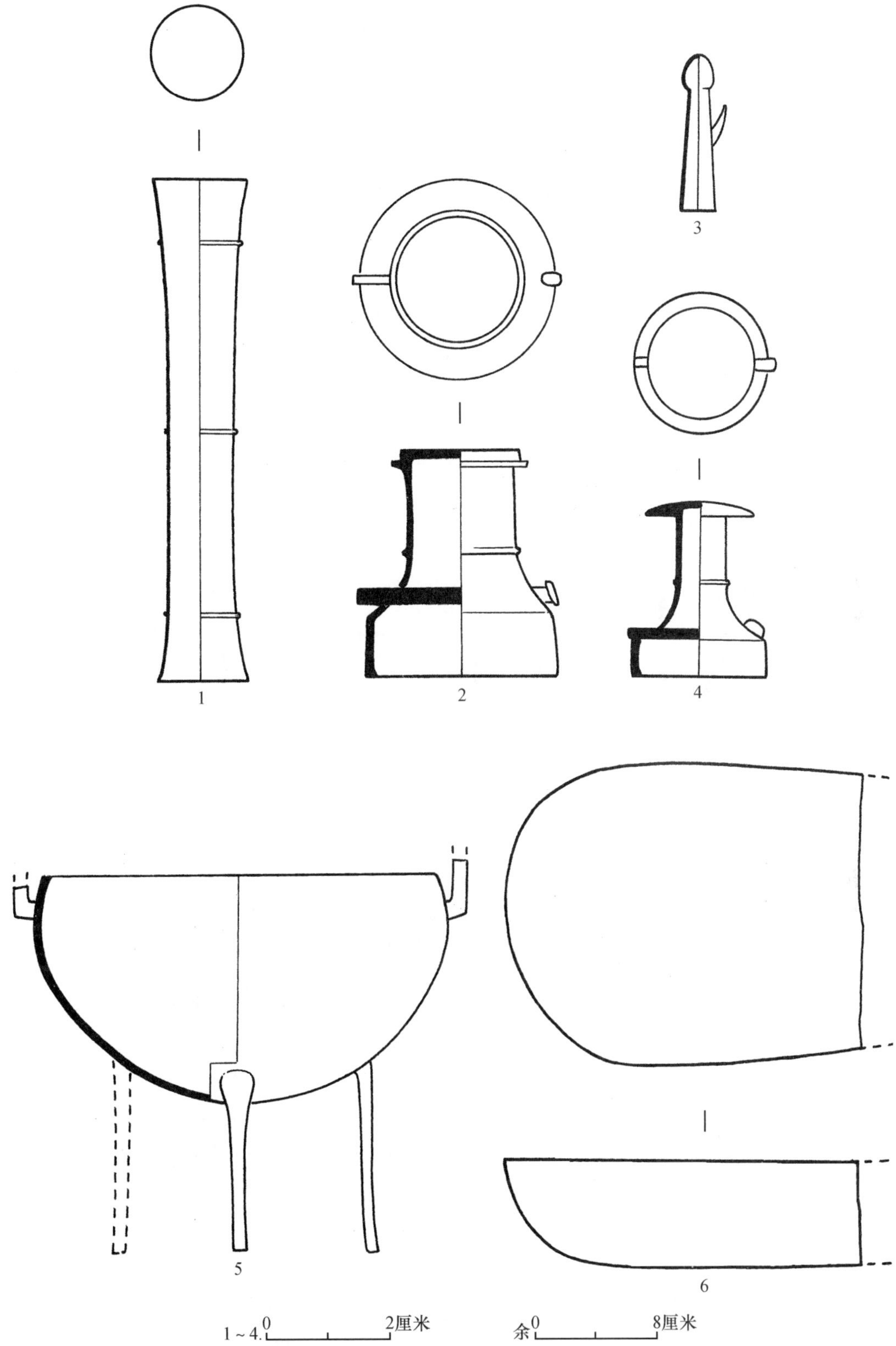

图三五　M2出土器物

1. 铜车轴（M2：11）　2、4. 铜车軎（M2：14-1、M2：9-1）　3. 铜盖弓帽（M2：13-1）　5. 铁鼎（M2：4）　6. 铁洗（M2：6）

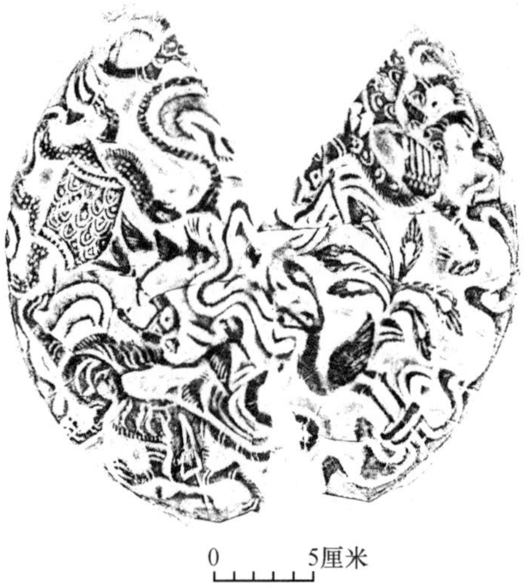

图三六　M2出土釉陶器盖纹饰拓本

M2：10

图三七　M2墓砖拓本

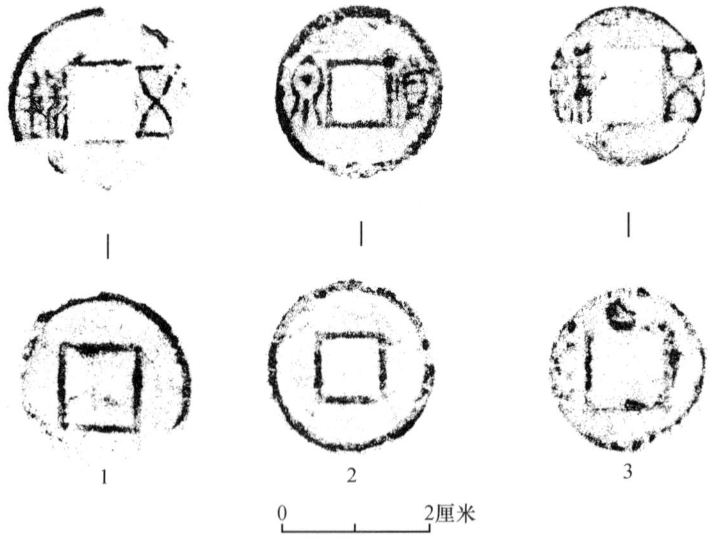

图三八　M2出土铜钱拓本

1、3. 五铢钱（M2：12-1、M2：12-3）　2. 货泉（M2：12-2）

（3）铁器

鼎　1件。M2：4，口部微敛，外饰对称竖耳，弧腹，圜底，底部附有三个修长足，两竖耳皆残。口径26、高24厘米（图三五，5）。

洗　1件。M2：6，椭圆形，弧壁，平底。长径24、短径20、高6.8厘米（图三五，6）。

铁块　1件。M2：7，锈蚀严重，器形不明。高14厘米。

M3

（一）墓葬概况

位于ⅠT0706中部偏东、ⅠT0705东南部及ⅠT0605西南部，开口于第2层下，打破生土，口部距地表深0.4米，方向213°。该墓为斜坡墓道砖室墓，平面形状呈“凸”字形，由墓道、封门、甬道、墓室四部分组成（图三九）。

墓道　位于墓室南部，平面形状呈长方形，口大底小。口部长5.1、宽1米；底呈斜坡状，坡度25°，坡长5.2、底宽0.94米；深0～1.12米。

封门　位于墓道北部，残存6层封门砖，条形砖斜向侧立成“人”字形，宽0.8、高1.06米。

甬道　位于墓道北部，顶部不存。甬道开口宽0.94、底宽1.1、进深1、残高1.06米。

墓室　位于甬道北部，顶部不存。平面形状呈椭圆形，弧壁，平底（彩版八，1）。墓室口部残长4.6、宽2.4～3米，底部长4.26、宽1.78～2.78米，残深0.7米。墓室四壁为条砖顺置错缝平砌，墓壁残存19层砖；铺地砖为条砖纵向错缝平铺。条砖规格为22厘米×14厘米×5厘米。

葬具　不详。

葬式、性别及年龄　墓底铺地砖上残存人骨少许，已成粉末状，葬式、性别及年龄均不详。

（二）随葬品

部分随葬品位于墓室的东南角，部分发现于淤土中。

罐　1件。M3：6，泥质灰陶。直口，圆唇，矮领，圆肩，斜腹，平底。下腹有一周凹槽。口径8、腹径15、底径10、高10.4厘米（图四〇，7；图版一四，1）。

盆　1件。M3：7，泥质灰陶。敞口，尖唇，弧壁，平底，上腹饰两周凹弦纹。口径12、底径5.6、高5.6厘米（图四〇，6；图版一四，2）。

仓　2件。泥质灰陶。敛口，斜肩，筒腹，腹壁弧，平底。M3：1，口径8、腹径14、底径

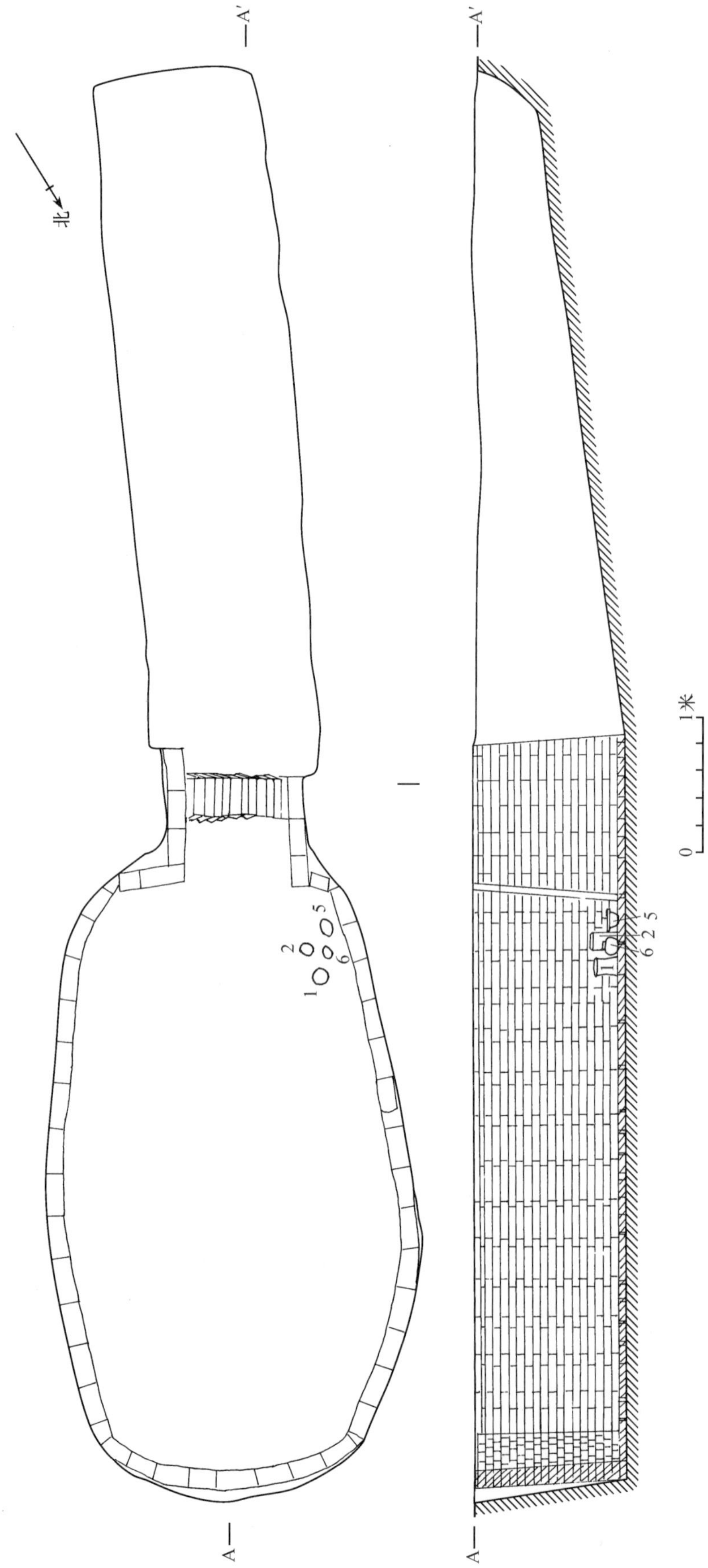

图三九　M3平、剖面图

1、2. 陶仓　3. 陶甑（淤土中）　4. 陶灶（淤土中）　5. 陶井　6. 陶罐　7. 陶盆（淤土中）

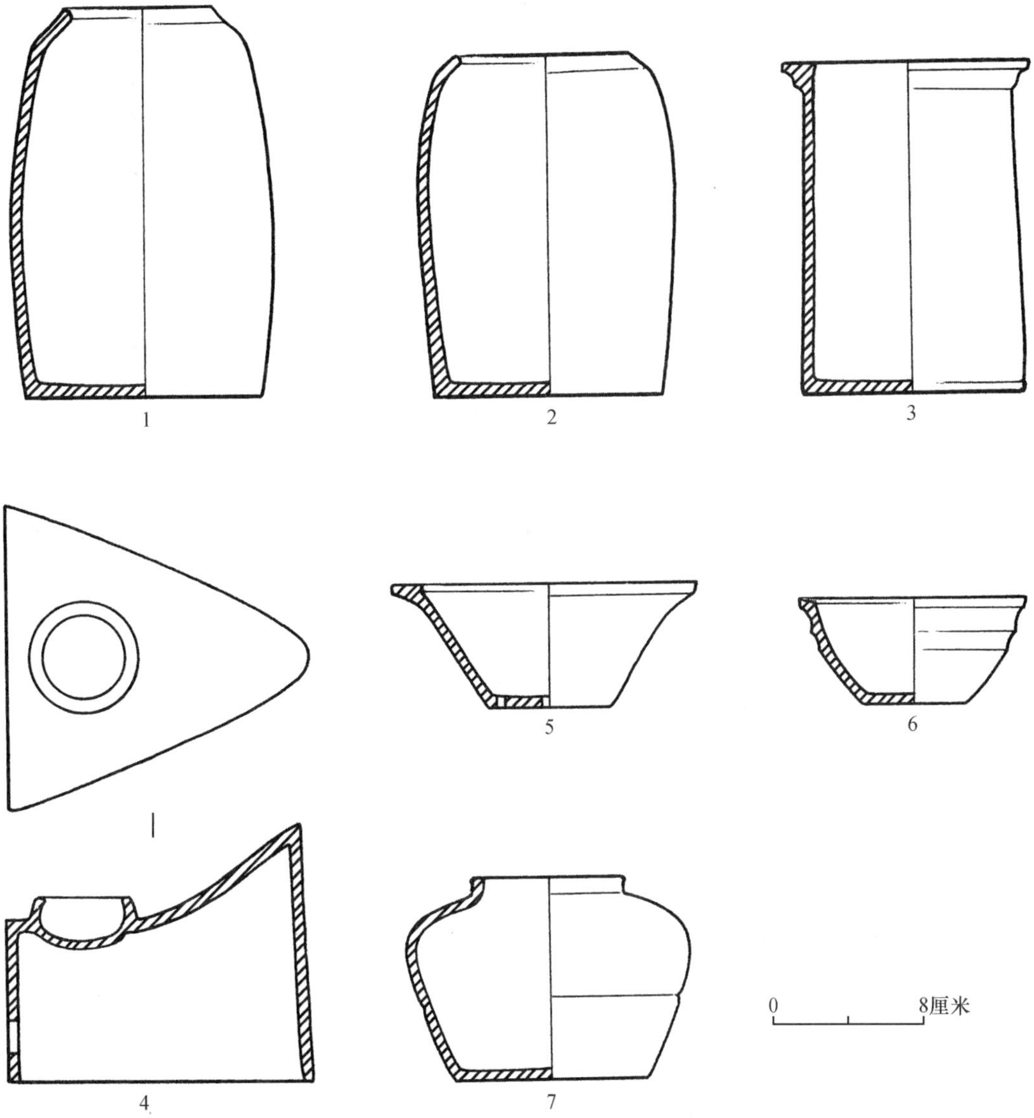

图四〇　M3出土器物

1、2. 陶仓（M3：1、M3：2）　3. 陶井（M3：5）　4. 陶灶（M3：4）　5. 陶甑（M3：3）　6. 陶盆（M3：7）　7. 陶罐（M3：6）

12.5、高20厘米（图四〇，1；图版一三，1）。M3：2，口径9、腹径13.6、底径12、高17.5厘米（图四〇，2；图版一三，2）。

灶　1件。M3：4，泥质灰陶。灶面呈三角形，灶面上有一圆形火眼，前壁有方形火门，后端向上翘起形成烟囱，烟道不通。长16、宽16、高13.5厘米（图四〇，4；图版一三，5、6）。

甑　1件。M3：3，泥质灰陶。敞口，尖圆唇，斜壁，平底。底部有圆形箅孔。口径16、底径6.2、高 6.4厘米（图四〇，5；图版一三，3）。

井　1件。M3：5，泥质灰陶。直口，平沿，沿面贴于外壁，方唇，筒腹，直壁，平底。口径13、底径11.4、高17.2厘米（图四〇，3；图版一三，4）。

M4

（一）墓葬概况

位于Ⅰ T0905东南部和Ⅰ T0805西南部，开口于第2层下，打破生土，口部距地表深0.43米，方向113°。该墓为斜坡墓道砖券洞室墓，平面形状呈“刀”形，由墓道、甬道、墓室三部分组成（图四一）。

墓道　位于墓室东部，平面形状呈长方形。口部长3.4、宽1.4米；底部呈斜坡状，坡度21°，坡长3.7、宽1.3米；深0～1.4米。

甬道　位于墓道西部，平面形状呈长方形。进深1、宽0.96、高1.38米。顶部为券顶，纵向对缝，高1.5米。甬道南、北两壁为条砖顺置错缝平砌，从壁砖第16层开始起券。铺地砖为条砖斜向平铺。

墓室　位于甬道西部，顶部不存，平面形状呈长方形。长4、宽1.74、高1.32米。墓室四壁为条砖顺置错缝平砌，从壁砖第16层开始起券。墓室铺地砖为条砖错缝斜向平铺。在墓室西部，有棺床1处，条形砖平铺而成，长3.4、宽1.74、高0.2米。条砖规格为32厘米×13厘米×6厘米，纹饰为几何纹、云纹等（图四三）。

葬具　不详。

葬式、性别及年龄　墓底铺地砖上残存人骨少许，已成粉末状，葬式、性别及年龄均不详。

（二）随葬品

随葬品主要位于墓室的东北角、西北部及填土中。

（1）陶器

罐　3件。泥质灰陶。直口，方圆唇，矮领，鼓肩，弧腹，平底。M4：10，口径6.5、腹径12、底径6、高8厘米（图四二，5；图版一五，6）。M4：11，口径6.5、腹径12、底径6.6、高7厘米（图四二，6；图版一六，1）。M4：12，口径6.8、腹径10.8、底径4.8、高6厘米（图四二，7；图版一六，2）。

盆　1件。M4：7，泥质灰陶。敞口，平沿，方唇，弧腹，平底，腹部有两周较宽的凹弦纹。口径15.5、底径4.2、高6.4厘米（图四二，1；图版一五，3）。

仓　2件。泥质灰陶。敛口，斜肩，筒腹，弧壁，平底。M4：2，口径7.8、腹径14、底径12.8、高17.8厘米（图四二，10；图版一四，4）。M4：3，口径7.8、腹径14、底径13、高18.2厘米（图四二，11；图版一四，5）。

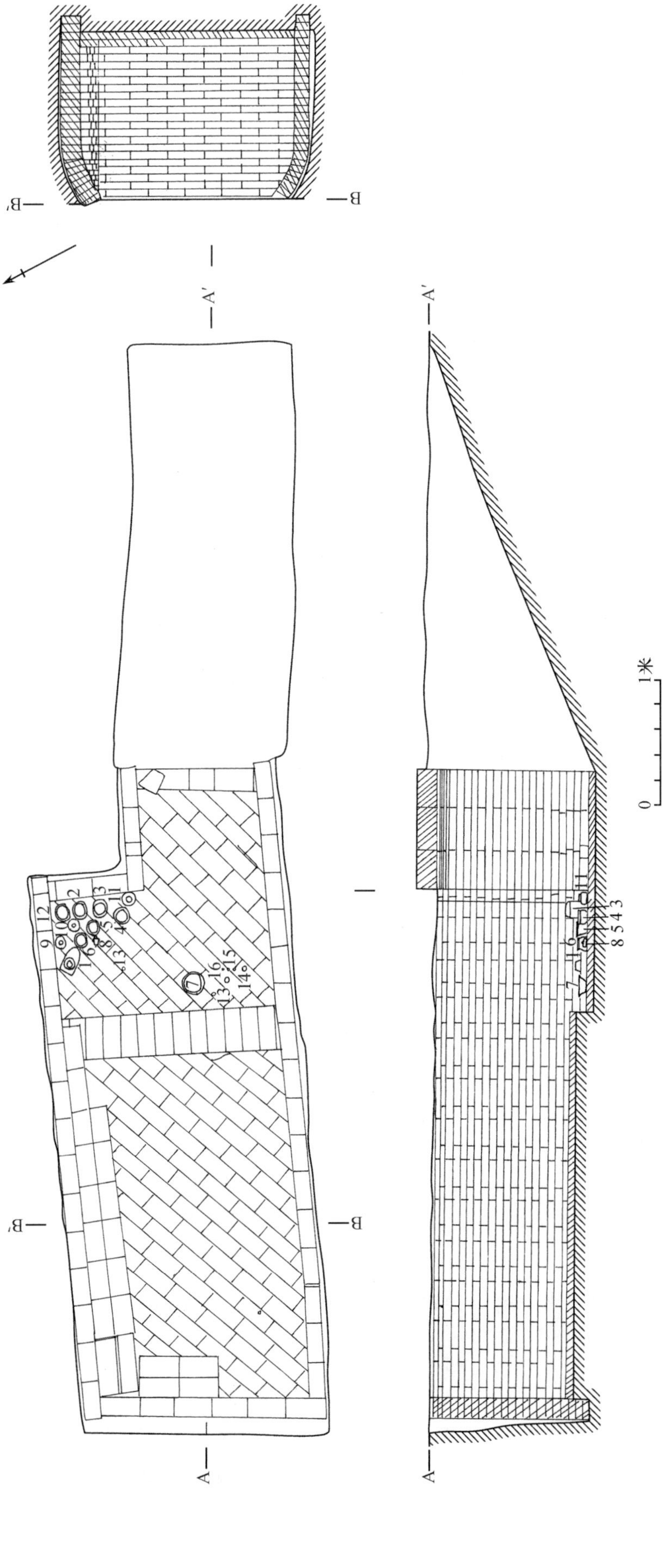

图四一 M4平、剖面图

1. 陶灶 2、3. 陶仓 4、6. 陶井 5. 陶甑 7. 陶盆 8. 陶汲水瓶 9. 陶盒 10～12. 陶罐 13. 铜钱（3枚） 14. 铜环 15. 骨珠 16. 铜扣 17. 陶釜（淤土中）

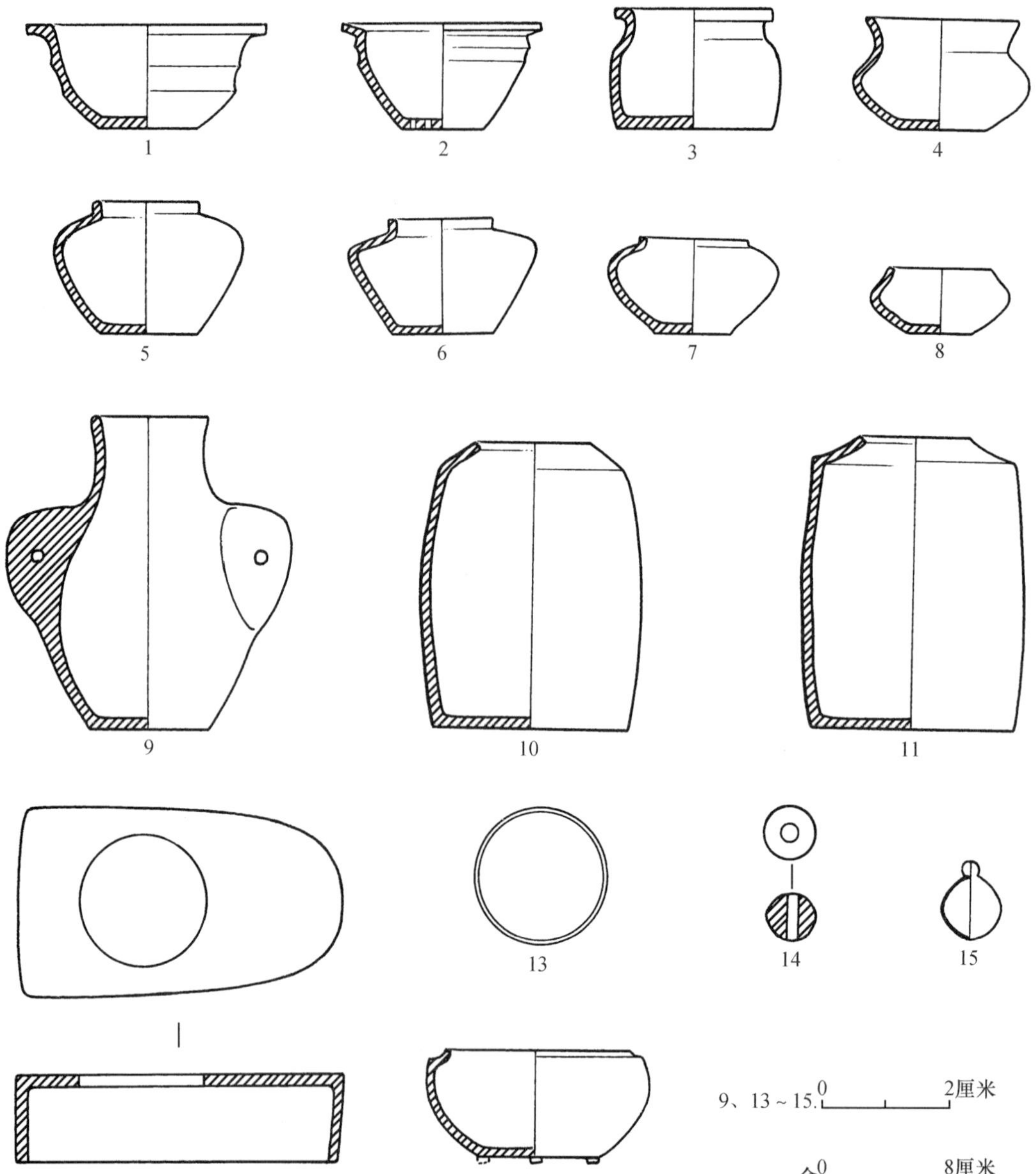

图四二　M4出土器物

1. 陶盆（M4：7）　2. 陶甑（M4：5）　3、4. 陶井（M4：6、M4：4）　5～7. 陶罐（M4：10、M4：11、M4：12）　8. 陶釜（M4：17）　9. 陶汲水瓶（M4：8）　10、11. 陶仓（M4：2、M4：3）　12. 陶灶（M4：1）　13. 铜环（M4：14）　14. 骨珠（M4：15）　15. 铜扣（M4：16）　16. 陶盒（M4：9）

灶　1件。M4：1，泥质灰陶。灶面呈弧边长方形，上面有一个圆形火眼，前壁有半圆形火门。长21、宽12、高5.5厘米（图四二，12；图版一四，3）。

釜　1件。M4：17，泥质灰陶。敛口，扁鼓腹，平底。口径6.8、腹径9.2、底径4、高4厘米（图四二，8；图版一四，3）。

甑　1件。M4：5，泥质灰陶。敞口，斜折沿，方唇，弧腹，平底，底部有圆形箅孔，在腹上部有两周凹弦纹。口径12.8、底径5、高6.4厘米（图四二，2；图版一五，1）。

井　2件。泥质灰陶。束颈，平底。M4：4，侈口，尖圆唇，鼓腹。口径9.6、腹径11.2、

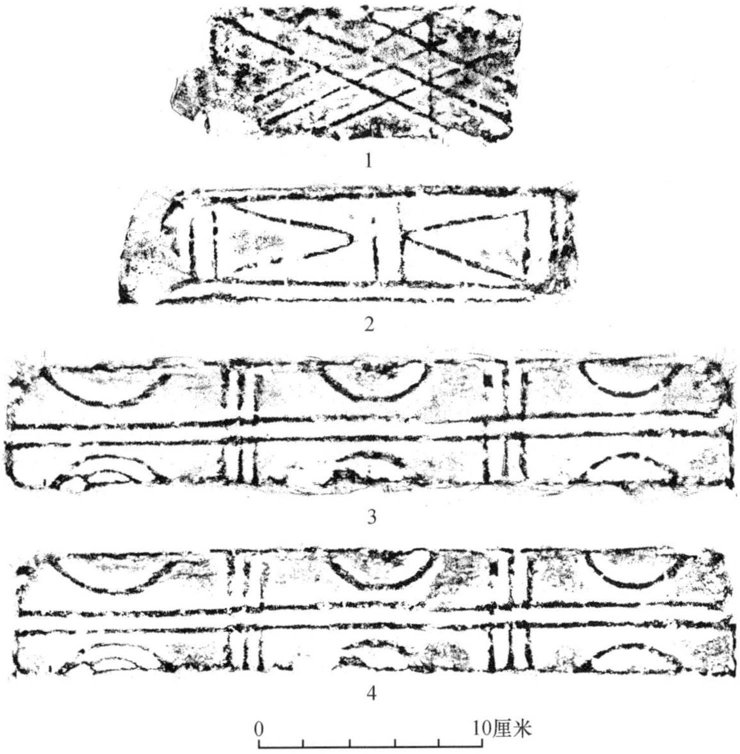

图四三　M4墓砖拓本

底径5、高6.6厘米（图四二，4；图版一四，6）。M4：6，敛口，平折沿，方唇，腹部较直。口径10、腹径11、底径10、高7.4厘米（图四二，3；图版一五，2）。

汲水瓶　1件。M4：8，泥质灰陶。口微敞，深腹，平底，腹部有对称双耳，耳上有圆形穿孔。口径2、腹径4、底径2、高4.8厘米（图四二，9；图版一五，4）。

盒　1件。M4：9，泥质灰陶。子母口，圆唇，弧腹，平底，底部有三个乳状足。口径12、腹径14.4、底径 8、高7厘米（图四二，16；图版一五，5）。

（2）铜器

扣　1件。M4：16，上端有一圆环，下端有一圆形钮，二者拼接而成。直径1厘米（图四二，15）。

环　1件。M4：14，圆形，横截面呈圆形。直径2.1米（图四二，13）。

铜钱　3枚。M4：13，钱文均为“五铢”（图四四）。M4：13-1，正、背面均有外郭。略残，穿背有郭。钱径2.4、穿径0.97、厚0.1厘米，重2.4克（图四四，1）。M4：13-2，正、背面均有外郭。穿背有郭。钱径2.4、穿径0.97、厚0.1厘米，重2.5克（图四四，2）。M4：13-3，磨郭。钱径2.3、穿径0.95、厚0.08厘米，重2.2克（图四四，3）。

（3）骨器

骨珠　1件。M4：15，扁圆形珠，中间穿一孔。直径0.8厘米（图四二，14）。

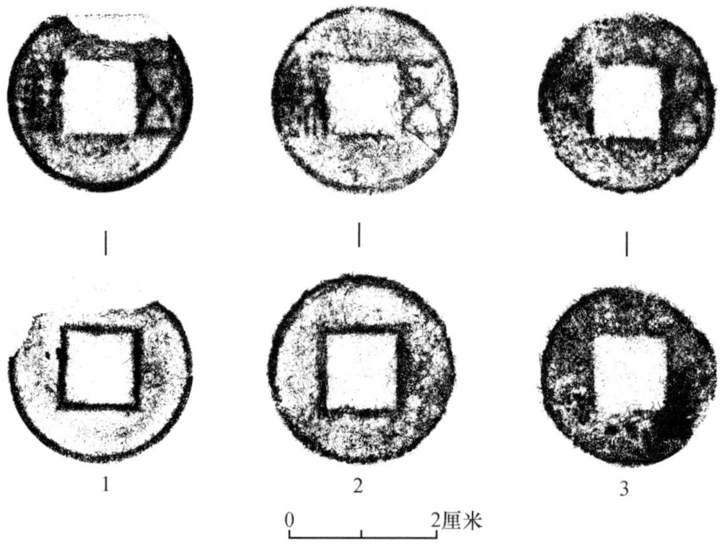

图四四　M4出土铜钱拓本

1～3. 五铢钱（M4：13-1、M4：13-2、M4：13-3）

M5

（一）墓葬概况

位于ⅠT0605东部，开口于第2层下，打破生土，口部距地表深0.5～0.56米，方向170°。该墓为斜坡墓道砖券洞室墓，平面形状呈“刀”形，由墓道、封门、甬道、墓室四部分组成（图四五；彩版八，2）。

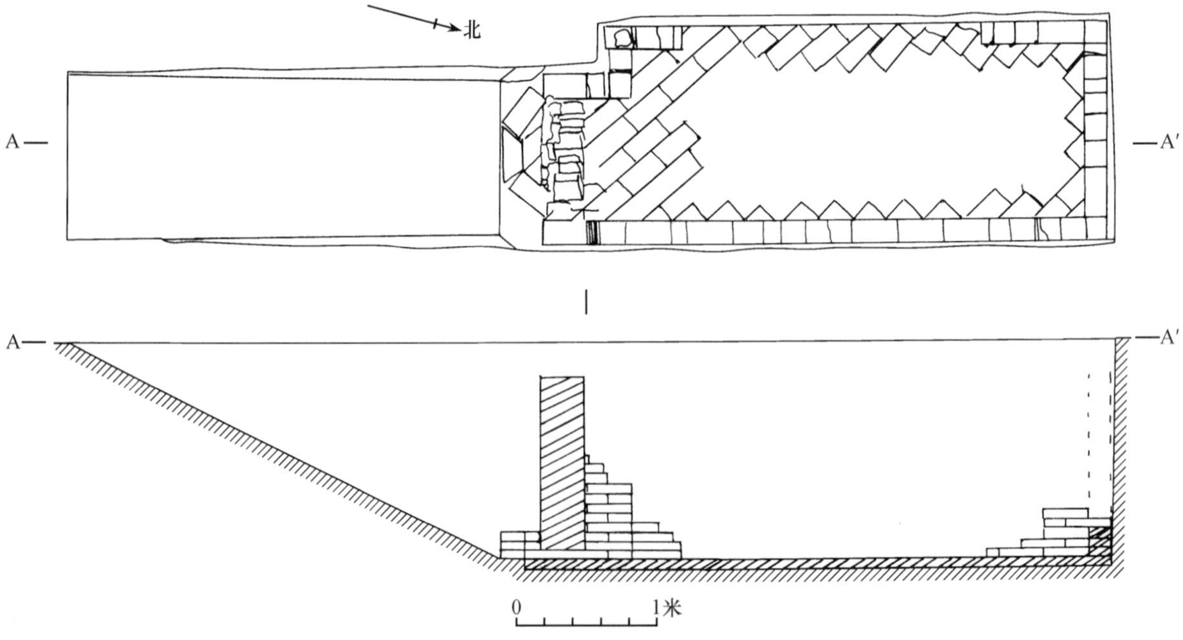

图四五　M5平、剖面图

墓道　位于墓室南部，平面形状呈梯形，南窄北宽，斜壁。口部长3.1、宽1.16～1.28米；底部呈斜坡状，坡度26°，坡长3.46、宽1.06～1.16米；深0～1.5米。

封门　位于墓道北端，正视呈长方形，砖砌结构，顶部不存。封门残高1.2、宽0.9米。封门底部三层砌筑较为规整，每层有三块方砖横向砌筑而成，俯视呈弧形，三层以上为残方砖错乱堆砌而成。

甬道　位于墓室的南部，顶部不存，平面形状呈长方形，直壁。进深0.64、宽0.86米。甬道壁为条砖横向错缝平砌，铺地砖为条砖斜向错缝平铺。

墓室　位于墓道北部，顶部不存，平面形状呈长方形。长3.2、宽1.18、深1.5米。墓室四壁为条砖顺置错缝平砌，铺地砖为条砖斜向错缝平铺。条砖规格为32厘米×16厘米×6厘米。

葬具　不详。

葬式、性别及年龄　墓葬盗扰严重，未见人骨，故其葬式、性别及年龄均不详。

（二）随葬品

随葬品数量较少，均位于墓道与封门相交处的淤土中。

瓮　1件。M5：1，泥质灰陶。直口，圆唇，矮领，圆肩，鼓腹，平底。口径24、腹径40、底径21、高30厘米（图四六，1；图版一六，3）。

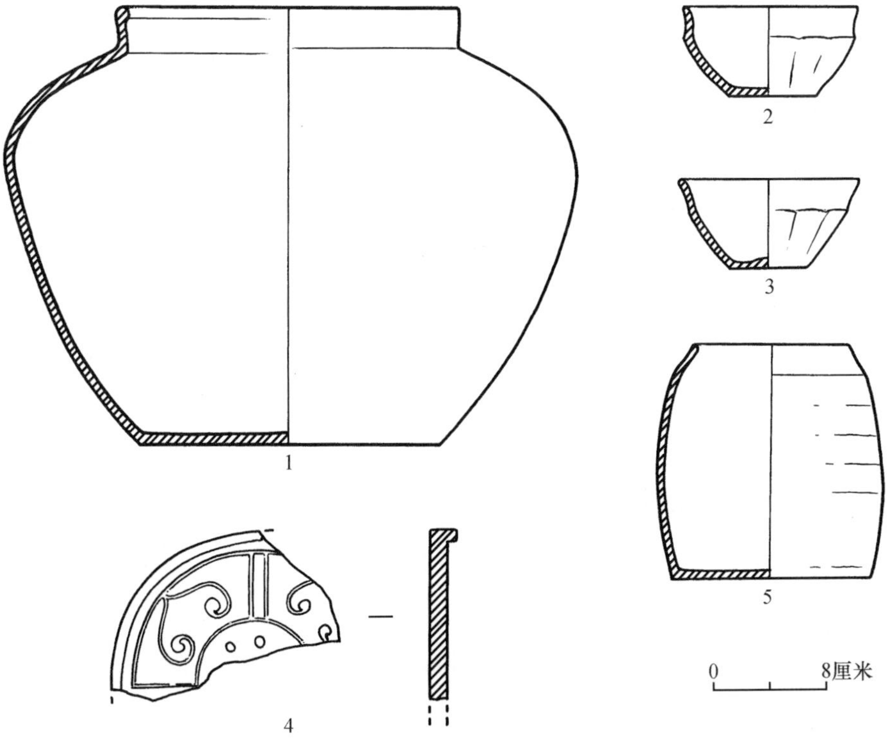

图四六　M5出土器物

1. 陶瓮（M5：1）　2、3. 陶盆（M5：4、M5：3）　4. 陶瓦当（M5：2）　5. 陶仓（M5：5）

盆　2件。泥质灰陶。圆唇，弧壁，近口部有一周凸弦纹，腹部有刮削痕迹。M5：3，敞口，平底微凹。口径13、底径5、高6厘米（图四六，3）。M5：4，直口微敞，平底。口径12.4、底径6、高6厘米（图四六，2；图版一六，5）。

仓　1件。M5：5，泥质灰陶。敛口，斜肩，筒腹，弧壁，平底。口径11.2、腹径16、底径15、高16厘米（图四六，5；图版一六，6）。

瓦当　1件。M5：2，泥质灰陶。边轮较宽且略高于当面纹饰，边轮内两周弦纹将当面分成内、中、外三部分。内圈外围有一周凸起的小圆点组成的连珠纹；中圈有双短直线将当面分为四个扇面，每个扇面内各饰一个如意形云头；外圈为一个宽0.4厘米的凹槽。当面直径20、边轮宽2厘米（图四六，4；图版一六，4）。

M6

（一）墓葬概况

位于ⅠT0806东北部、ⅠT0805东南部及ⅠT0705西部，开口于第2层下，打破生土，口部距地表深0.48米，方向22°。该墓为斜坡墓道砖券洞室墓，平面形状呈“凸”字形，由墓道、甬道、墓室三部分组成（图四七）。

墓道　位于甬道北部，平面形状呈长方形。口部长2.8、宽1.33～1.35米；底呈斜坡状，坡度25°，底坡长3.1、宽1.3米；深0～1.36米。

甬道　位于墓道南部，顶部已残，平面形状呈长方形。进深1.4、宽0.92、残高1.36米。甬道东西两壁为条砖顺置错缝平砌，从第16层开始起券，券顶是用楔形砖双层纵向对缝砌就。

墓室　位于甬道南部，顶部不存，平面形状呈长方形。长3.5、宽2.16、残高1.3米。墓壁为条砖顺置错缝平砌，从第16层开始起券。铺地砖为条形砖斜向错缝平铺。在墓室南部有棺床1处，用条形砖斜向平铺而成，长2.5、宽2.16、高0.28米。墓砖纹饰为菱形纹和圆点纹（图四九）。

葬具　不详。

葬式、性别及年龄　墓底铺地砖上残存人骨少许，已成粉末状，葬式、性别及年龄均不详。

（二）随葬品

随葬品数量较少，主要位于墓室中部及北部。

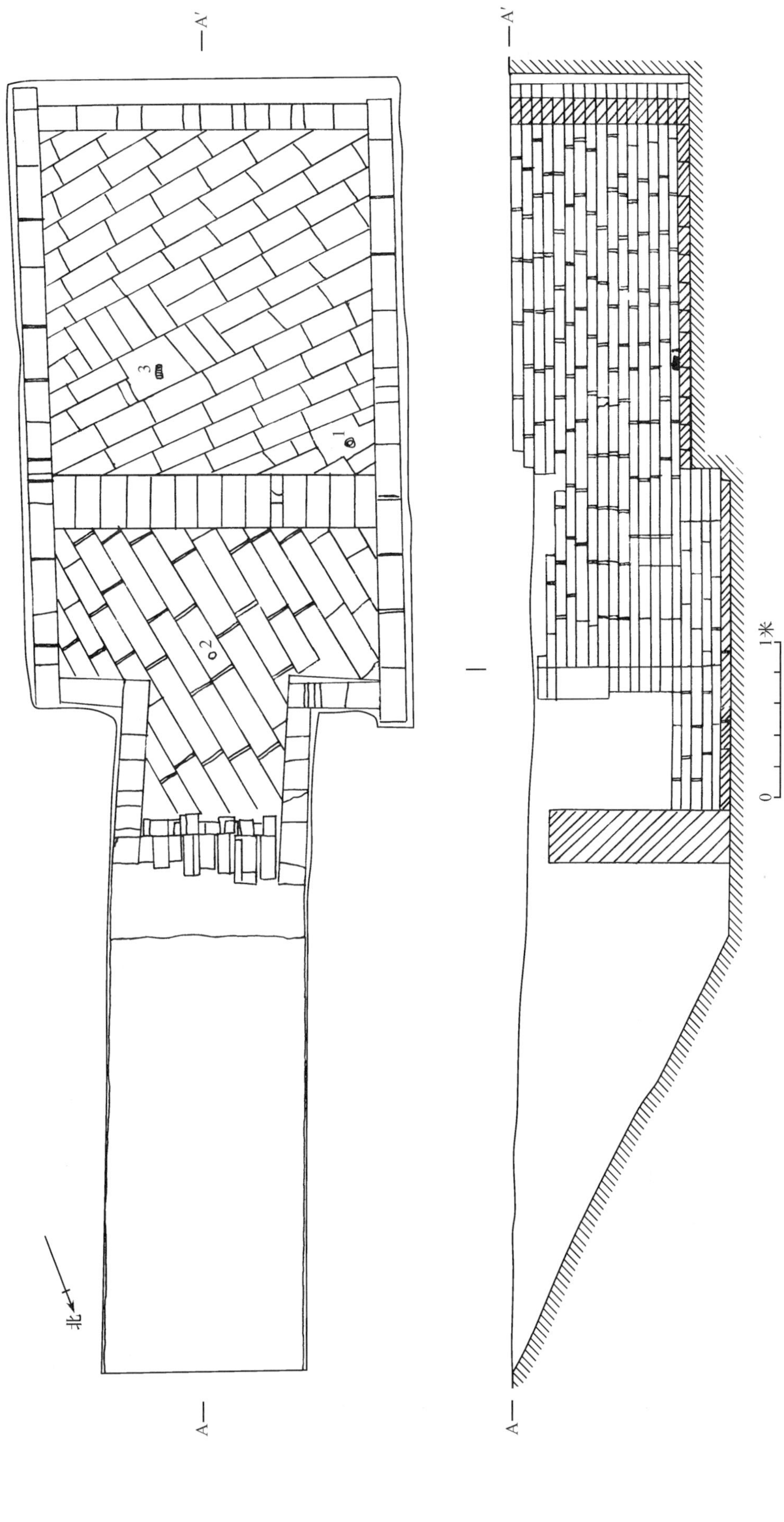

图四七　M6平、剖面图
1. 陶釜　2. 铜环　3. 铜钱（7枚）

（1）陶器

釜　1件。M6：1，泥质灰陶。敛口，鼓腹，平底微凹。口径5.5、腹径8、底径5、高4.4厘米（图四八，2；图版一七，1）。

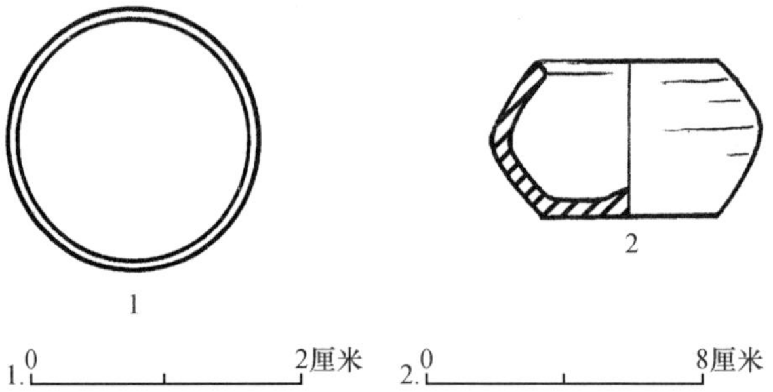

图四八　M6出土器物

1. 铜环（M6：2）　2. 陶釜（M6：1）

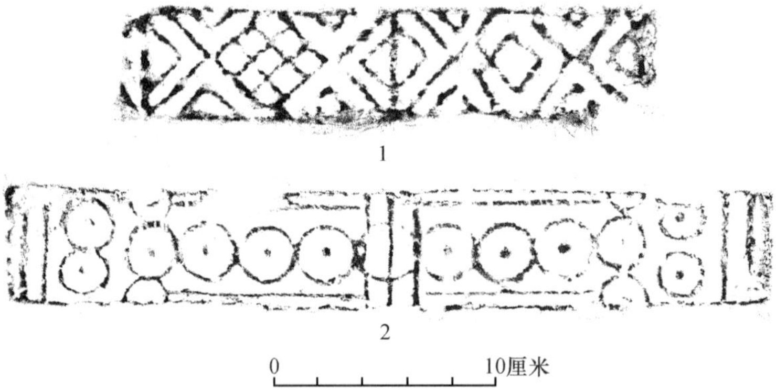

图四九　M6墓砖拓本

（2）铜器

铜环　1件。M6：2，圆形，横截面呈圆形。直径1.8厘米（图四八，1；图版一七，2）。

铜钱　7枚（图版一七，3）。正、背面均有外郭，穿背面有内郭，钱文均为“五铢”。M6：3-1，钱径2.6、穿径1.1、厚0.1厘米，重2.4克（图五〇，1）。M6：3-2，钱径2.6、穿径1、厚0.11厘米，重2.5克（图五〇，2）。M6：3-3，钱径2.51、穿径0.98、厚0.11厘米，重2.4克（图五〇，3）。M6：3-4，钱径2.5、穿径1.1、厚0.1厘米，重2.45克（图五〇，4）。M6：3-5，钱径2.6、穿径0.98、厚0.1厘米，重2.5克（图五〇，5）。M6：3-6，钱径2.55、穿径1.1、厚0.11厘米，重2.5克（图五〇，6）。M6：3-7，钱径2.6、穿径1.06、厚0.1厘米，重2.45克（图五〇，7）。

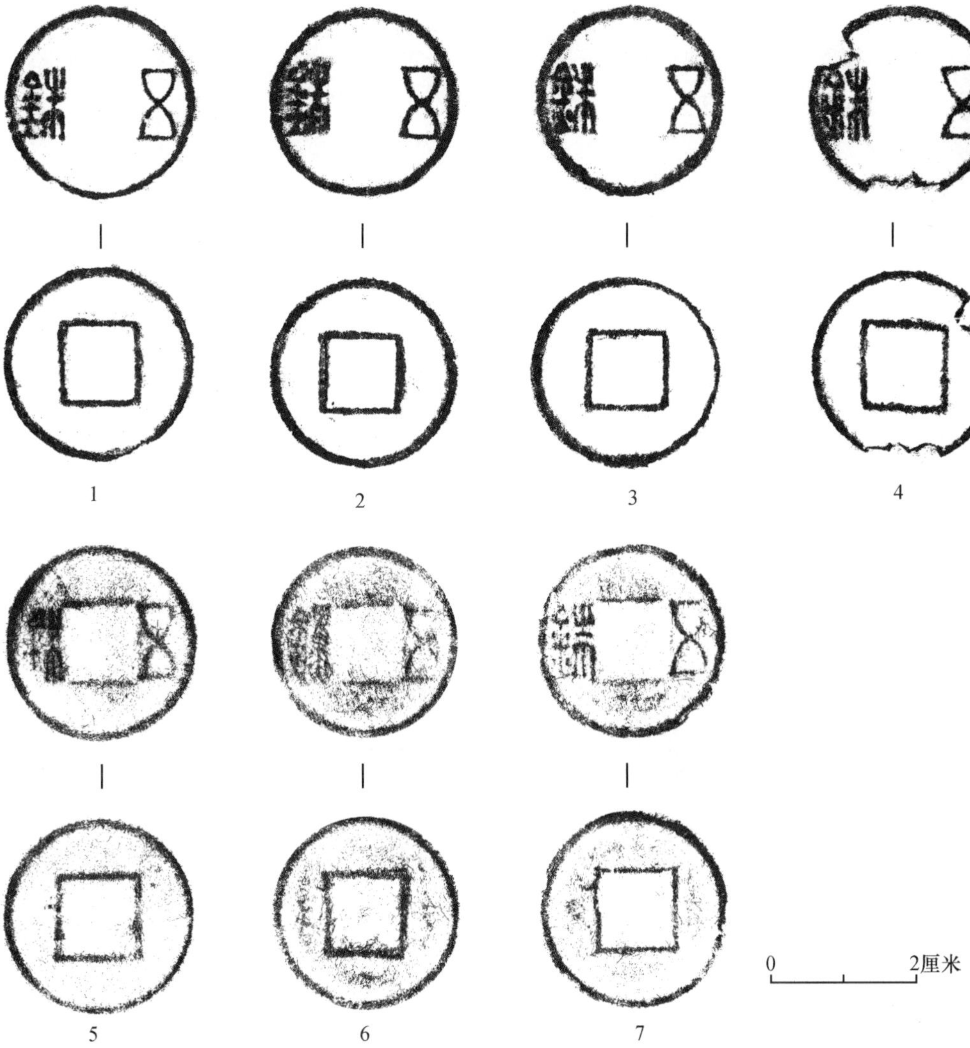

图五〇　M6出土铜钱拓本

1～7. 五铢钱（M6：3-1、M6：3-2、M6：3-3、M6：3-4、M6：3-5、M6：3-6、M6：3-7）

M7

（一）墓葬概况

位于Ⅰ T0907中部，少部分延伸于Ⅰ T0807西部，开口于第2层下，打破生土，口部距地表深0.5～0.55米，方向250°。该墓为双墓道双墓室的砖券洞室墓，分为南室和北室。北室由墓道、封门、甬道、墓室四部分组成，南室由墓道、墓室两部分组成（图五一、图五二；彩版九，1）。

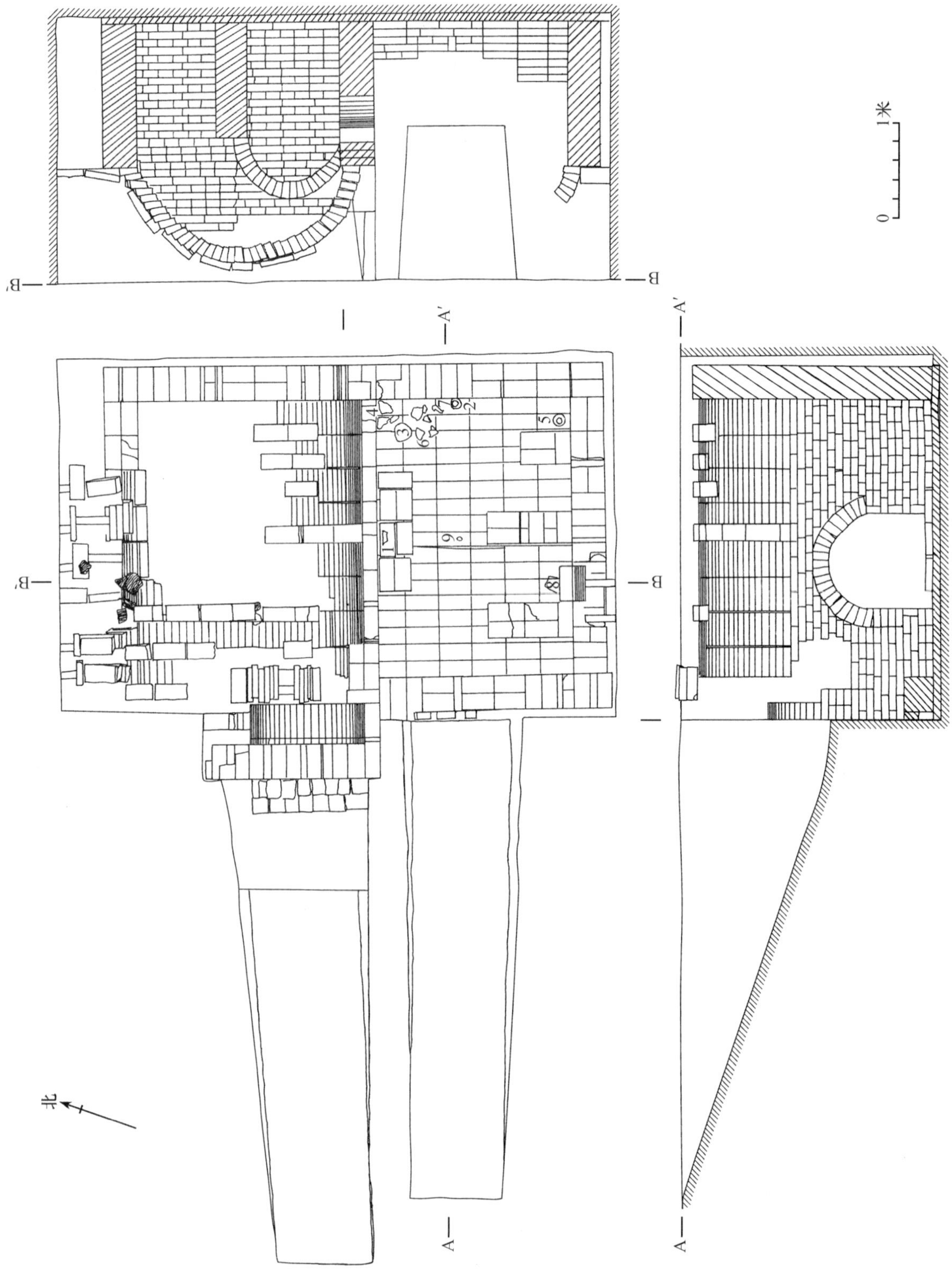

图五一　M7平、剖面图

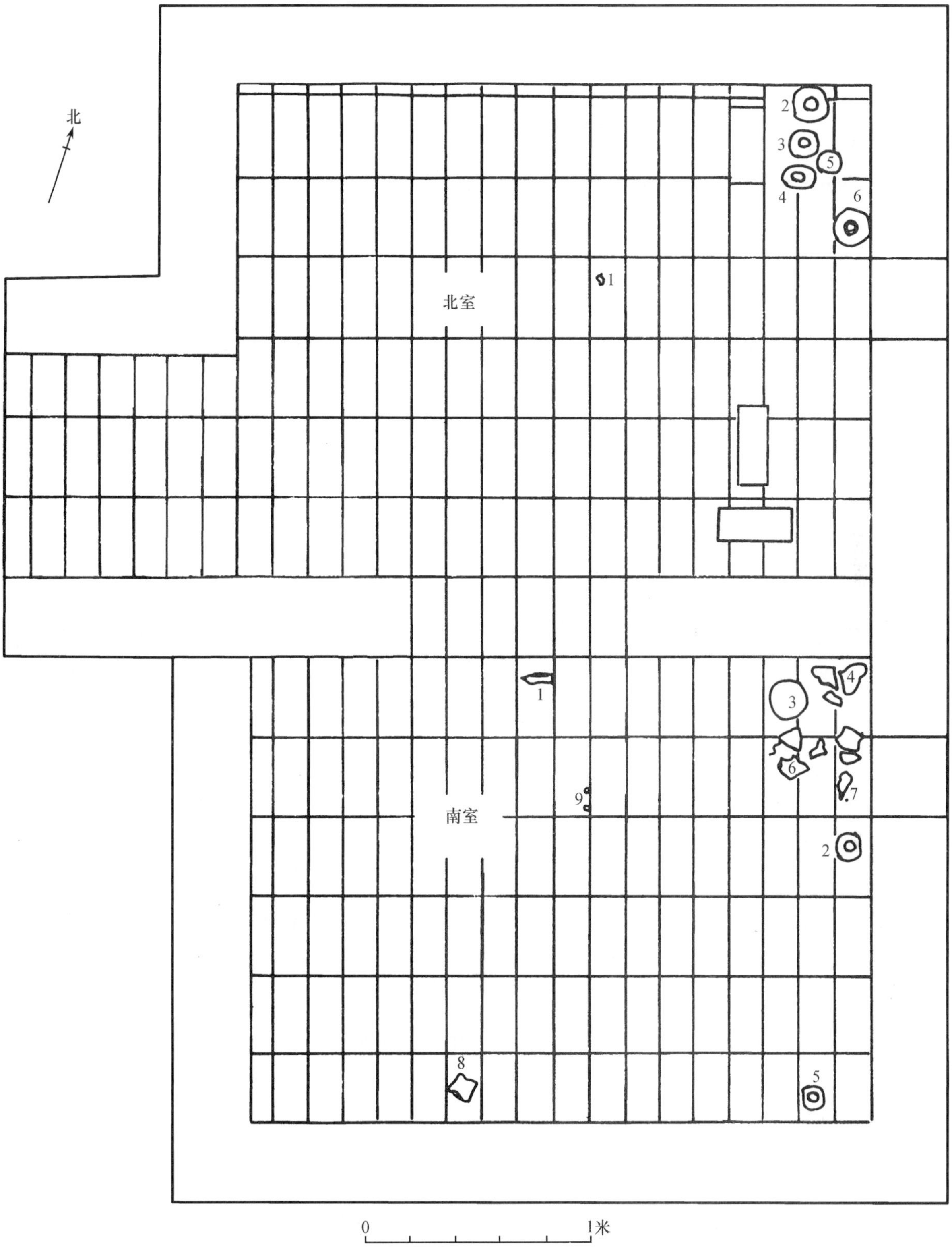

图五二　M7南、北室底部平面图

北室：1. 铜盖弓帽　2. 陶仓　3. 陶釜　4. 釉陶罐　5. 陶炉　6. 陶熏炉

南室：1. 石锛　2、3. 陶罐　4. 釉陶器盖　5. 陶仓　6. 陶鼎　7. 铜扣　8. 铜饰件　9. 铜钱（8枚）

1. 北室

墓道　位于甬道的西部，平面形状呈长方形，直壁。口部长5、宽1.1～1.6米；底呈斜坡状，坡度32°，底坡长4.5、宽1.1～1.3米；深0.5～2.7米。

封门　位于甬道的西部，保存较好，20层条砖横向错缝平砌，高1.6米。

甬道　位于墓道东部，平面形状呈长方形。进深1.5、宽1、高1.65米。顶部为条砖纵向对缝券顶，壁为条砖上下错缝顺置平砌，从壁砖第15层开始起券。

墓室　位于甬道东部，平面形状呈长方形。长2.96、宽2.17、残高2.58米。墓室壁为条砖上下错缝顺置平砌，券顶为条砖对缝起券，对缝的上面用墓砖及绳纹残板瓦片盖压，在券顶的外面与土圹之间发现有顶砖，推测是为了防止顶部被挤垮。铺地砖为条砖顺置错缝平铺，并且在墓室的东北角有一个三层单砖垒砌的砖墩，东南角有两块砖，推测其作用是放置棺椁用的棺墩。

2. 南室

墓道　位于墓室的西部，平面形状呈长方形。口部长4.9、宽1～1.3米；底呈斜坡状，坡度20°，底坡长5.2、宽1～1.04米；深0～1.6米。

墓室　平面形状呈长方形。长2.9、宽2.18、残高1.75米。砌筑方法与北室一样，铺地砖是用条砖横向对缝平铺。在墓室的南边有三个棺墩，中部和西部的棺墩长0.9、宽0.35、高0.6米，东部的砖墩长0.55、宽0.35、残高0.3米，作用也是为了放置棺椁用的棺墩。

该墓为一座夫妻合葬双室墓。北室和南室是同时建造的，北室作为主室有墓道、封门、甬道、墓室四部分，南室只有墓道、墓室且墓道也是后期建造的。墓壁用规格为36厘米×18厘米×8厘米和35厘米×16厘米×7厘米的条砖顺置错缝平砌。两个墓室的券顶破坏严重，都是从第18层开始对缝起券，在券的边缝上盖有砖块和绳纹板瓦片。两个墓室共用一个中壁，壁的中部留有一个1米宽的券门（彩版九，3）。墓砖纹饰为麦穗纹（图五四）。

葬具　不详。

葬式、性别及年龄　墓底铺地砖上残存人骨少许，已成粉末状，葬式、性别及年龄均不详。

（二）随葬品

北室和南室均有随葬品，其中北室随葬品主要位于墓室的东北角，棺墩下面，种类有陶器和铜器；南室随葬品主要位于墓室的东北角、东南角、南部棺墩之下及淤土中，种类有陶器、铜器和石器。

1. 北室

（1）陶器

罐　1件。M7北室：4，泥质灰陶。直口，矮领，溜肩，斜腹，平底。口径9、腹径14.8、底径6.4、高9.2厘米（图五三，1；图版一七，6）。

仓　1件。M7北室：2，泥质灰陶。敛口，斜肩，筒腹，腹壁斜弧，平底。腹部饰有三周凹弦纹。口径8、腹径16、底径14、高23厘米（图五三，10；图版一七，4）。

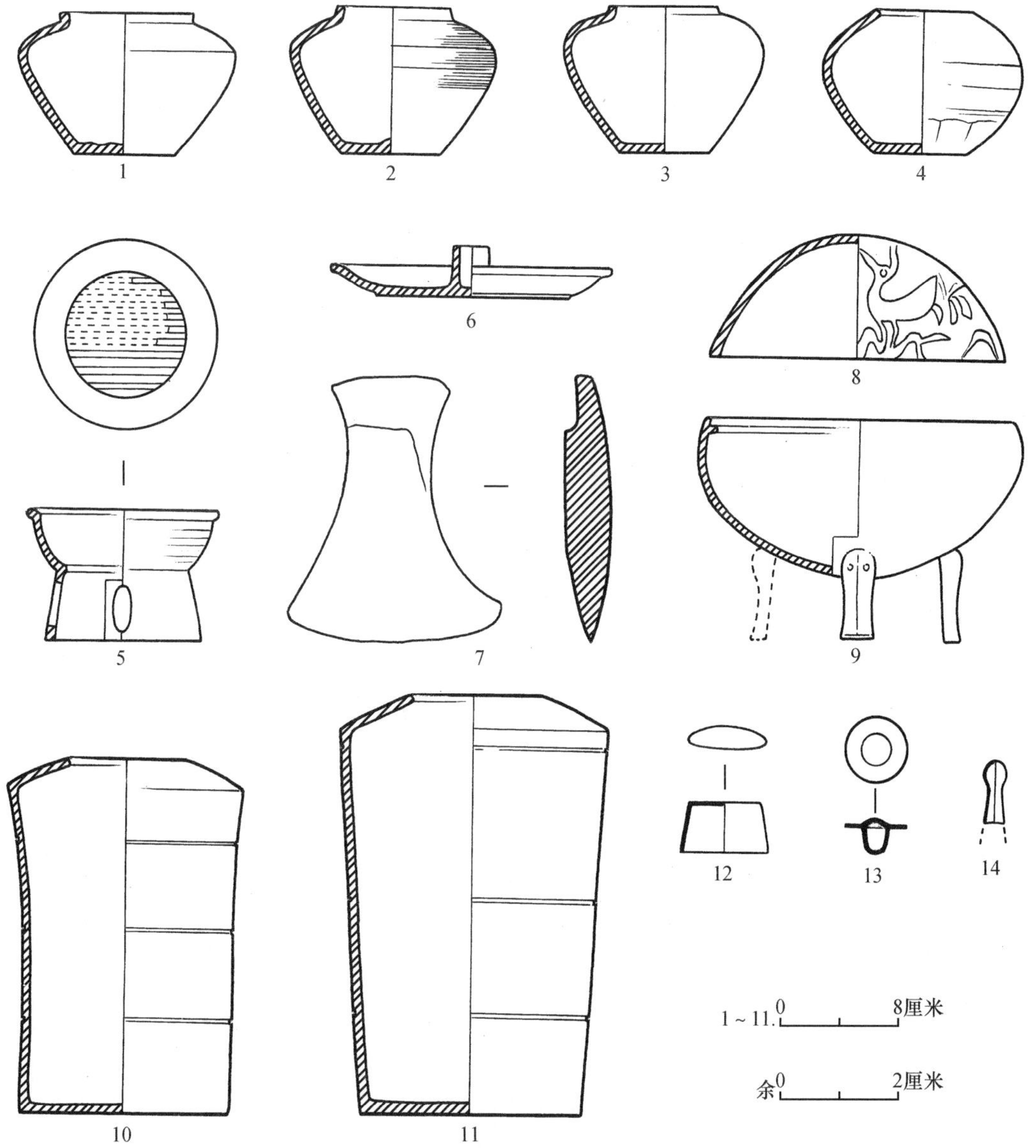

图五三　M7出土器物

1. 陶罐（M7北室：4）　2、3. 釉陶罐（M7南室：3、M7南室：2）　4. 陶釜（M7北室：3）　5.陶炉（M7北室：5）　6. 陶熏炉（M7北室：6）　7. 石锛（M7南室：1）　8. 釉陶器盖（M7南室：4）　9. 陶鼎（M7南室：6）　10、11. 陶仓（M7北室：2、M7南室：5）　12. 铜饰件（M7南室：8）　13. 铜扣（M7南室：7）　14. 铜盖弓帽（M7北室：1）

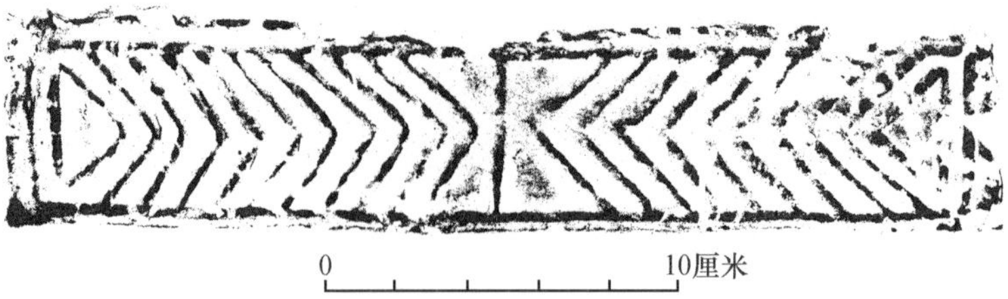

图五四　M7墓砖拓本

釜　1件。M7北室：3，泥质红陶。敛口，鼓腹，平底。口径7、腹径13.6、底径6.8、高9厘米（图五三，4；图版一七，5）。

炉　1件。M7北室：5，泥质红陶。炉身似碗，束腰，座上有拱形火门，炉身与座间有条状炉箅。口径13.6、底径11、高8.4厘米（图五三，5；图版一八，4）。

熏炉　1件。M7北室：6，泥质红陶。上部残，仅剩熏炉承盘，敞口，弧壁，平底，中部有一竖状柄，中空。口径18.4、底径12、高4厘米（图五三，6；图版一八，5）。

（2）铜器

铜盖弓帽　1件。M北室7：1，圆筒形，中空成銎，顶部如一圆球，下端残。残高1.2厘米（图五三，14）。

2. 南室

（1）陶器

鼎　1件。M7南室：6，泥质红陶。子母口微敛，弧腹，圜底，底部附有三个蹄形足。口径21.5、腹径23、高14.5厘米（图五三，9；图版一八，3）。

罐　2件。釉陶，通体施淡黄釉，胎呈红色。直口，方唇，矮领，溜肩，斜腹，平底。M7南室：2，肩部有细密的弦纹。口径7.8、腹径13.6、底径6、高9.6厘米（图五三，3；图版一八，1）。M7南室：3，上腹部饰两周浅显的凹弦纹。口径8、腹径14、底径6、高9.6厘米（图五三，2）。

仓　1件。M7南室：5，泥质红陶。敛口，斜肩，筒腹，腹壁斜直，平底。腹部饰有三周凹弦纹。口径9、腹径18、底径14.8、高27.4厘米（图五三，11；图版一八，2）。

器盖　1件。M7南室：4，釉陶，通体施淡黄釉，胎呈红色。圆锥形，盖面模印两层山峦，山峦上模印有四神纹样。口径20、高8厘米（图五三，8；彩版一四，1）。

（2）铜器

饰件　1件。M7南室：8，中空，口部略小于底部，断面呈椭圆形。宽1.5、高 0.8厘米（图五三，12）。

扣　1件。M7南室：7，有扣环和扣面焊接而成。直径1.2厘米（图五三，13）。

铜钱　8枚。M7南室：9，正、背面均有外郭，穿背面有内郭，钱文均为“五铢”。M7南室：9-1，钱径2.62、穿径0.93、厚0.1厘米，重2.5克（图五五，1）。M7南室：9-2，钱径

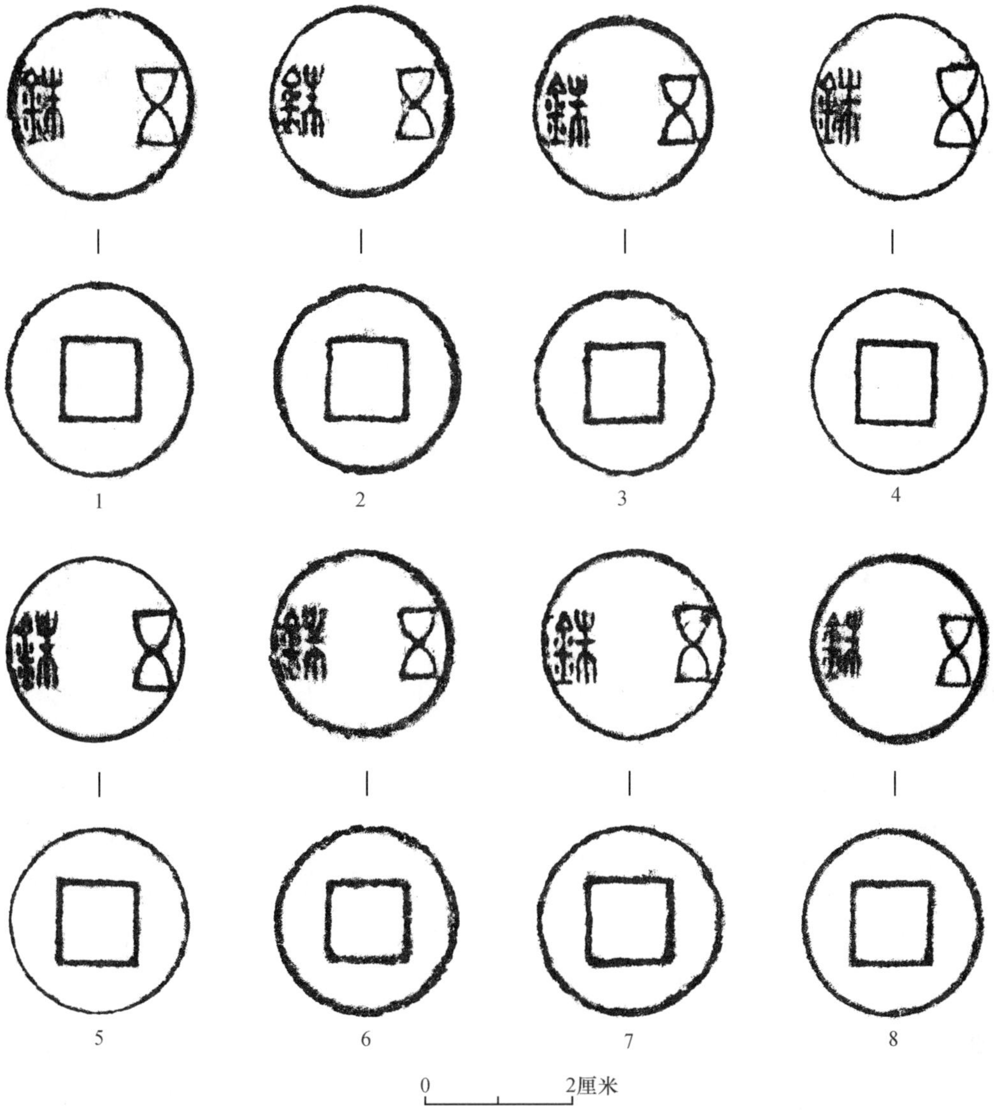

图五五　M7出土铜钱拓本
1～8. 五铢钱（M7：9-1、M7：9-2、M7：9-3、M7：9-4、M7：9-5、M7：9-6、M7：9-7、M7：9-8）

2.47、穿径0.97、厚0.1厘米，重2.5克（图五五，2）。M7南室：9-3，钱径2.45、穿径0.94、厚0.1厘米，重2.4克（图五五，3）。M7南室：9-4，钱径2.42、穿径0.96、厚0.1厘米，重2.45克（图五五，4）。M7南室：9-5，钱径2.44、穿径0.97、厚0.1厘米，重2.5克（图五五，5）。M7南室：9-6，钱径2.51、穿径0.97、厚0.11厘米，重2.5克（图五五，6）。M7南室：9-7，钱径2.55、穿径1、厚0.11厘米，重2.5克（图五五，7）。M7南室：9-8，钱径2.52、穿径0.98、厚0.11厘米，重2.45克（图五五，8）。

（3）石器

锛　1件。M7南室：1，青石质。平面形状呈束腰梯形，双面弧刃。上宽9、下宽15、高17、厚3.2厘米（图五三，7）。

M8

（一）墓葬概况

位于ⅠT1006中部偏北，开口于第2层下，打破生土，口部距地表深0.3米，方向291°。该墓为斜坡墓道砖券洞室墓，平面形状呈“刀”形，由墓道、封门、甬道、墓室四部分组成（图五六；彩版八，3）。

墓道　位于墓室西部，平面形状呈梯形，东宽西窄，斜壁。口部长2.9、宽1.08～1.28米；底部呈斜坡状，坡度22°，坡长3.3、宽1.06～1.16米；深0～1.8米。

封门　位于墓道东部，正视呈方形，砖砌结构，顶部不存。封门残高1.1、宽1.1米。封门为条砖横向错缝平砌。

甬道　位于墓室的西部，券顶，平面形状呈长方形。进深1.05、宽0.85、高1.14米。甬道顶部为三排楔形条砖纵向对缝券顶，壁为条砖横向错缝平砌，铺地砖为条砖斜向错缝平铺。

墓室　位于墓道东侧，顶部不存，平面形状呈长方形。长3.4、宽1.7、深1.76米。墓室四壁为条砖顺置错缝平砌，从第20层开始起券；铺地砖为条砖斜向错缝平铺。在墓室北部偏东处有棺床1处，长1.65、宽0.72、高0.08米，棺床为5排条砖顺置对缝平铺。条砖共有四种规格，分别为32厘米×15厘米×6厘米、32厘米×16厘米×6厘米、32厘米×14厘米×（5.5～7）厘米、33厘米×18厘米×8厘米，条砖纹饰有几何菱形纹、麦穗纹（图五七）。

葬具　不详。

葬式、性别及年龄　墓葬盗扰严重，未见人骨，故其葬式、性别及年龄均不详。

（二）随葬品

随葬品数量较少，位于墓室西部，均为铜钱。

铜钱　14枚（图版一八，6）。M8：1，钱文有“五铢”“货泉”两种。

五铢钱　13枚。其中10枚正、背面均有外郭，穿背面有内郭；其余3枚为磨郭五铢。M8：1-1，钱径2.5、穿径0.97、厚0.1厘米，重2.4克（图五八，1）。M8：1-2，钱径2.5、穿径0.97、厚0.1厘米，重2.4克（图五八，3）。

货泉　1枚。M8：1-15，正、背面均有内外郭。钱径2.25、穿径0.8、厚0.1厘米，重2.2克（图五八，2）。

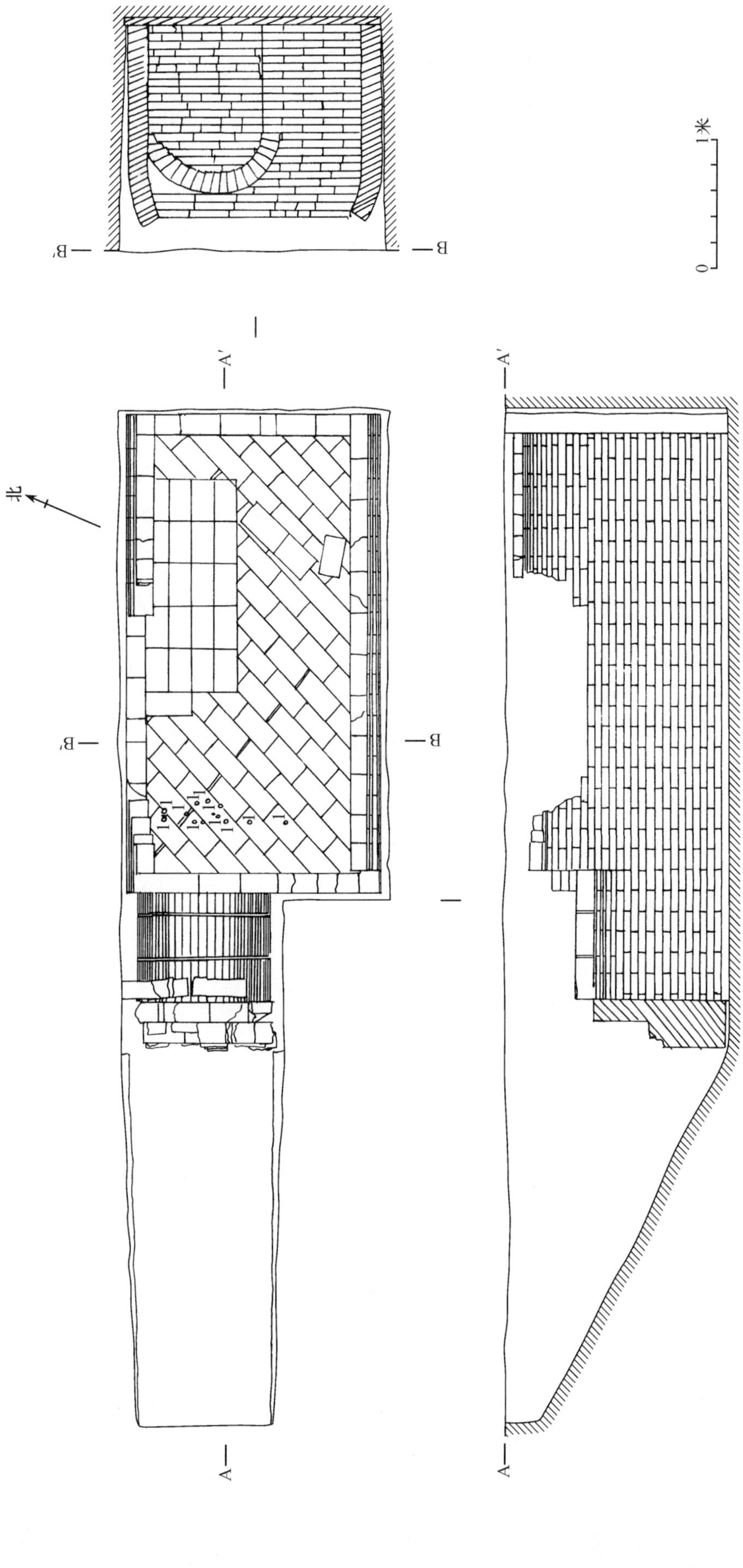

图五六　M8平、剖面图
1. 铜钱（14枚）

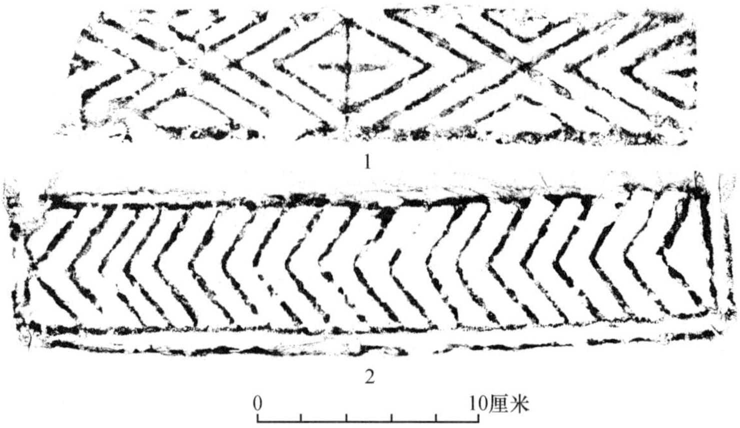

图五七　M8墓砖拓本

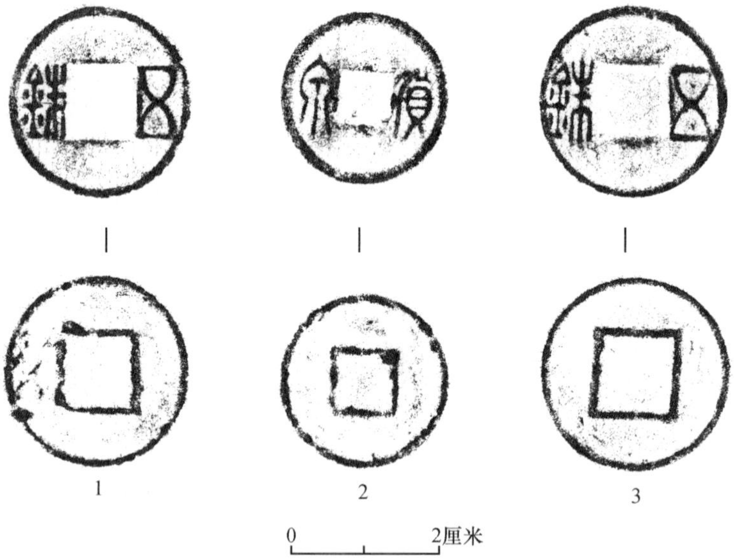

图五八　M8出土铜钱拓本

1、3. 五铢钱（M8：1-1、M8：1-2）　2. 货泉（M8：1-15）

M9

（一）墓葬概况

位于ⅠT0708西北部和ⅠT0808东部，开口于第2层下，打破生土，口部距地表深0.5～0.68米，方向20°。该墓为斜坡墓道砖券洞室墓，平面整体形状呈“刀”形，由墓道、甬道、墓室三部分组成（图五九）。

墓道　位于墓室北部，平面形状呈长方形，斜壁。口部长3、宽1.12～1.34米；底部呈斜坡状，坡度22°，坡长3.3、宽1.2米；深0～1.26米。

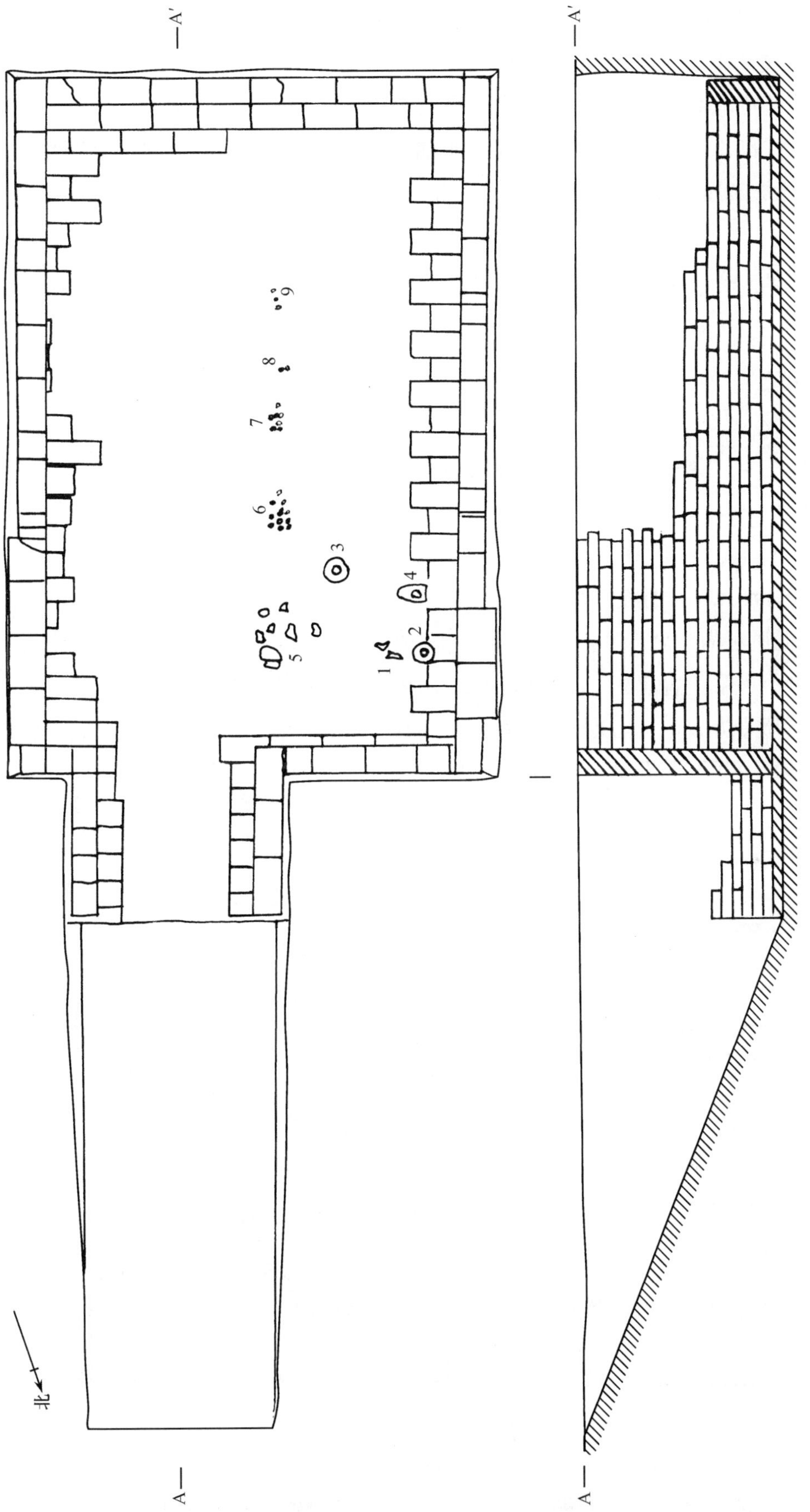

图五九　M9平、剖面图

1、4. 陶灶　2、3. 陶釜　5. 陶罐　6～9. 铜钱（10枚）　10. 陶甑（淤土中）

甬道　位于墓室北部，顶部不存，平面形状呈长方形。进深1.4、宽0.94米。甬道壁为条砖横向错缝平砌而成，铺地砖为条砖错缝平铺。

墓室　位于墓道南部，顶部不存，平面形状呈长方形。长3.8、宽2.5、深1.2米。墓室四壁为条砖顺置错缝平砌，铺地砖为条砖横向错缝平铺。条砖规格有两种，分别为32厘米×14厘米×6厘米、32厘米×22厘米×（5～7）厘米，纹饰为菱形纹（图六一）。

葬具　不详。

葬式、性别及年龄　墓葬盗扰严重，未见人骨，故其葬式、性别及年龄均不详。

（二）随葬品

随葬品数量较少，位于墓室西北部及中部，种类有陶器及铜钱。

（1）陶器

罐　1件。M9：5，泥质灰陶。直口，矮领，圆肩，弧腹，平底。口径12、腹径16.4、底径9、高11厘米（图六〇，1；图版一九，4）。

灶　2件。泥质灰陶。M9：1，灶面呈弧边长方形。前壁有一个半圆形火门，灶面上有两个火眼，其中一个火眼上置有甑，编号M9：10，敞口，平折沿，方唇，斜弧壁，平底，底部有圆形箅孔（图版一九，6）。灶长25、宽13、高10.5厘米，甑口径13.5、底径4、高6.5厘米

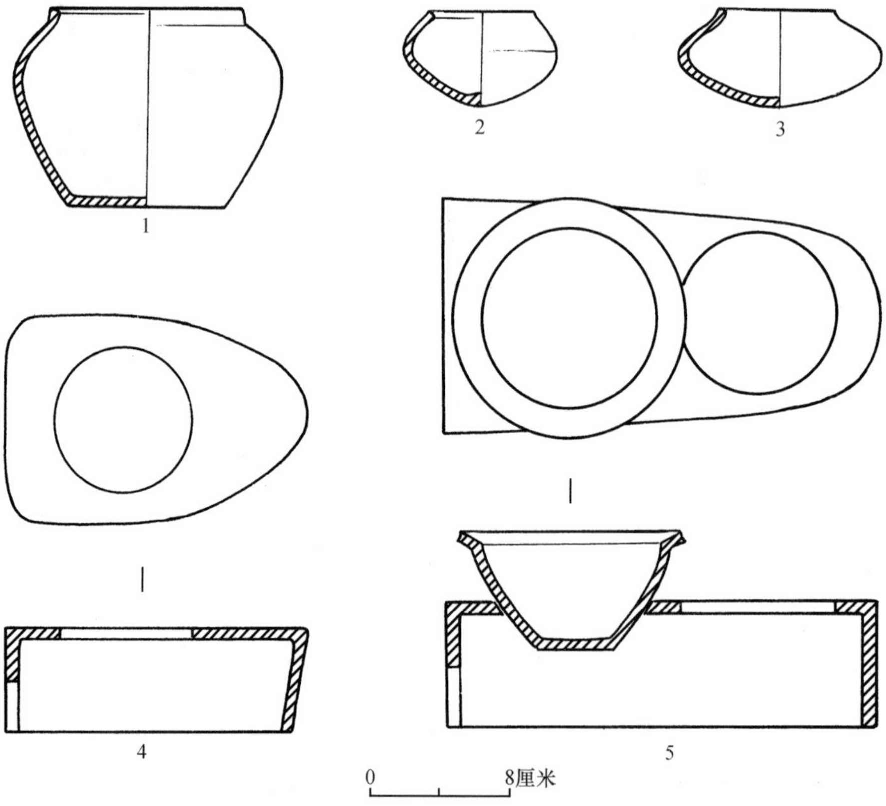

图六〇　M9出土器物

1. 陶罐（M9：5）　2、3. 陶釜（M9：2、M9：3）　4、5. 陶灶（M9：4、M9：1）

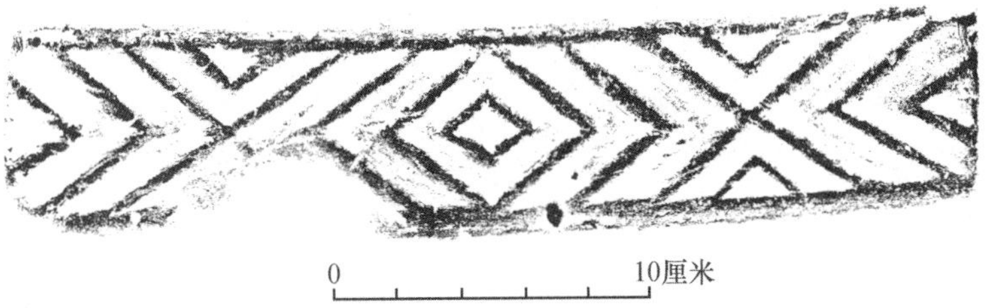

图六一　M9墓砖拓本

（图六〇，5；图版一九，1）。M9：4，灶面呈弧边三角形，灶面上有一个火眼。灶长18、宽12、高6厘米（图六〇，4；图版一九，3）。

釜　2件。泥质灰陶。敛口，扁鼓腹，圜底。M9：2，口径6.4、腹径9.2、高5厘米（图六〇，2）。M9：3，扁鼓腹。口径7、腹径10、高5.4厘米（图六〇，3；图版一九，2）。

（2）铜钱

铜钱　多数朽坏严重，可提取者10枚（图版一九，5）。M9：6、M9：7、M9：8、M9：9，钱文为“五铢”“货泉”（图六二）。五铢钱正、背面均有外郭，穿背面有内郭。货泉正、背面均有内外郭。

五铢钱　8枚。编号M9：6-1、M9：6-2、M9：6-3、M9：8-1、M9：8-2、M9：8-3、M9：9-1、M9：9-2。现择其精良者介绍如下。M9：6-1，钱径2.5、穿径0.97、厚0.1厘米，重2.4克（图六二，1）。M9：6-2，钱径2.5、穿径0.97、厚0.1厘米，重2.5克（图六二，2）。M9：8-1，钱径2.5、穿径0.98、厚0.1厘米，重2.5克（图六二，3）。M9：9-1，钱径2.45、穿径0.96、厚0.1厘米，重2.45克（图六二，4）。

货泉　2枚。编号M9：7-1、M9：7-2。M9：7-2，钱径2.3、穿径0.75、厚0.1厘米，重2.2克（图六二，5）。

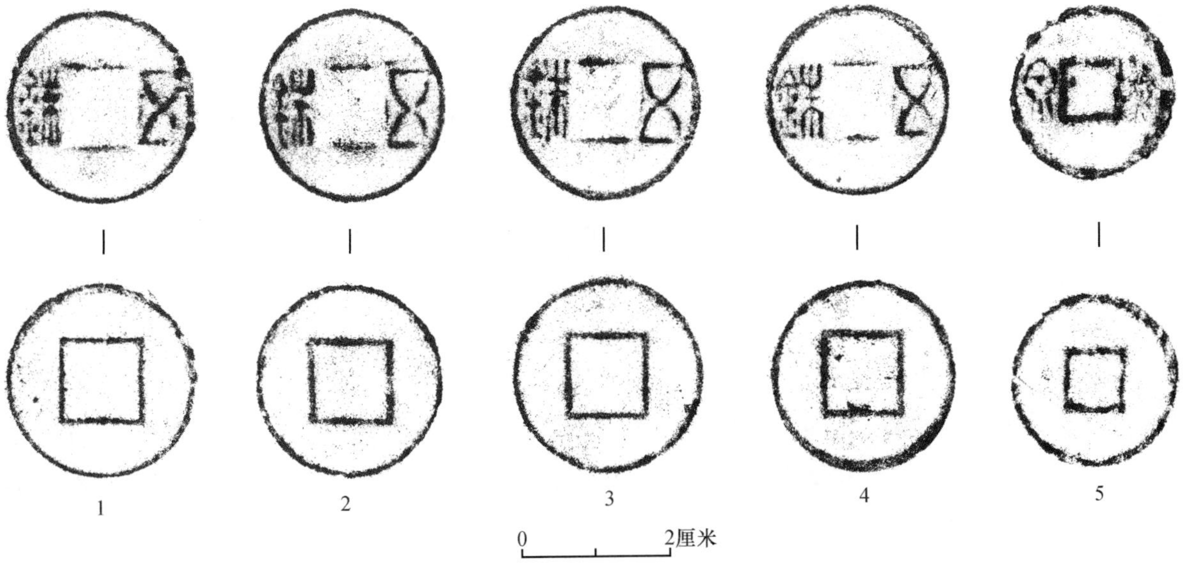

图六二　M9出土铜钱拓本

1～4. 五铢钱（M9：6-1、M9：6-2、M9：8-1、M9：9-1）　5. 货泉（M9：7-2）

M10

（一）墓葬概况

位于ⅠT0510西南部和ⅠT0511西北部，开口于第2层下，打破生土，口部距地表深0.4米，方向160°。该墓为斜坡墓道砖室墓，墓葬整体平面形状呈“凸”字形，由墓道、甬道、前室、后室四部分组成（图六三；彩版八，4）。

墓道　位于甬道南部，平面形状呈长方形，口大底小，斜壁。口部长3.84、宽1～1.26米；底呈斜坡状，坡度25°，底坡长4.2、宽0.98～1米；深0～1.6米。

甬道　位于墓道北部，顶部不存，平面形状呈方形。进深1.5、宽1.5、残高1.2米。甬道壁为条砖顺置错缝平砌，从第22层开始起券；铺地砖为条砖斜向错缝平铺。

前室　平面形状呈长方形。长3.76、宽2.27、深1.2米。墓室四壁为条砖顺置错缝平砌。前室北部设有棺床1处，长2.26、宽2、高0.14米。

后室　平面形状呈长方形。长2.5、宽1.48、高1.54米。后室券顶保存完好，四壁为条砖顺置错缝平砌，从第22层开始起券，券顶为条砖纵向错缝起券；铺地砖为条砖斜向错缝平铺。墓砖纹饰为菱形纹（图六五）。

葬具　不详。

葬式、性别及年龄　墓葬盗扰严重，未见人骨，葬式、性别及年龄均不详。

（二）随葬品

随葬品位于甬道的西南角及中室前部，种类有陶器和铜器。

（1）陶器

仓　1件。M10∶1，泥质红陶。敛口，斜肩，筒腹，腹壁微弧，平底。口径10、腹径9、底径11、高20.5厘米（图六四，1；图版二〇，1）。

（2）铜器

铜镜　1件。M10∶2，四乳四螭镜，钮及钮座均为圆形，座外两周双线弦纹。座外三周弦纹将镜面分为内外两部分，内部分饰斜线纹，外部均匀分布四个乳丁，将其四等分，每部分各饰一蟠螭纹，外侧弦纹与镜缘之间饰斜线纹，缘平素。镜直径8、缘厚0.4、宽1.3厘米（图六四，2；彩版一四，2）。

铜钱　5枚。M10∶3-1、M10∶3-2、M10∶3-3、M10∶3-4、M10∶3-5，钱文为“五铢”。锈蚀严重。

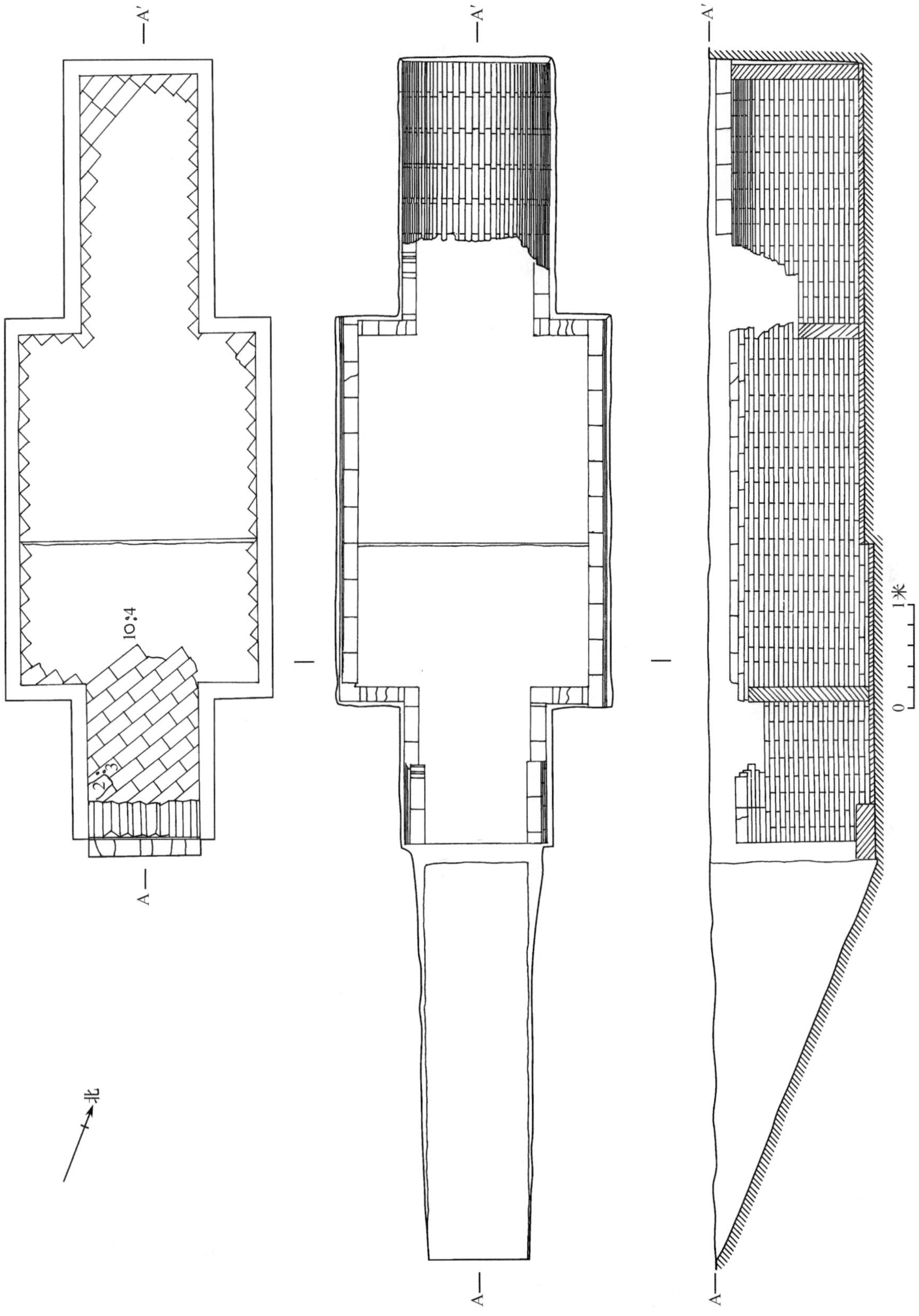

图六三　M10平、剖面图
1. 陶仓　2. 铜镜　3、4. 铜钱（5枚）

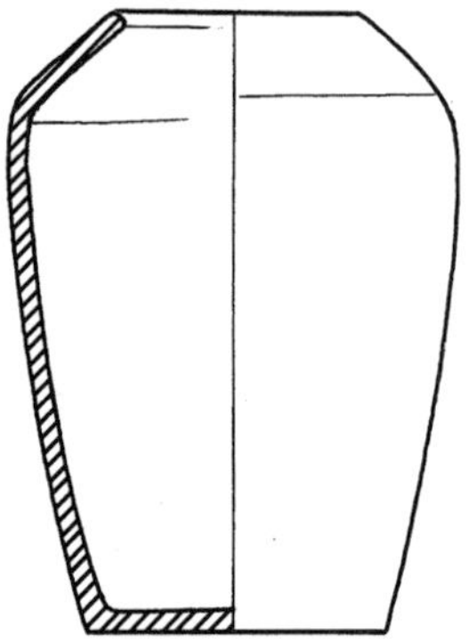

1

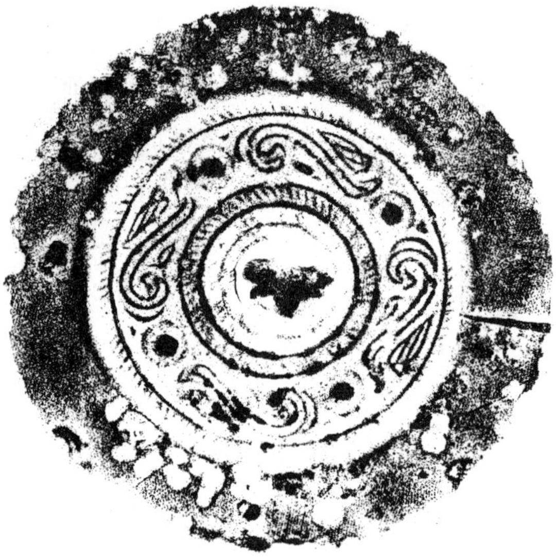

2

1. 0　8厘米　2. 0　2厘米

图六四　M10出土器物

1. 陶仓（M10：1）　2. 铜镜（M10：2）

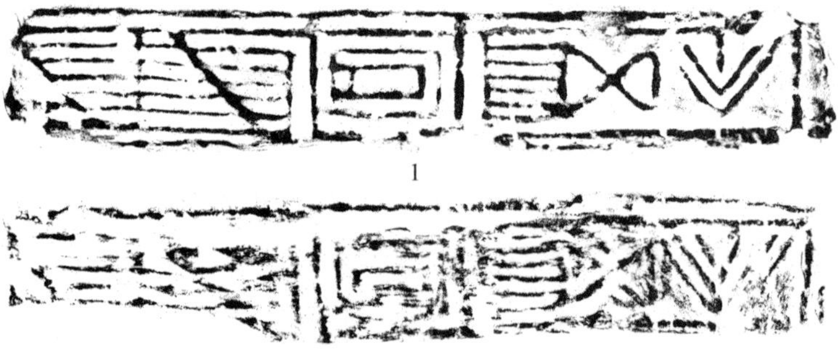

1

2

0　10厘米

图六五　M10墓砖拓本

M11

（一）墓葬概况

位于ⅠT0804东部和ⅠT0704西北部，开口于第2层下，打破生土，口部距地表深0.76米，方向143°。该墓为斜坡墓道洞室墓，平面形状呈“凸”字形，由墓道、甬道、墓室三部分组成（图六六）。

墓道　位于墓室南部，平面形状呈长方形，斜壁。长2.4、宽1.22米；底呈斜坡状，底坡长2.46、宽1.12米；深0.08～0.72米。

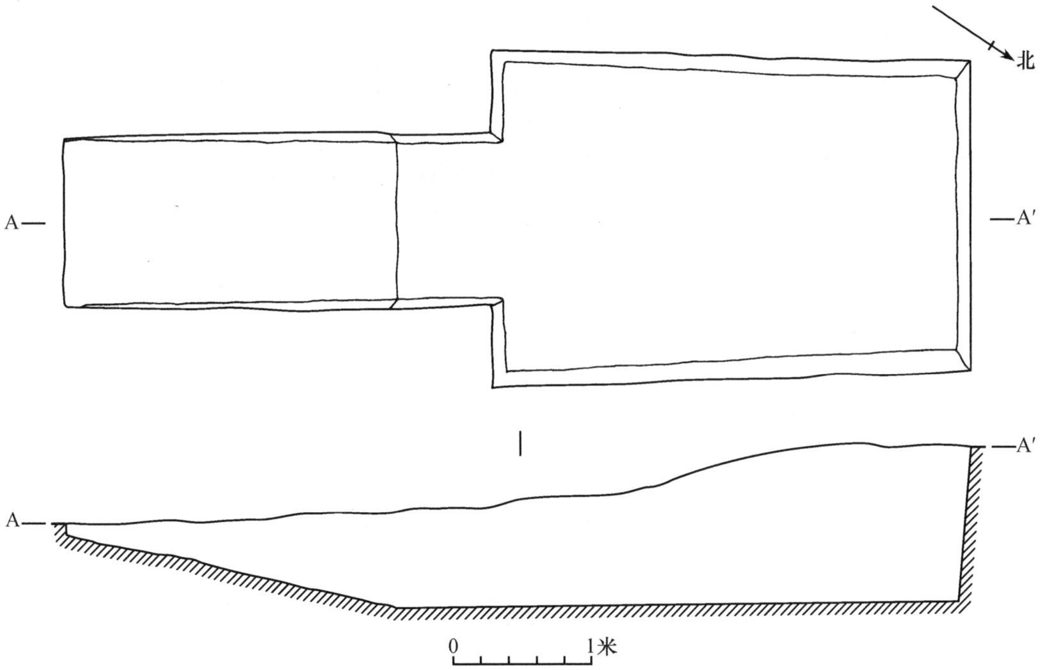

图六六　M11平、剖面图

甬道　位于墓道北部，平面形状呈长方形。进深0.74、宽1.16、高0.7米。

墓室　位于墓道北部，顶部不存，平面形状呈长方形，斜壁，平底。填土中有少量残碎砖块。口部长3.5、宽2.2米，底部长3.3、宽2.1米，深1.1米。

葬具　不详。

葬式、性别及年龄　墓葬盗扰严重，未见人骨，故其葬式、性别及年龄均不详。

（二）随葬品

随葬品数量较少，位于墓室西北部填土中，种类有陶器及铜器。

（1）陶器

甑　1件。M11：2，泥质灰陶。敞口，平折沿，方唇，斜壁，平底，底部有圆形箅孔。口径10、底径5、高3.5厘米（图六七，2；图版二〇，3）。

（2）铜器

印章　1件。M11：1，印座呈正方形，宽桥形钮。底座边长1.6、高1.6厘米（图六七，1；图版二〇，2）。

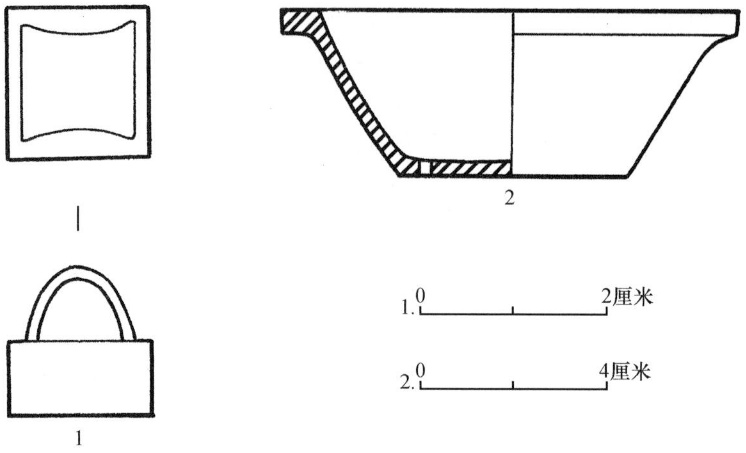

图六七　M11出土器物

1. 铜印章（M11：1）　2. 陶甑（M11：2）

M12

（一）墓葬概况

位于ⅠT0808中部偏东北和ⅠT0807东南部，开口于第2层下，打破生土，口部距地表深0.4米，方向342°。该墓为斜坡墓道洞室墓，平面形状呈“凸”字形，由墓道、甬道、墓室三部分组成（图六八）。

墓道　位于墓室北部，平面形状呈长方形。口部长3.9、宽1.26～1.84米；底呈斜坡状，坡度18°，底坡长4.3、宽1.74米；深0～1.54米。

甬道　位于墓室北部，平面形状呈长方形。进深0.66、宽1.8、高1.54米。

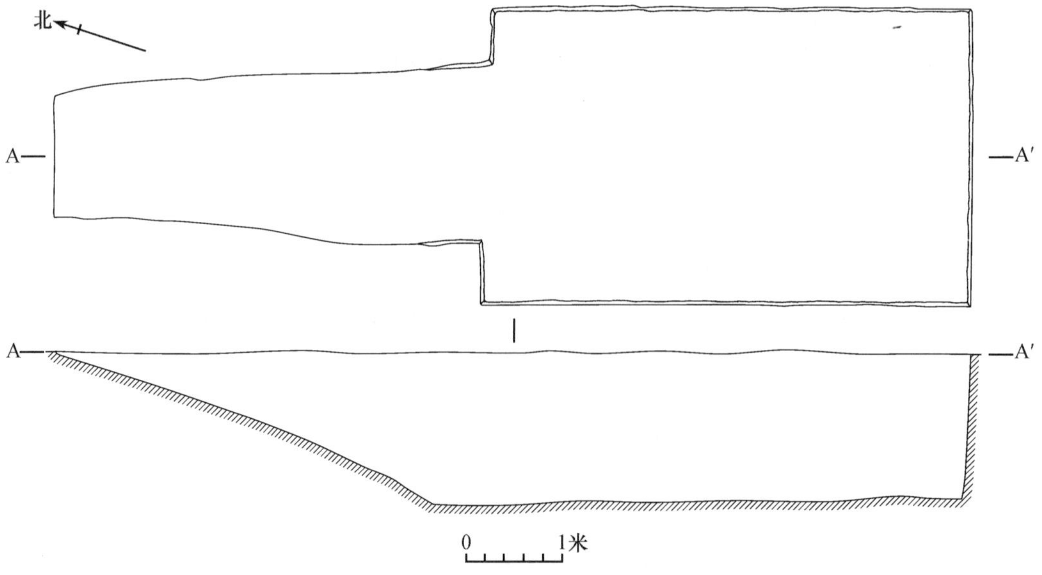

图六八　M12平、剖面图

墓室　位于墓道南部，顶部不存。平面形状呈长方形，斜壁，平底。填土中有残碎砖块。口部长6.4、宽3.4、底部长5.4、宽2.92、深1.54米。

葬具　不详。

葬式、性别及年龄　墓葬盗扰严重，未见人骨，故其葬式、性别及年龄均不详。

（二）随葬品

随葬品数量较少，仅在墓道填土中发现1件瓦当和3枚铜钱。

（1）陶器

瓦当　1件。M12：1，泥质灰陶。边轮较宽且略高于当面纹饰，边轮内两周弦纹将当面分成内、中、外三部分。内圈中部为一个素面圆乳丁，乳丁外围有一周凸起的小圆点组成的连珠纹；中圈有双短直线将当面分为四个扇面，每个扇面内各饰一个如意形云头；外圈为一个宽0.8厘米的凹槽。瓦当直径14.5、边轮宽1.6、乳丁直径1.6厘米（图六九，1；图版二〇，4）。

（2）铜器

铜钱　3枚（图版二〇，5）。钱文为“五铢”“货泉”两种。

五铢钱　1枚。正、背面均有外郭，穿背面有内郭。M12：2-1，钱径2.5、穿径0.97、厚0.1厘米，重2.4克（图六九，2）。

货泉　2枚。正、背面均有内外郭。M12：2-3，钱径2.25、穿径0.75、厚0.1厘米，重2.2克（图六九，3）。

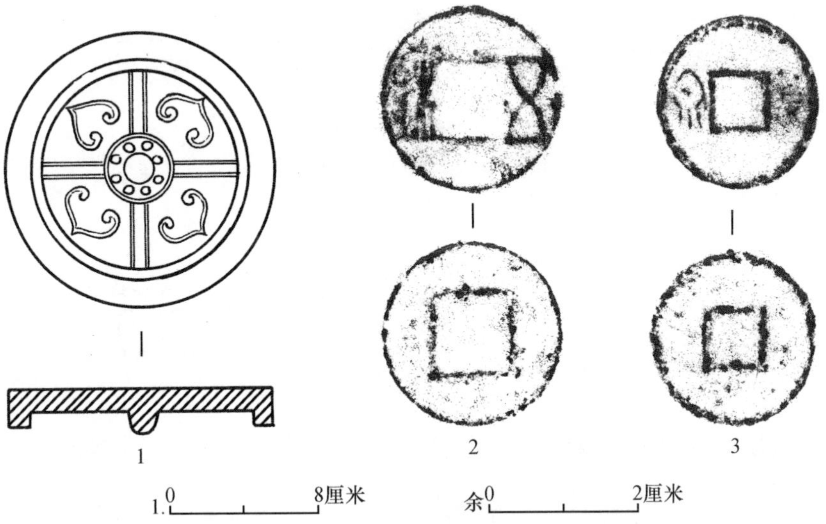

图六九　M12出土陶瓦当及铜钱拓本

1. 陶瓦当（M12：1）　2. 五铢钱（M12：2-1）　3. 货泉（M12：2-3）

M13

（一）墓葬概况

位于ⅠT0705中部偏东，开口于第2层下，打破生土，口部距地表深0.5米，方向205°。该墓由墓道、墓室两部分组成（图七〇）。

墓道　位于墓室南部，因墓道被破坏严重，具体情况不详。

墓室　位于墓道北部，破坏严重，仅存墓底。平面形状呈长方形，直壁，平底。长3.2、宽2.1、残深0.1～0.2米。墓壁砖残存两层，为条砖顺置错缝平砌，铺地砖为条砖斜向错缝平铺。墓砖纹饰为几何纹（图七一）。

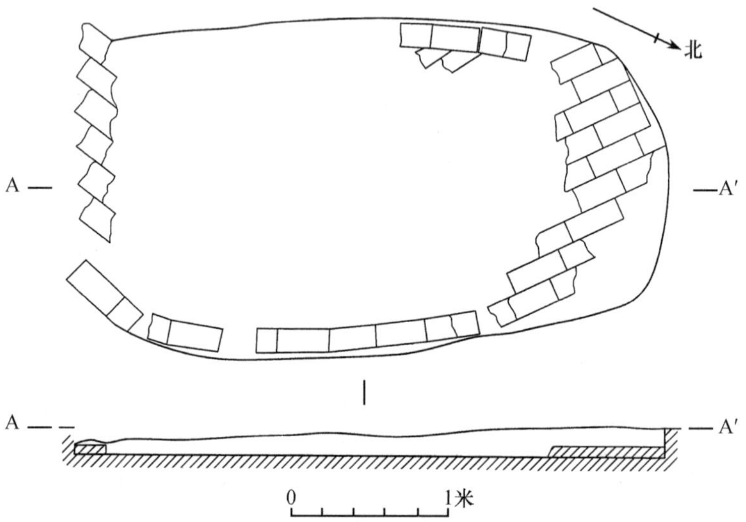

图七〇　M13平、剖面图

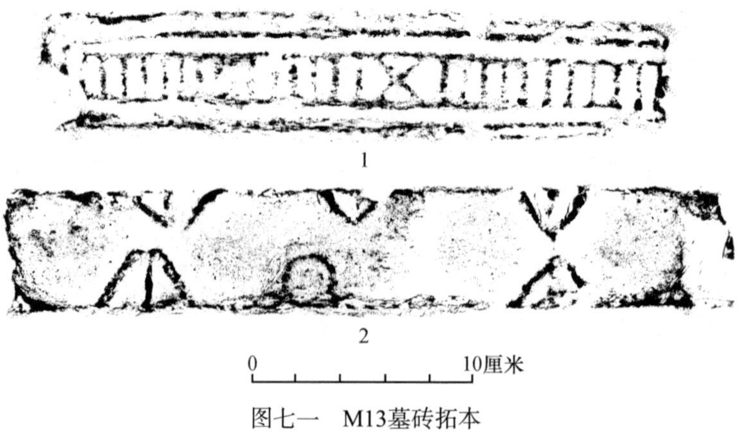

图七一　M13墓砖拓本

葬具　不详。

葬式、性别及年龄　墓葬盗扰严重，未见人骨，故其葬式、性别及年龄均不详。

（二）随葬品

无。

M14

（一）墓葬概况

位于ⅠT0807西北部、ⅠT0907的东北部、ⅠT0806西南部、ⅠT0906的南部，以及ⅠT1006东南部，跨越五个探方。开口于第2层下，打破生土，口部距地表深0.4米，方向258°。该墓为斜坡墓道土坑墓，平面形状呈“甲”字形，由墓道、墓室两部分组成（图七二）。

墓道　平面形状呈长方形，斜壁。口部长10.3、宽1.3～1.7米；底呈斜坡状，坡度17°，底坡长10.6、宽1.3～1.6米；深0～2.86米。

墓室　墓室顶部距地表1.8米。底部平面形状呈长方形。长4.7、宽2.29～3.02、残高2米。在墓室的南壁上可以看到墓葬两次被盗扰的痕迹，第一次：灰色和黄灰色土混合成的花土，内含草木灰、红烧土颗粒，填土内掺杂有较多的泥质灰陶、红陶片等；第二次：黄褐色土，含沙量较大，含有炭灰和炭块，含少量的红烧土块，但分布不均匀，并且掺杂有少量的红、灰陶片。

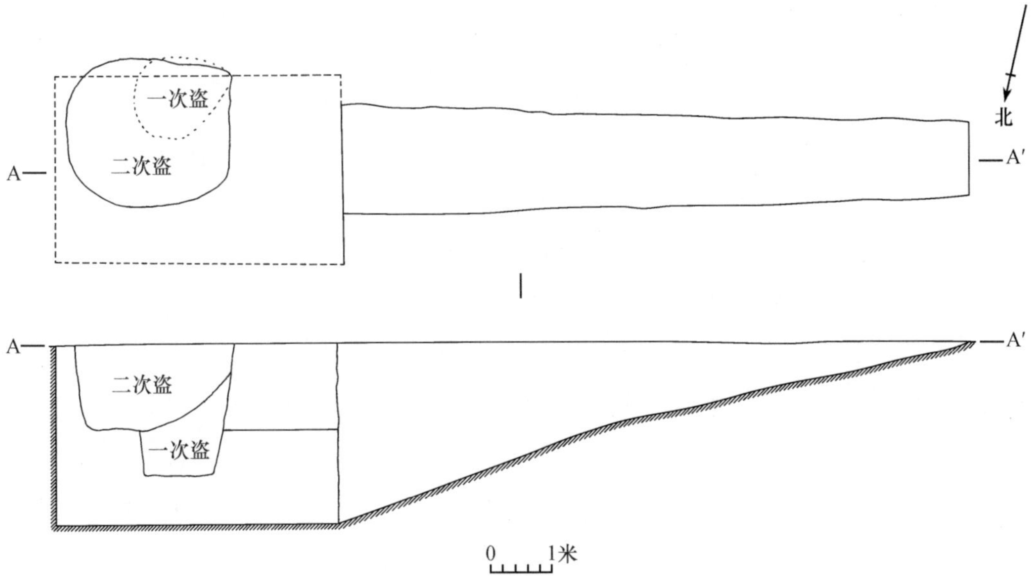

图七二　M14平、剖面图

葬具　木棺1具。墓葬盗扰严重，仅发现有漆皮，推测可能有木棺。

葬式、性别及年龄　墓葬盗扰严重，未见人骨，葬式、性别及年龄均不详。

（二）随葬品

随葬品均出土于墓葬的扰土中。

（1）陶器

鼎　1件。M14：8，釉陶，器表施淡黄釉，胎呈红色。子母口微敛，弧腹，圜底，底部附有三个蹄形足。口径22.5、腹径23.5、高14厘米（图七三，1；图版二一，6）。

罐　1件。M14：6，釉陶，器表施淡黄釉，胎呈红色。直口，方唇，矮领，溜肩，鼓腹，平底。口径10、腹径15、底径6.5、高11厘米（图七三，15；图版二一，4）。

瓮　3件。泥质灰陶。直口，方唇，矮领，溜肩，鼓腹，平底。M14：11，口径19、腹径32、底径19、高24厘米（图七三，14；图版二二，2）。M14：12，口径18、腹径30、底径18、高21厘米（图七三，12；图版二二，3）。M14：16，口径19、腹径28、底径16、高21厘米（图七三，13；图版二三，1）。

盆　2件。敞口，平沿，方唇，斜弧腹，平底。M14：2，泥质红陶。近底部有一周凹弦纹。口径12、底径4、高4.5厘米（图七三，8；图版二〇，6）。M14：5，釉陶，器表施淡黄釉，胎呈红色。口径11、底径4.5、高5.2厘米（图七三，11；图版二一，3）。

仓　1件。M14：15，釉陶，器表施淡黄釉，胎呈红色。敛口，斜肩，筒腹，腹壁斜直，平底。口径12、腹径22、底径22、高32厘米（图七三，7；图版二二，6）。

灶　1件。M14：14，釉陶，器表施淡黄釉，胎呈红色。灶面呈长方形，灶面上有两个圆形火眼，大小不等，前有一方形火门。长31.5、宽18、高9厘米（图七四，11；图版二二，5）。

甑　1件。M14：1，釉陶，器表施淡黄釉，胎呈红色。敞口，平折沿，方唇，深弧腹，平底，底部有圆形箅孔。口径14、底径5、高 6.8厘米（图七三，10）。

磨　1件。M14：13，釉陶，器表施淡黄釉，胎呈红色。圆形，中部凸起，凸起中部有一条隔梁将其分左右两个孔，底盘敞口，斜壁，平底，磨内中空，在盘外壁中部有一周凸弦纹。口径6.5、底径11、高3.6厘米（图七三，6；图版二二，4）。

熏炉　1件。M14：7，泥质灰陶。直口微敛，方唇，圜底，近口部饰一周菱形纹。口径12.8、腹径13、残高5.2厘米（图七三，9；图版二一，5）。

器盖　4件。釉陶，器表施淡黄釉，胎呈红色。M14：3，模印山峦、动物纹样及乳丁纹。口径13、高5.2厘米（图七三，2；图版二一，1）。M14：4，模印山峦、动物、植物及人物纹饰。口径14.8、高6.4厘米（图七三，3；图版二一，2）。M14：9，模印各种动物纹样及乳丁纹。口径18、高4厘米（图七三，5；图版二二，1）。M14：10，模印各种动物、植物、人物纹样及乳丁纹。口径20、高6厘米（图七三，4；图七五；彩版一四，3）。

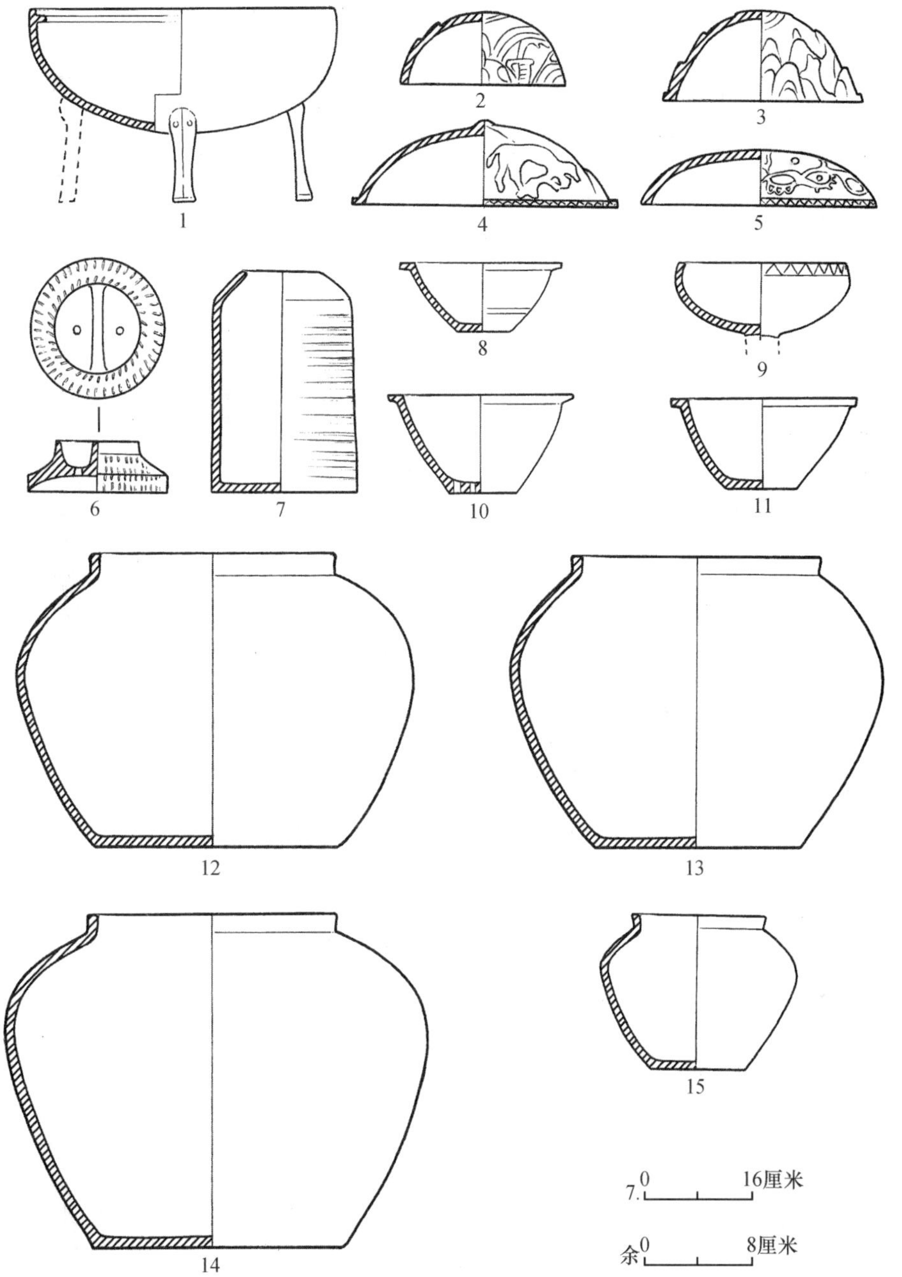

图七三　M14出土器物

1. 釉陶鼎（M14：8）　2～5. 釉陶器盖（M14：3、M14：4、M14：10、M14：9）　6. 釉陶磨（M14：13）　7. 釉陶仓（M14：15）　8. 陶盆（M14：2）　9. 陶熏炉（M14：7）　10. 釉陶甑（M14：1）　11. 釉陶盆（M14：5）　12～14. 陶瓮（M14：12、M14：16、M14：11）　15. 釉陶罐（M14：6）

（2）铜器

饰件　5件。M14：28-1，两端扁圆形，分别有一圆形穿孔，中部有一长方形横，横上平面饰有方格纹。长2.2厘米（图七四，4；图版二四，5）。M14：29，残，整体呈“L”形，底部呈弧形，截面为长方形。宽1.8厘米（图七四，15）。M14：31-1，四叶蒂形的薄片，四叶的叶尖插入一圆形铜帽钉，叶部已残，只剩中部的圆形帽钉，饰件外部鎏金。直径2.5厘米（图

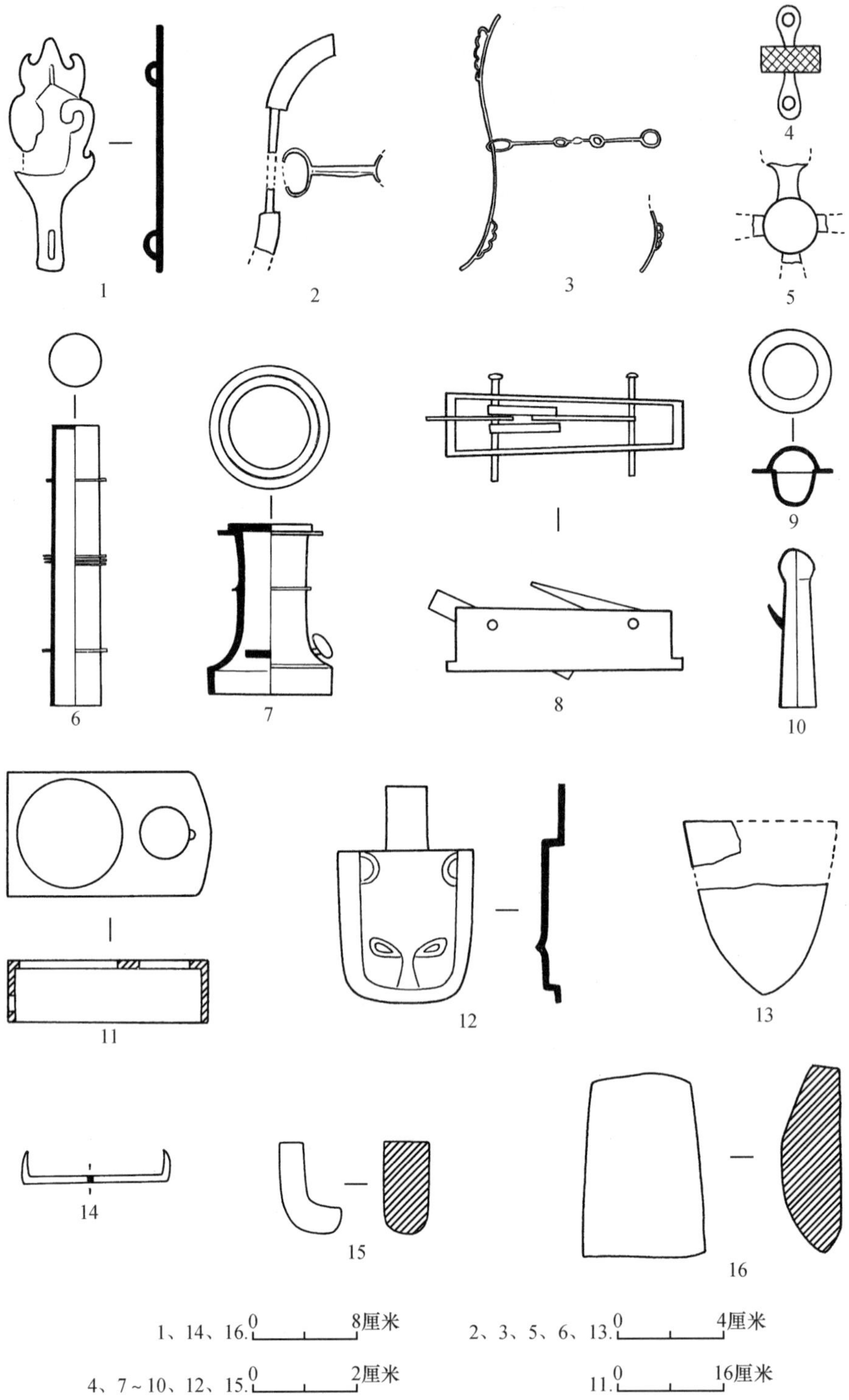

图七四　M14出土器物

1. 铜当卢（M14：26）　2、3. 铜衔镳（M14：23、M14：22）　4、5、15. 铜饰件（M14：28-1、M14：31-1、M14：29）　6. 铜车轴（M14：20）　7. 铜车軎（M14：19）　8. 铜弩机（M14：21-1）　9. 铜节约（M14：27）　10. 铜盖弓帽（M14：25-1）　11. 釉陶灶（M14：14）　12. 铜轴饰（M14：18-1）　13. 石器（M14：30）　14. 铜车轙（M14：24-1）　16. 石斧（M14：17）

七四，5；图版二五，1）。

盖弓帽　7件（图版二四，2）。M14：25-1，圆筒形，中空成銎，口缘处略宽大，上端稍缩小，顶部如一圆球，在器中部往上挑起一钩。高3厘米（图七四，10）。

衔镳　2件。M14：22，三节连成，每节的两端呈环形，互相咬合，中间一节较短，镳全身弯曲呈“S”形，身上有两孔，镳体两端有镂空装饰。长7厘米（图七四，3；图版二三，5）。M14：23，衔中的一节为圆环（残），镳体两端为弧形薄片。残长5厘米（图七四，2；图版二三，6）。

车軎　1件。M14：19，直筒形，末端不透，首端外张内折，口中部和末端个有一细凸棱，下部有一穿，内套长条形辖。直径2.6、高3.2厘米（图七四，7）。

当卢　1件。M14：26，轮廓线如正视的马首，中间镂空，背部有两个半圆形钮，外部鎏金。长18厘米（图七四，1；图版二四，3）。

节约　1件。M14：27，器形较小，圆形，顶部中心鼓起，背部下垂一环。直径1.6厘米（图七四，9；图版二四，4）。

弩机　2件（图版二三，4）。M14：21-1，由牙、望山、悬刀、廓等部件构成，牙呈三角形，分左右两片，中容箭括，与长方形望山联铸为一体，廓呈倒梯形，后端宽于前端。长4.5、宽1.2、高1.2厘米（图七四，8）。

车轴　1件。M14：20，直筒形，中部饰三周凸弦纹，近两端处各饰两周凸弦纹。口径1.8、长10.8厘米（图七四，6；图版二三，3）。

车轙　2件（图版二四，1）。M14：24-1，铜丝作U形，断面呈圆形。长10.2厘米（图七四，14）。

轴饰　2件（图版二三，2）。M14：18-1，凸字形，上饰兽面短扁，平顶，两兽耳内收，眼眶外凸，平鼻。宽2.6、高4.1厘米（图七四，12）。

铜钱　12枚（图版二五，2）。正、背面均有外郭，穿背面有内郭。钱文均为“五铢”，且形制相同。M14：32-1，钱径2.5、穿径1、厚0.1厘米，重2.4克（图七六，1）。M14：32-2，钱径2.5、穿径0.98、厚0.1厘米，重2.5克（图七六，2）。M14：32-3，钱径2.5、穿径0.98、厚0.1厘米，重2.45克（图七六，3）。

（3）石器

石器　1件。M14：30，三角形，断裂为2块，下部微尖，黄灰色。下端残长5、宽4厘米（图七四，13；图版二四，6）。

斧　1件。M14：17，斧背呈弧形，梯形、背窄、刃宽、横断面呈椭圆形，双面平刃。长14、宽10、厚4.4厘米（图七四，16）。

图七五　M14出土釉陶器盖纹饰拓本
M14：10

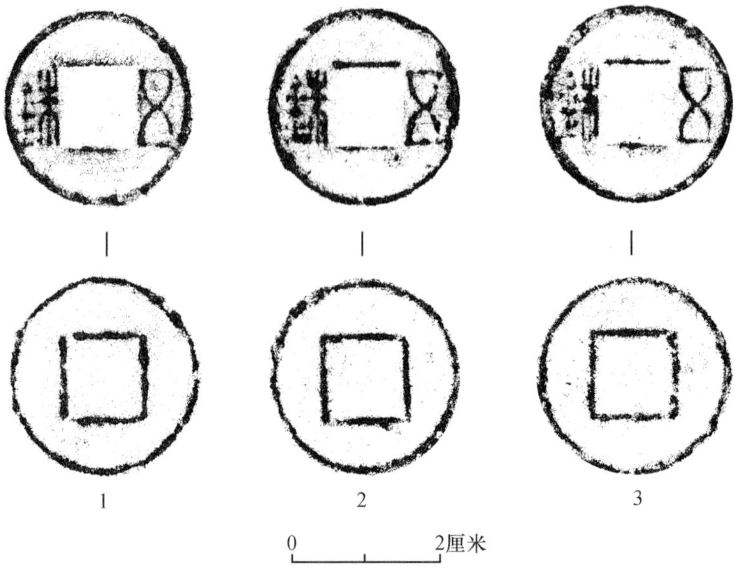

图七六　M14出土铜钱拓本
1～3. 五铢钱（M14：32-1、M14：32-2、M14：32-3）

M15

（一）墓葬概况

位于ⅠT0511西南部和ⅠT0512西北部，开口于第2层下，打破生土，口部距地表深0.45米，方向335°。该墓为斜坡墓道砖室墓，平面形状呈“刀”形，由墓道、封门、甬道、墓室四部分组成（图七七）。

墓道　位于墓室北侧，平面形状呈长方形，斜壁。口部长4、宽1.32～1.38米；底呈斜坡状，坡度24°，底坡长4.28、宽1.02～1.32米；深0～1.54米。

封门　位于甬道北部，双层砖封门。外层用残砖横向平砌，内层用条砖倾斜侧立成“人”字形。封门墙厚0.52、高0.7米。

甬道　位于墓室北侧，平面形状呈长方形。进深1.6、宽1.34、高1.56米。甬道壁为条砖顺置错缝平砌；铺地砖叠压于壁砖之下，铺地砖为条砖斜向错缝平铺。

墓室　位于墓道南侧，顶部不存，平面形状呈长方形，斜壁，平底。口部长4.1、宽2.3～2.36米，底部长3.9、宽2.06～2.1米，深1.36～1.56米。墓室四壁为条砖顺置错缝平砌，铺地砖为条砖斜向错缝平铺。条砖规格为34厘米×21厘米×5厘米。

葬具　不详。

葬式、性别及年龄　墓葬盗扰严重，未见人骨，故其葬式、性别及年龄均不详。

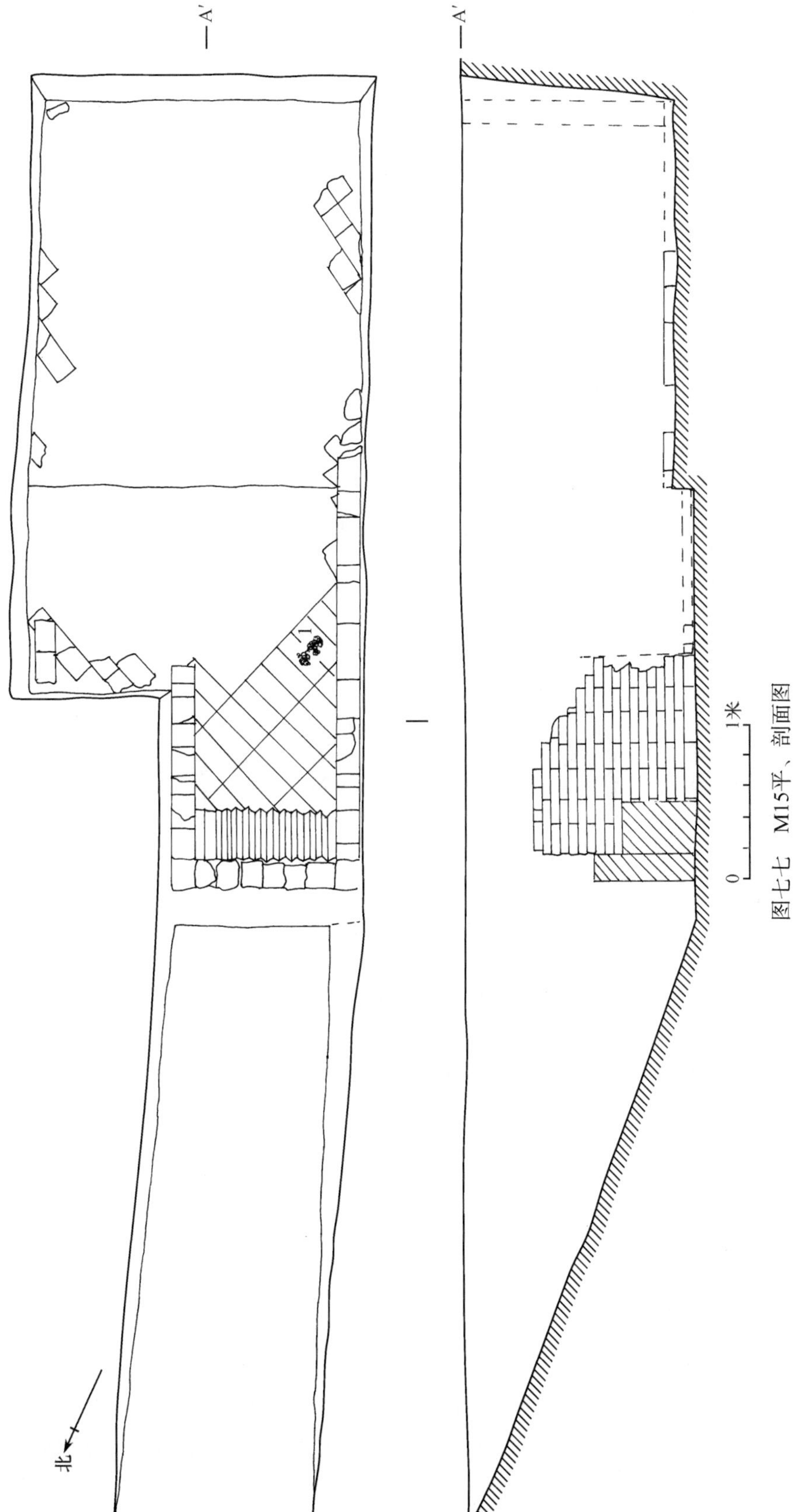

图七七　M15平、剖面图
1. 铜钱（4枚）

（二）随葬品

随葬品数量较少，填土中出土数枚铜钱。

铜钱　4枚。穿背面有内郭。钱文均为“五铢”，其中3枚正、背面均有外郭，1枚为剪轮五铢。M15：1-1，钱径2.5、穿径0.98、厚0.1厘米，重2.5克（图七八，1）。M15：1-2，钱径2.5、穿径0.98、厚0.1厘米，重2.5克（图七八，2）。M15：1-3，钱径2.5、穿径0.98、厚0.1厘米，重2.5克（图七八，3）。M15：1-4，磨郭。钱径2、穿径1、厚0.1厘米，重2.3克（图七八，4）。

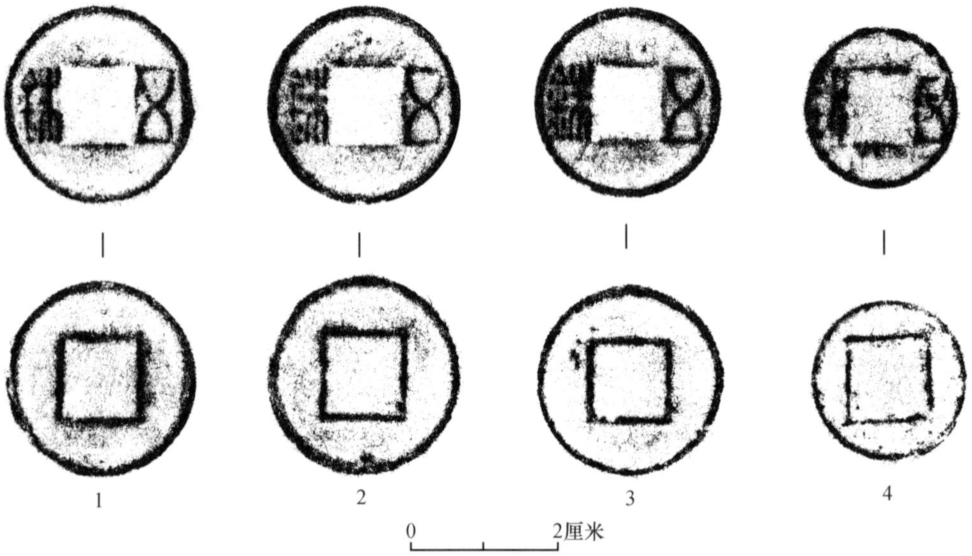

图七八　M15出土铜钱拓本

1～4. 五铢钱（M15：1-1、M15：1-2、M15：1-3、M15：1-4）

M17

（一）墓葬概况

位于Ⅰ T0610西部，开口于第2层下，打破生土，口部距地表深0.4米，方向25°。该墓为长方形竖穴砖室墓（图七九）。

墓室　平面形状呈长方形，斜壁，平底。口部长3、宽1.4米，底长2.6、宽0.85米，深0.7米。顶部为拱形，用条砖纵向错缝平砌，并且在每个砖缝中发现有板瓦片。墙壁的筑法：最下层为一排单层条砖竖立侧砌，以上为纵向上下错缝叠压平砌，南北两壁为横向错缝平铺。铺地砖为纵向平铺，共有三排。墓砖均为褐红色，并且带有纹饰，砖的纹饰有菱形纹、麦穗纹。

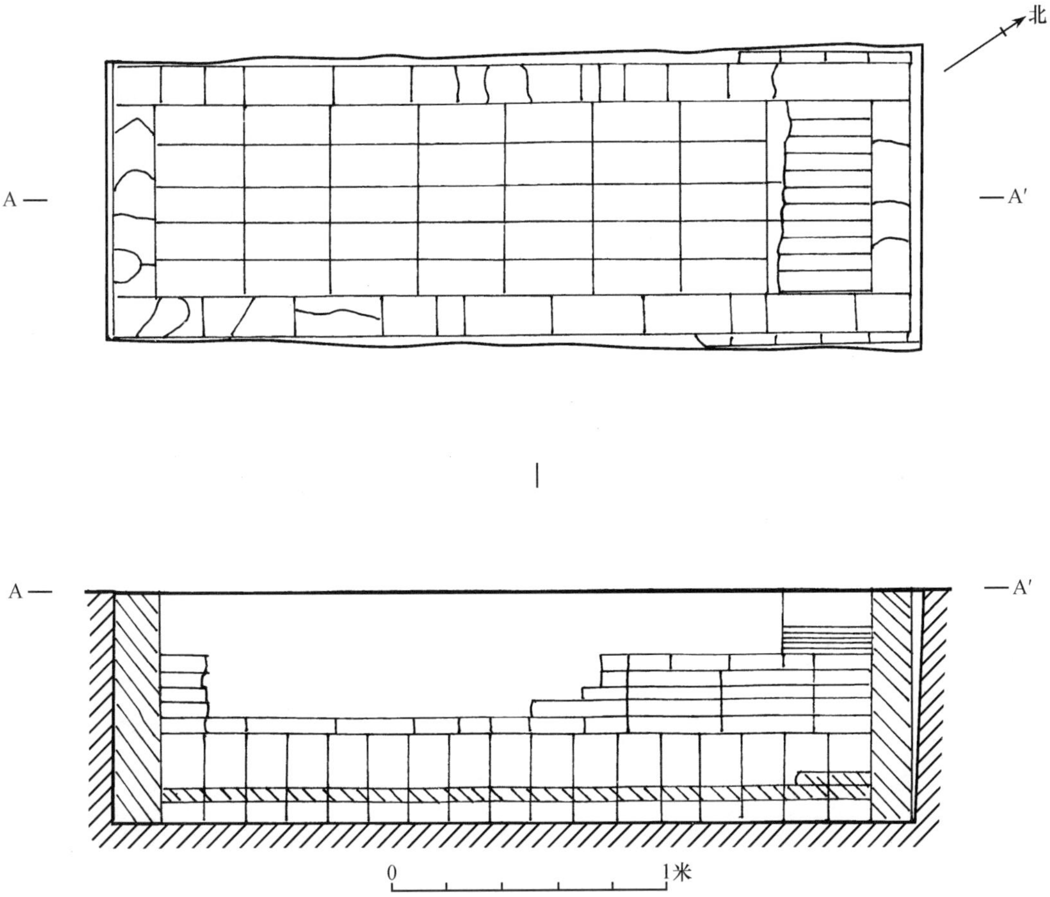

图七九　M17平、剖面图

葬具　不详。

葬式、性别及年龄　墓葬盗扰严重，未见人骨，葬式、性别及年龄均不详。

（二）随葬品

无。

M18

（一）墓葬概况

位于ⅠT0610东部和ⅠT0611北部，开口于第2层下，打破生土，口部距地表深0.4米，方向200°。该墓为斜坡墓道砖券洞室墓，平面形状呈“刀”形，由墓道、封门、甬道、墓室四部分组成（图八〇）。

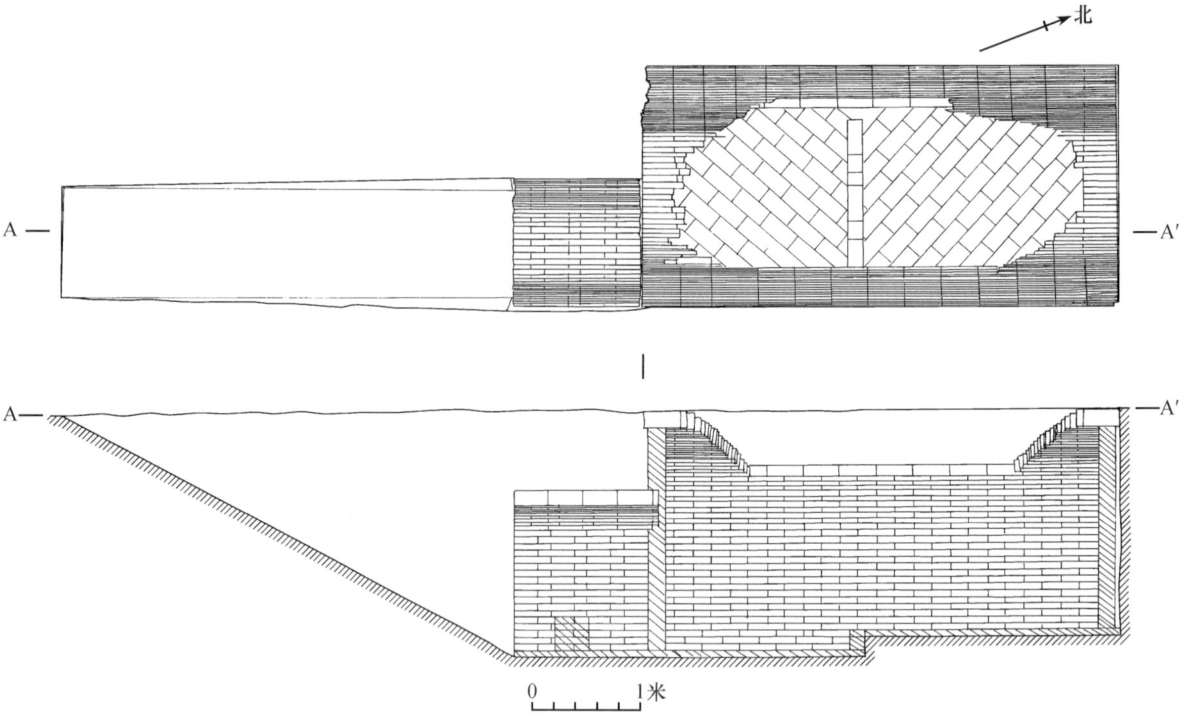

图八〇　M18平、剖面图

墓道　位于墓室南部，平面形状呈梯形，南窄北宽，斜壁。口部长4.2、宽1～1.2米；底呈斜坡状，坡度28°，坡长4.74、宽1米；深0～2.22米。

封门　位于甬道南部，残存5层，为条砖倾斜侧立成"人"字形。封门墙厚0.34、高0.3米。

甬道　位于墓室南部，拱形券顶，平面形状呈方形。进深1.2、宽1.2、高1.3米。甬道壁为条砖顺置错缝平砌，铺地砖为条砖斜向错缝平铺。

墓室　位于墓道北部，拱形券顶，平面形状呈长方形，直壁，平底。长4.4、宽2.2、深2.1米。从第30层开始起券，墓室四壁为条砖顺置错缝平砌，铺地砖为条砖斜向错缝平铺。在墓室北部有棺床1处，为条砖斜向错缝平铺，长2.5、宽1.9、高0.18米。条砖规格有两种，分别为34厘米×16厘米×6厘米、32厘米×16厘米×（5～6）厘米。

葬具　不详。

葬式、性别及年龄　墓葬盗扰严重，未见人骨，故其葬式、性别及年龄均不详。

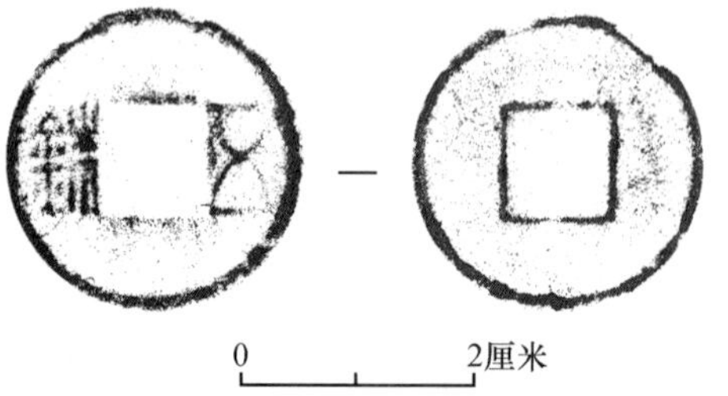

图八一　M18出土铜钱拓本
五铢钱（M18：1-1）

（二）随葬品

随葬品数量较少，填土中出土数枚铜钱。

铜钱　3枚（图版二五，3）。正、背面均有外郭，穿背面有内郭。钱文均为"五铢"。M18：1-1，钱径2.45、穿径0.97、厚0.1厘米，重2.5克（图八一）。

M19

（一）墓葬概况

位于ⅠT0710中部，开口于第2层下，打破生土，口部距地表深0.4米，方向200°。该墓为斜坡墓道砖券洞室墓，平面形状呈“凸”字形，由墓道、甬道、墓室三部分组成（图八二）。

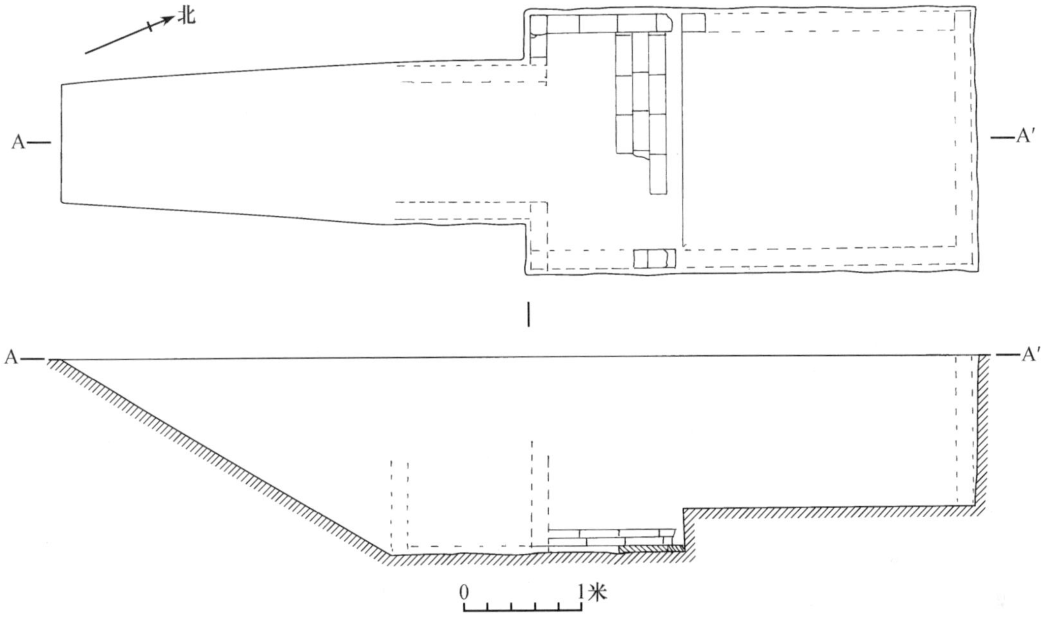

图八二　M19平、剖面图

墓道　位于墓室南部，平面形状呈梯形，南窄北宽，直壁。口部长2.8、宽1～1.24米；底呈斜坡状，坡度21°，坡长3.24米；深0～1.62米。

甬道　位于墓道北部，平面形状呈长方形。进深1.2、宽1.26米。

墓室　位于墓道北部，平面形状呈长方形，直壁。长3.9、宽1.2、深1.24～1.6米。墓室四壁为条砖顺置错缝平砌，铺地砖为条砖横向错缝平铺。墓室北部有棺床1处，长2.54、宽2.2、高0.36米。条砖规格为33厘米×14厘米×6厘米，纹饰为麦穗纹。

葬具　不详。

葬式、性别及年龄　墓葬盗扰严重，未见人骨，故其葬式、性别及年龄均不详。

（二）随葬品

无。

M20

（一）墓葬概况

位于ⅠT1110西部和ⅠT1210东北部，开口于第2层下，打破生土，口部距地表深0.42米，方向282° 。该墓为斜坡墓道砖券洞室墓，平面形状呈“凸”字形，由墓道、封门、甬道、墓室四部分组成（图八三）。

墓道　位于墓室西侧，平面形状呈梯形，西宽东窄，斜壁。口部残长2.2、宽1～1.2米；底部呈斜坡状，坡度26° ，坡残长2.44、宽0.8米；深0.4～1.46米。

封门　位于甬道南部，单层双排条砖斜向侧立成“人”字形。封门墙厚0.56、高0.14米。

甬道　位于墓室西侧，平面形状呈方形。进深1.2、宽1.2、高1.3米。甬道壁为条砖顺置错缝平砌，铺地砖为条砖斜向错缝平铺。

墓室　位于墓道北侧，平面形状近长方形，弧壁。长4.1、宽2.1～2.4、深1.2～1.4米。墓室四壁为条砖顺置错缝平砌，铺地砖为条砖斜向错缝平铺。在墓室东部有棺床1处，为条砖纵向错缝平铺，长2.6、宽1.9～2.35、高0.22米。条砖规格有两种，分别为40厘米×16厘米×7厘米、38厘米×14厘米×7厘米。

葬具　不详。

葬式、性别及年龄　墓葬盗扰严重，未见人骨，故其葬式、性别及年龄均不详。

（二）随葬品

随葬品数量较少，仅在墓室西北部发现3件，均为陶器。

盆　2件。泥质灰陶。敞口，折沿，斜腹，平底。M20：2，沿面下垂，尖唇，腹部饰两周凸弦纹。口径14、底径6.5、高5.2厘米（图八四，2；图版二五，5）。M20：3，平折沿，方唇。口径16、底径7、高5.5厘米（图八四，3；图版二五，6）。

磨　1件。M20：1，泥质灰陶。底部有承盘，磨体中部凸起，有一道隔梁，左右两侧正中各有一圆孔，承盘敞口，斜壁，平底。口径17、底径9.5、高5.6厘米（图八四，1；图版二五，4）。

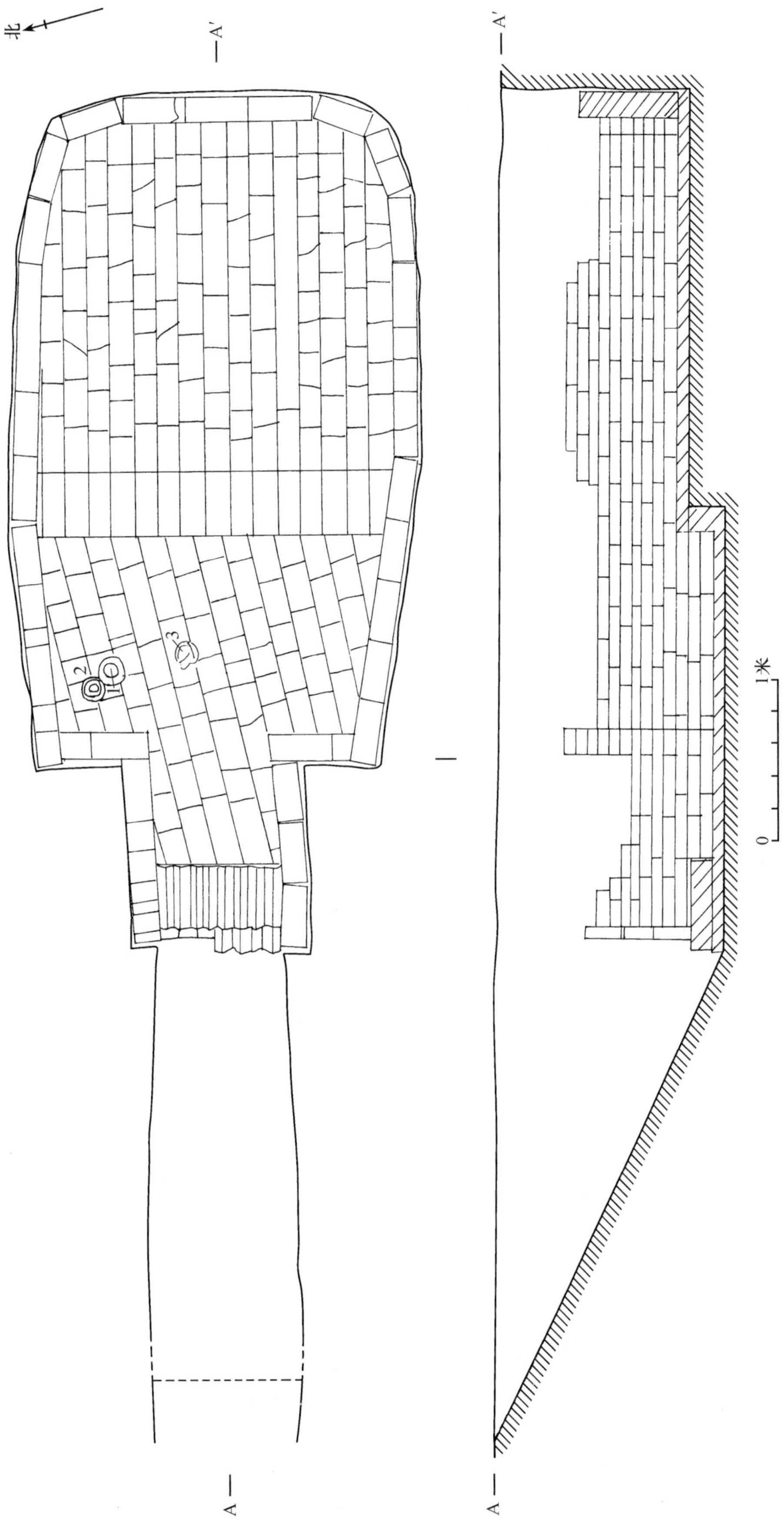

图八三　M20平、剖面图
1. 陶磨　2、3. 陶盆

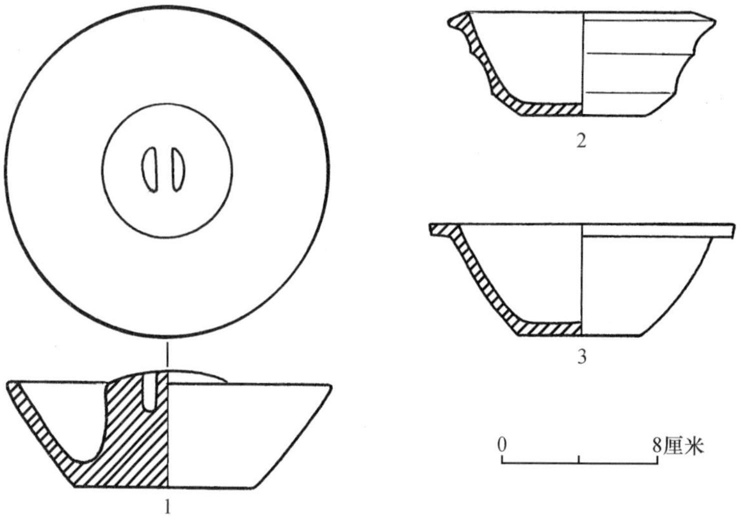

图八四　M20出土器物

1. 陶磨（M20：1）　2、3. 陶盆（M20：2、M20：3）

M21

（一）墓葬概况

位于ⅠT0706西部，开口于第2层下，打破生土，口部距地表深0.4米，方向206°。该墓为竖穴砖室墓，平面形状呈长方形（图八五）。

墓室　仅存底部，平面形状呈长方形，直壁，平底，长3.2、宽1.4、深0.28米。墓室四壁为三层条砖顺置错缝平砌，铺地砖为条砖纵横交错平铺。条砖规格有6种，分别为39厘米×15厘米×7厘米、37厘米×17厘米×7厘米、34厘米×15厘米×6厘米、35厘米×14厘米×6厘米、34厘米×15厘米×5厘米、33厘米×15厘米×6厘米。条砖纹饰有菱形纹、几何纹、麦穗纹（图八七）。

葬具　不详。

葬式、性别及年龄　墓葬盗扰严重，未见人骨，故其葬式、性别及年龄均不详。

（二）随葬品

随葬品数量较多，位于墓室西北部，均为陶器（彩版一〇，1）。

罐　1件。M21：2，泥质灰陶。直口微敞，方圆唇，矮领，溜肩，鼓腹，平底。口径11.2、腹径20、底径11.2、高18厘米（图八六，1；图版二六，2）。

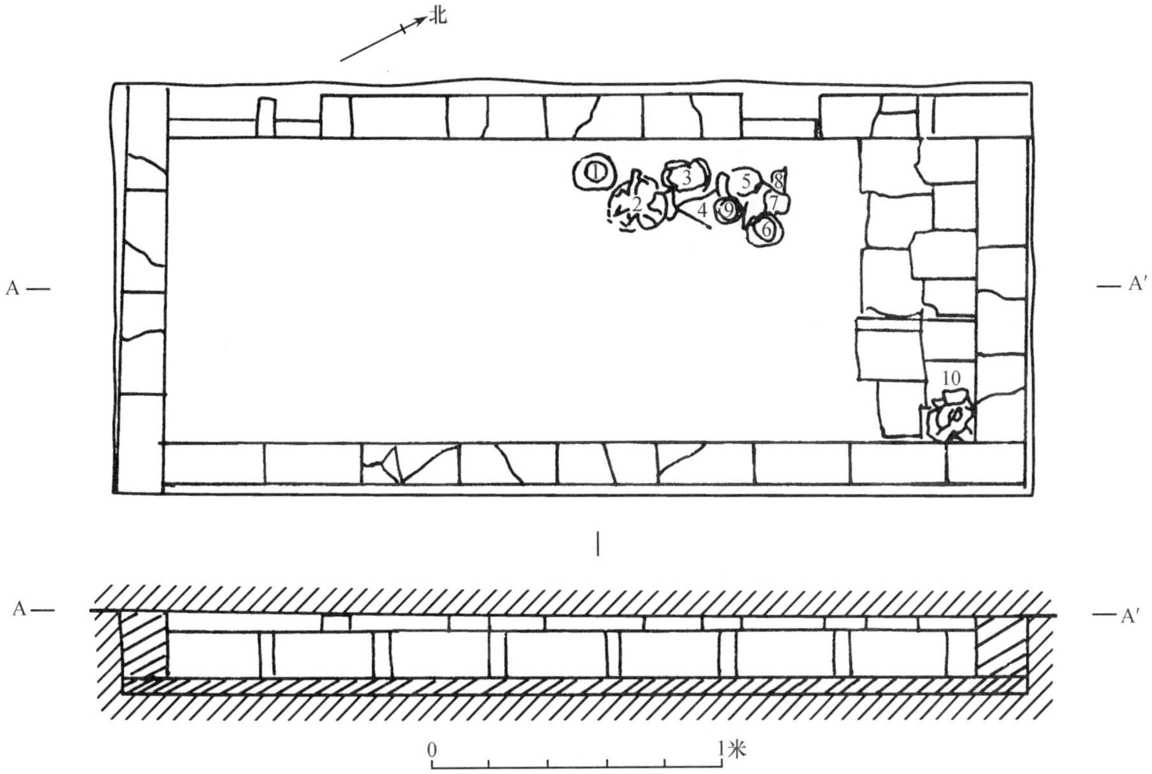

图八五　M21平、剖面图

1、5. 陶仓　2. 陶罐　3、10. 陶井　4. 陶灶　6. 陶甑　7、8. 陶盆　9. 陶釜

盆　2件。泥质灰陶。敞口，折沿，平底。M21：7，尖圆唇，斜腹。口径10.4、底径5.2、高5.2厘米（图八六，9）。M21：8，尖唇，弧腹，腹部有一周折棱。口径9.8、底径5、高4.8厘米（图八六，10；图版二七，1）。

仓　2件。泥质灰陶。敛口，斜肩，筒腹，腹壁微弧，平底。M21：1，口径8、腹径13、底径10、高12厘米（图八六，5；图版二六，1）。M21：5，口径10.5、腹径15、底径11.2、高14厘米（图八六，6；图版二六，5）。

灶　1件。M21：4，泥质灰陶。灶面呈弧边三角形，灶面上有一个圆形火眼，前壁有一个方形火门，后端向上翘起。灶长22、宽16、高9厘米（图八六，4；图版二六，4）。

釜　1件。M21：9，泥质灰陶。敛口，方圆唇，鼓腹，平底。口径6、腹径8、底径6.6、高3.5厘米（图八六，7；图版二七，2）。

甑　1件。M21：6，泥质灰陶。敞口，平折沿，尖圆唇，斜壁，平底，底部有圆形箅孔。口径12.4、底径5、高4.8厘米（图八六，8；图版二六，6）。

井　2件。M21：3，泥质灰陶。直口，折沿，沿面贴于器壁，方唇，筒腹，直壁，平底。口径9.5、腹径11、高16厘米（图八六，2；图版二六，3）。M21：10，口径10、腹径11、底径10、高16厘米（图八六，3）。

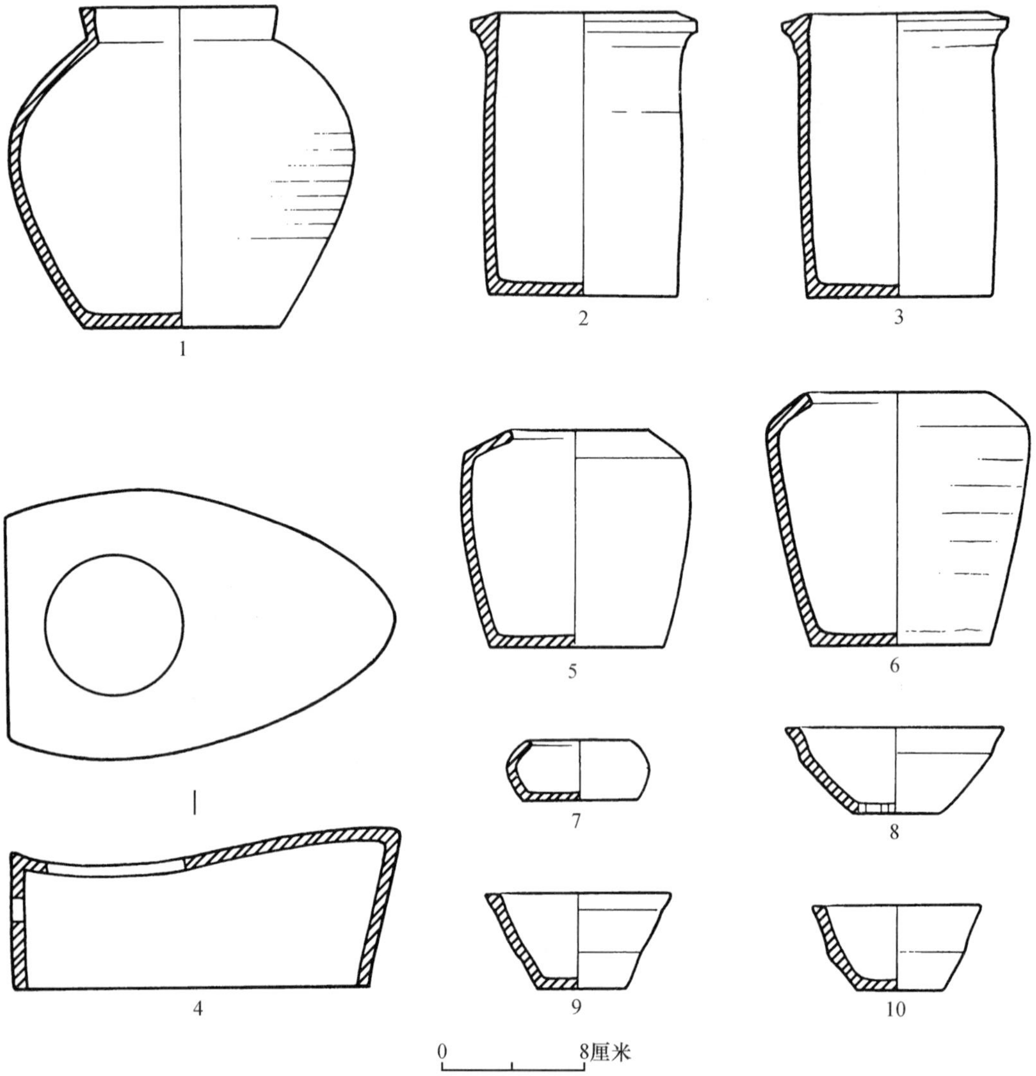

图八六　M21出土器物

1. 陶罐（M21：2）　2、3. 陶井（M21：3、M21：10）　4. 陶灶（M21：4）　5、6. 陶仓（M21：1、M21：5）
7. 陶釜（M21：9）　8. 陶甑（M21：6）　9、10. 陶盆（M21：7、M21：8）

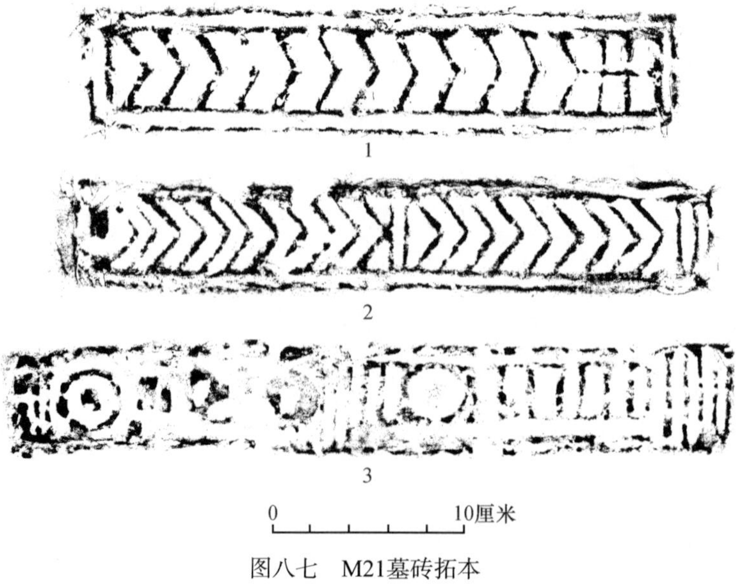

图八七　M21墓砖拓本

M22

（一）墓葬概况

位于ⅠT0809南部和ⅠT0810西北部，开口于第2层下，打破生土，口部距地表深0.4米，方向203°。该墓为斜坡墓道砖室墓，平面形状呈“刀”形，由墓道、甬道、墓室三部分组成（图八八）。

墓道　位于甬道南部，平面形状呈长方形，壁微内斜。口部长5、宽1.4米；底呈斜坡状，坡度24°，底坡长5.4、宽1.3米；深0.2～2.1米。

甬道　位于墓道北侧，平面形状呈方形。进深1、宽1、高2.4米。东西墙壁用墓砖错缝叠砌而成，在甬道东壁的砖墙上面发现有许多河卵石，河卵石砌成的石墙高0.5米。铺地砖为条砖横向错缝平铺。

墓室　残口呈长方形。长3.2、宽2.4、高2.6米。墓壁为条砖顺置错缝平砌，在墓室的后壁上也有河卵石砌成的矮墙，高0.6米；铺地砖为条砖横向错缝平铺。在墓室底部设有棺墩，用弧形子母砖东西顺铺，叠砌成一道墙壁，最高3层，高0.32米，分布于墓室的前部、中部、后部（彩版九，2）。券顶砖为带有子母口的方砖，呈弧形，素面，规格为（40～43）厘米×22厘米×8.5厘米。壁砖纹饰有素面、圆点纹，规格分别为30厘米×15厘米×6厘米、32厘米×16厘米×7.5厘米。

葬具　不详。

葬式、性别及年龄　墓葬盗扰严重，未见人骨，葬式、性别及年龄均不详。

（二）随葬品

随葬品位于墓室棺墩之间，部分发现于淤土中，种类有陶器、铁器及铜钱。

（1）陶器

瓮　1件。M22：1，泥质灰陶。直口，圆唇，矮领，广肩微折，弧腹，平底。中腹饰竖向中绳纹。口径21.5、腹径40、底径21.5、高29厘米（图九一，1；图版二七，3）。

罐　5件。泥质灰陶。直口，圆唇，鼓腹，平底。M22：4，口径8、腹径13.4、底径4、高8.2厘米（图九〇，5；图版二七，6）。M22：5，口径8、腹径12、底径6、高6.5厘米（图九〇，2；图版二八，1）。M22：16，口径8.5、腹径13、底径7.5、高8厘米（图九〇，4；图版二九，2）。M22：17，口径8、腹径12、底径7.5、高7.6厘米（图九〇，1）。M22：18，口径7、腹径11、底径6、高7厘米（图九〇，3）。

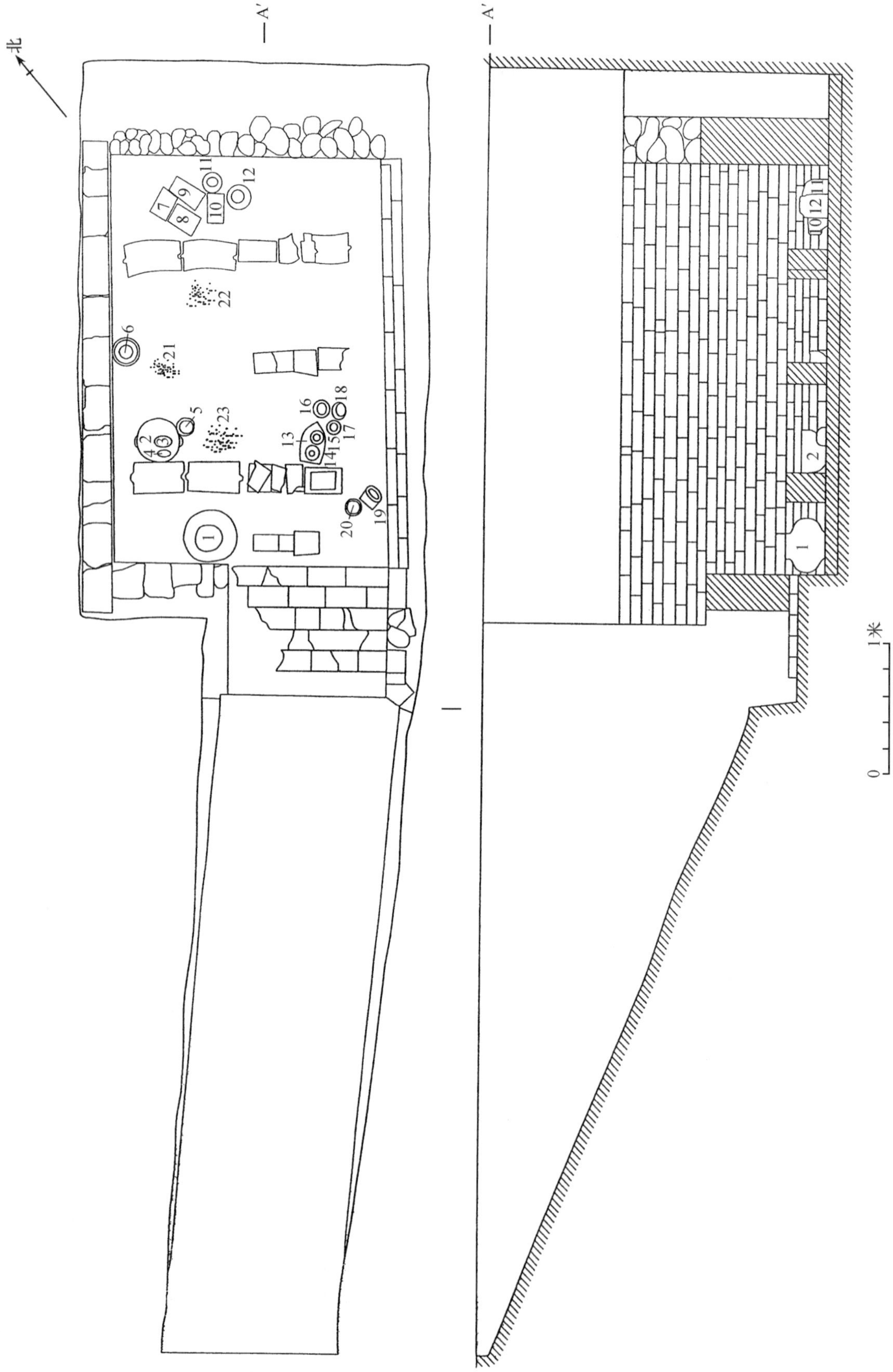

图八八　M22平、剖面图

1. 陶瓮　2. 铁釜　3、19. 陶盆　4、5、16～18. 陶罐　7～12. 陶仓　13. 陶灶　6、14、15. 陶釜　20. 陶井　21～23. 铜钱（124枚）
24. 陶盆（淤土中）　25. 陶釜（淤土中）

盆　3件。泥质灰陶。敞口，折沿，尖圆唇，斜腹，平底，腹中部有一周凸棱。M22：3，口径11、底径11.5、高6厘米（图九〇，9；图版二七，5）。M22：19，口径10、底径4.8、高5.2厘米（图九〇，10）。M22：24，口径11、底径5.5、高 4厘米（图九〇，11）。

仓　6件。泥质灰陶。敛口，斜肩，筒腹，平底。M22：7，腹壁斜直。口径8.5、底径15、高21厘米（图八九，2；图版二八，3）。M22：8，腹壁微弧。口径8、腹径14、底径13、高22.5厘米（图八九，1）。M22：9，腹壁微弧。口径7.5、腹径13、底径12、高19.5厘米（图八九，6；图版二八，4）。M22：10，腹壁斜直。口径8、底径13、高21厘米（图八九，4）。M22：11，腹壁斜直。口径8.4、底径14.8、高21.2厘米（图八九，3；图版二八，5）。M22：12，腹壁微弧。口径8、底径14.8、高20厘米（图八九，5）。

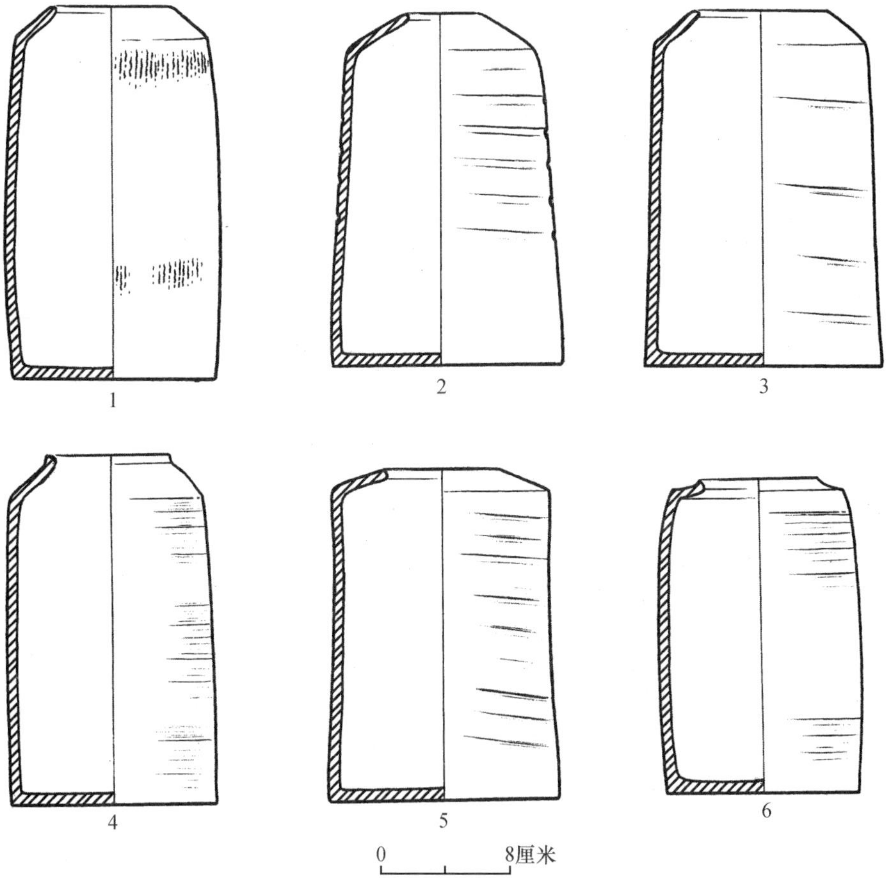

图八九　M22出土器物

1～6. 陶仓（M22：8、M22：7、M22：11、M22：10、M22：12、M22：9）

井　1件。M22：20，泥质灰陶。敛口，方唇，筒腹，斜壁，平底。口径16、底径16、高13.4厘米（图九一，3；图版二九，3）。

釜　4件。泥质灰陶。敛口，圆唇。M22：14，扁鼓腹，圜底。口径5.8、腹径8、高4.8厘米（图九〇，7；图版二九，1）。M22：15，鼓腹，平底。口径6.5、腹径9.6、底径3.5、高6厘米（图九〇，6）。M22：6，鼓腹，凹圜底，肩与腹相接处有四个对称桥形耳，下腹及底部饰竖向中绳纹。口径12、腹径20、底径16、高13厘米（图九一，2；图版二八，2）。M22：25，

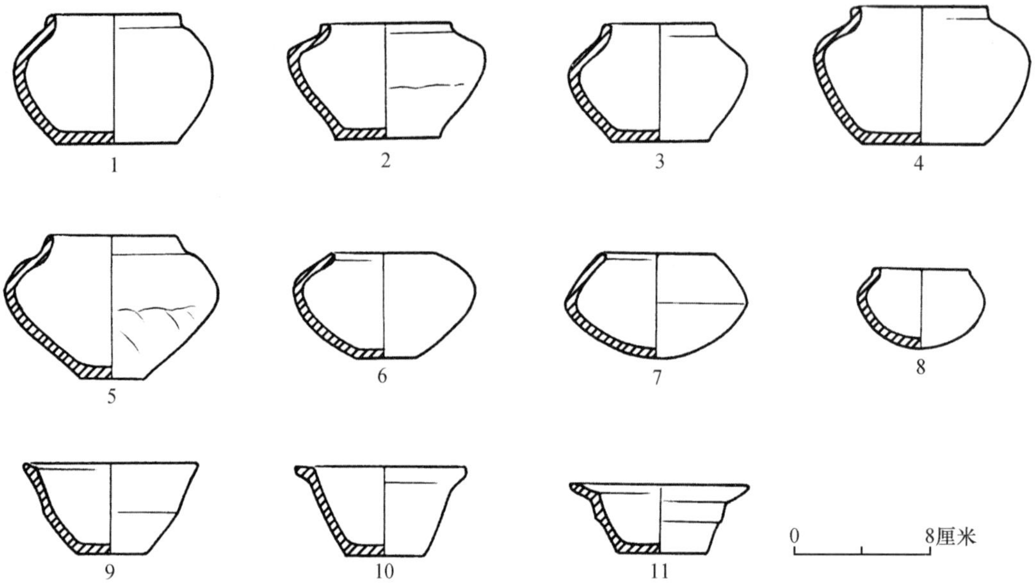

图九〇　M22出土器物

1～5. 陶罐（M22：17、M22：5、M22：18、M22：16、M22：4）　6～8. 陶釜（M22：15、M22：14、M22：25）
9～11. 陶盆（M22：3、M22：19、M22：24）

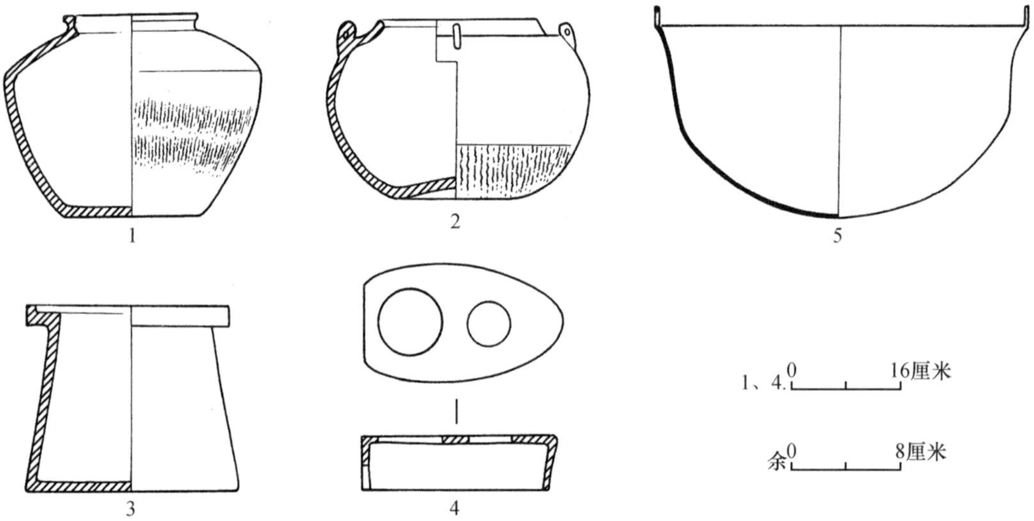

图九一　M22出土器物

1. 陶瓮（M22：1）　2. 陶釜（M22：6）　3. 陶井（M22：20）　4. 陶灶（M22：13）　5. 铁釜（M22：2）

鼓腹，圜底。口径5.3、腹径6、高4厘米（图九〇，8）。

灶　1件。M22：13，泥质灰陶。灶面呈弧边三角形，灶面上有两个圆形火眼，大小不等，前壁有一个半圆形火口。长28.5、宽18、高8厘米（图九一，4；图版二八，6）。

（2）铁器

釜　1件。M22：2，敞口，腹部略内凹，弧壁，圜底，口部有两个对称环状竖耳。口径28、高15.2厘米（图九一，5；图版二七，4）。

（3）铜钱

铜钱　124枚（图版二九，4）。M22：21、M22：22、M22：23，钱文为“五铢”和“大泉五十”。

五铢钱　90枚。正、背面均有外郭，穿背面有内郭。根据五铢钱“五”字的笔法分为两种。一种“五”字交股较直，共32枚，编号M22：21-1、M22：21-2、M22：21-3、M22：21-4、M22：21-5、M22：21-6、M22：21-7、M22：21-8、M22：21-9、M22：21-10、M22：21-11、M22：21-12、M22：21-13、M22：21-14、M22：21-15、M22：21-16、M22：21-17、M22：21-18、M22：21-19、M22：21-20、M22：21-21、M22：21-22、M22：21-23、M22：21-24、M22：21-25、M22：21-26、M22：21-27、M22：21-28、M22：21-29、M22：21-30、M22：21-31、M22：21-32。其中，M22：21-1、M22：21-2、M22：21-3、M22：21-4、M22：21-5、M22：21-6、M22：21-7、M22：21-8，钱径2.5、穿径0.96、厚0.1厘米，重2.5克（图九二，1、2、7～10、15；图九三，9）。另一种“五”字交股弯曲，共58枚，编号M22：22-1、M22：22-2、M22：22-3、M22：22-4、M22：22-5、M22：22-6、M22：22-7、M22：22-8、M22：22-9、M22：22-10、M22：22-11、M22：22-12、M22：22-13、M22：22-14、M22：22-15、M22：22-16、M22：22-17、M22：22-18、M22：22-19、M22：22-20、M22：22-21、M22：22-22、M22：22-23、M22：22-24、M22：22-25、M22：22-26、M22：22-27、M22：22-28、M22：22-29、M22：22-30、M22：22-31、M22：22-32、M22：22-33、M22：22-34、M22：22-35、M22：22-36、M22：22-37、M22：22-38、M22：22-39、M22：22-40、M22：22-41、M22：22-42、M22：22-43、M22：22-44、M22：22-45、M22：22-46、M22：22-47、M22：22-48、M22：22-49、M22：22-50、M22：22-51、M22：22-52、M22：22-53、M22：22-54、M22：22-55、M22：22-56、M22：22-57、M22：22-58。其中，M22：22-1、M22：22-2、M22：22-3、M22：22-4、M22：22-5、M22：22-6、M22：22-7、M22：22-8、M22：22-9、M22：22-10、M22：22-11，钱径2.5、穿径0.97、厚0.1厘米，重2.5克（图九二，3～6、11～14；图九三，6～8）。

大泉五十　34枚。正、背面均有内外郭，且形制相同，编号M22：23-1、M22：23-2、M22：23-3、M22：23-4、M22：23-5、M22：23-6、M22：23-7、M22：23-8、M22：23-9、M22：23-10、M22：23-11、M22：23-12、M22：23-13、M22：23-14、M22：23-15、M22：23-16、M22：23-17、M22：23-18、M22：23-19、M22：23-20、M22：23-21、M22：23-22、M22：23-23、M22：23-24、M22：23-25、M22：23-26、M22：23-27、M22：23-28、M22：23-29、M22：23-30、M22：23-31、M22：23-32、M22：23-33、M22：23-34。其中，M22：23-1、M22：23-2、M22：23-3、M22：23-4、M22：23-5，钱径2.7、穿径0.95、厚0.11厘米，重2.7克（图九三，1～5）。

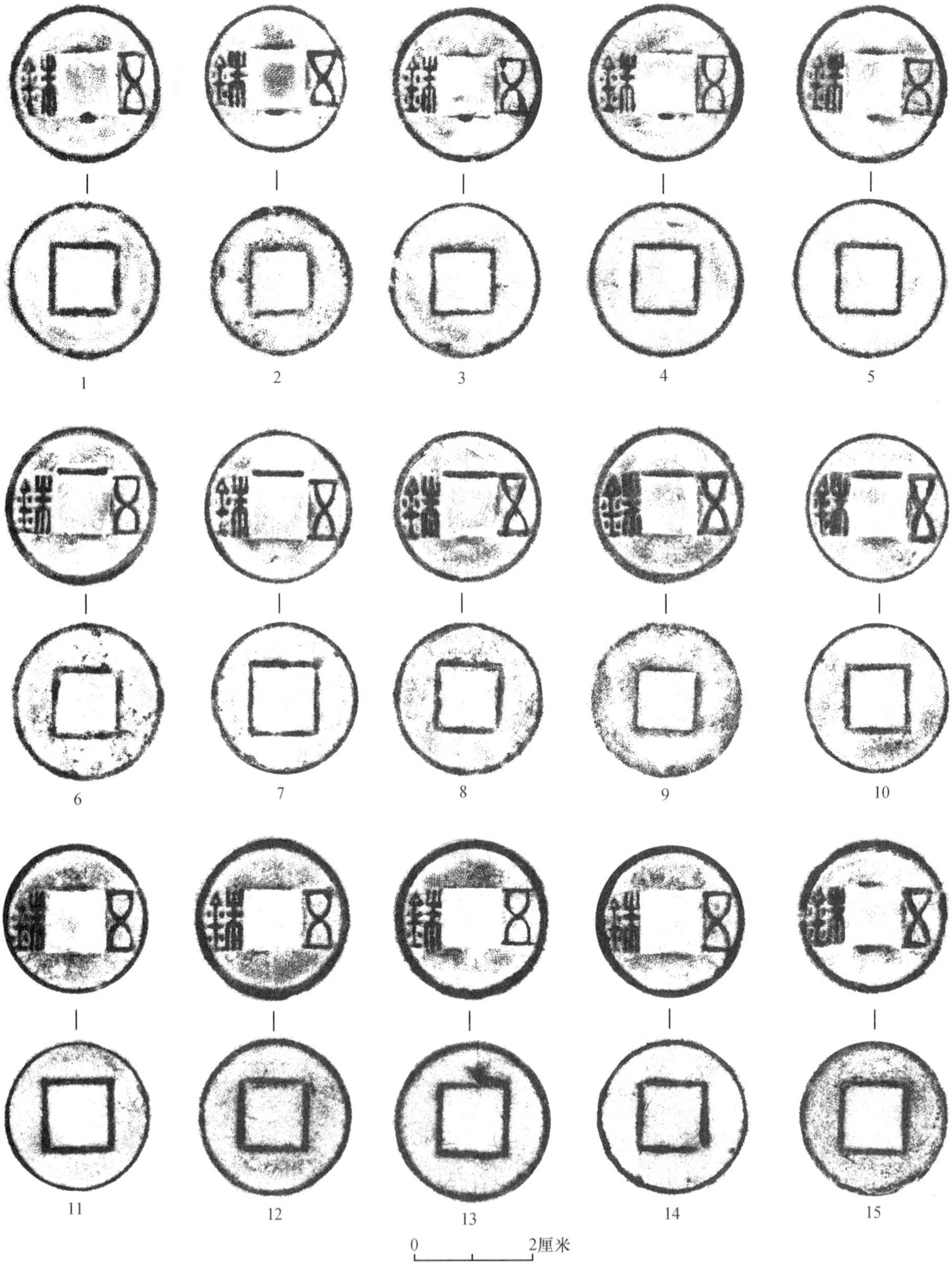

图九二　M22出土铜钱拓本

1～15. 五铢钱（M22：21-1、M22：21-2、M22：22-1、M22：22-2、M22：22-3、M22：22-4、M22：21-3、M22：21-4、M22：21-5、M22：21-6、M22：22-5、M22：22-6、M22：22-7、M22：22-8、M22：21-7）

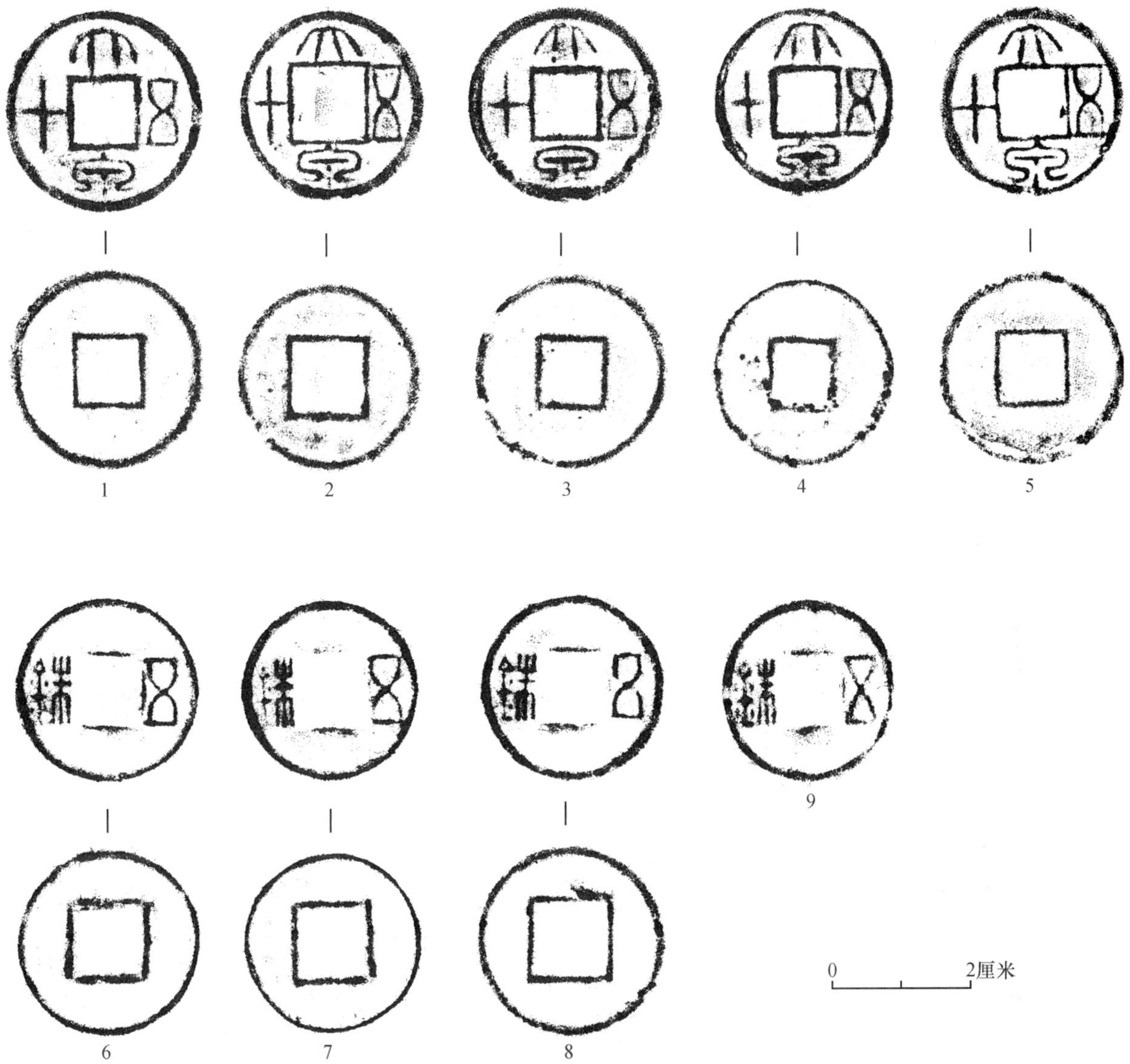

图九三　M22出土铜钱拓本

1～5. 大泉五十（M22：23-1、M22：23-2、M22：23-3、M22：23-4、M22：23-5）　6～9. 五铢钱（M22：22-9、M22：22-10、M22：22-11、M22：21-8）

M23

（一）墓葬概况

位于ⅠT0613东部，开口于第2层下，打破生土，口部距地表深0.45米，方向0°。该墓为斜坡墓道砖室墓，平面形状呈“刀”形，由墓道、甬道、墓室三部分组成（图九四）。

墓道　位于墓室南部，因条件限制，墓道部分未发掘。

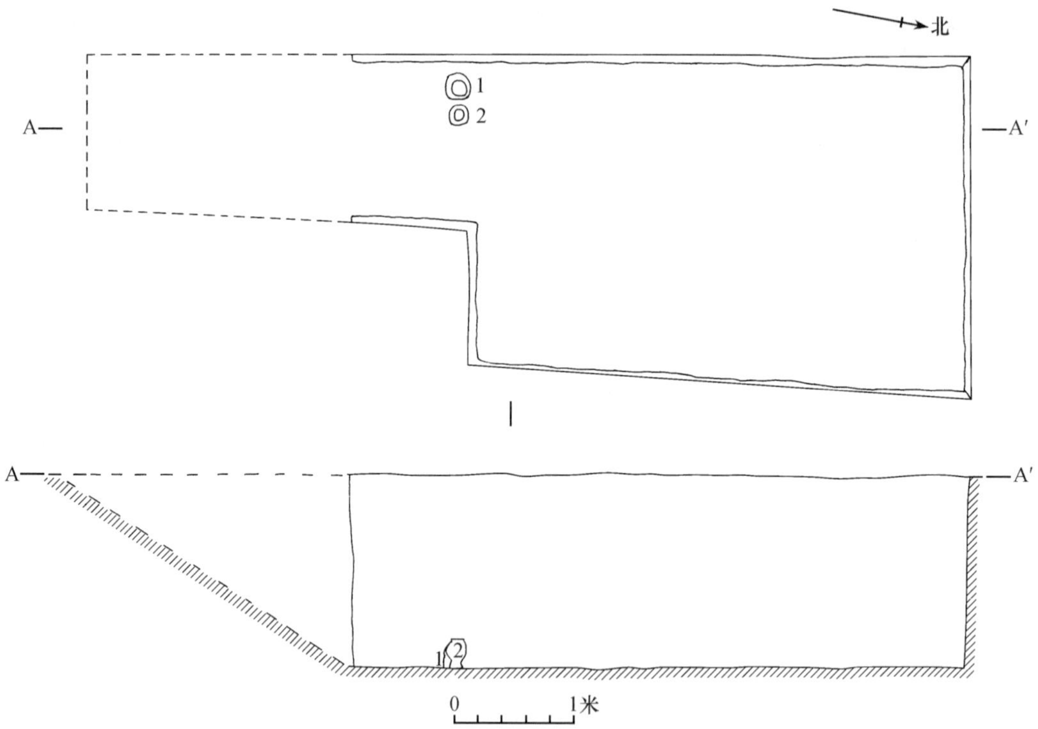

图九四　M23平、剖面图
1、2. 陶罐

甬道　位于墓道北部，平面形状为长方形，斜壁，平底。口部宽1.36、底部宽1.26、进深0.98、高1.56米。

墓室　位于墓道北部，平面形状为长方形，斜壁。口部长4.2、宽2.8米，底部长4.1、宽2.46米，深1.56米。

葬具　不详。

葬式、性别及年龄　墓葬盗扰严重，未见人骨，故其葬式、性别及年龄均不详。

（二）随葬品

随葬品数量较少，仅在甬道处发现2件，均为陶器。

罐　2件。泥质灰陶。直口微侈，方唇，平底。M23：1，束颈，弧腹，肩部饰一对桥形耳。口径14、腹径20、底径12、高23.5厘米（图九五，1；图版二九，5）。M23：2，鼓腹。口径17、腹径22、底径12、高18.5厘米（图九五，2；图版二九，6）。

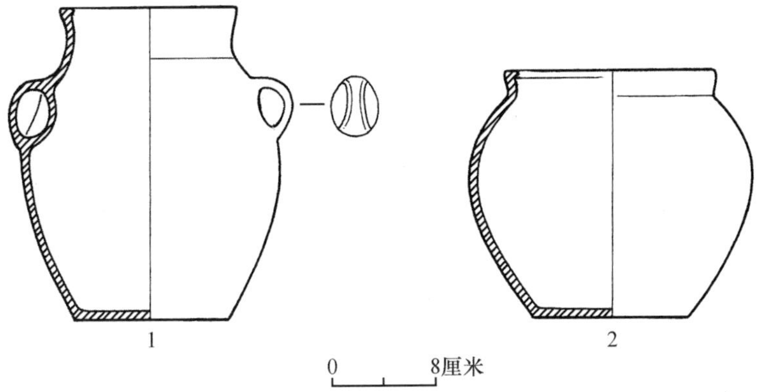

图九五　M23出土器物

1、2. 陶罐（M23：1、M23：2）

M26

（一）墓葬概况

位于ⅠT1010东南部和ⅠT1011东北部，开口于第2层下，打破生土，口部距地表深0.3～0.48米，方向200°。该墓为斜坡墓道砖券洞室墓，平面形状呈“刀”形，由墓道、封门、甬道、墓室四部分组成（图九六）。

墓道　位于墓室南部，平面形状呈梯形，北宽南窄，斜壁。口部长4.36、宽1～1.24米；底呈斜坡状，坡度23.5°，底坡长4.8、宽1～1.06米；深0～1.86米。

封门　位于甬道南部，残存1层，为三块条砖横向平铺。封门墙厚0.14、宽0.92、高0.24米。

甬道　位于墓室南部，顶部为券顶，现已破坏，平面形状呈长方形。进深1、宽0.92、残高1.14米。甬道壁为条砖顺置错缝平砌，铺地砖为条砖斜向错缝平铺。

墓室　位于墓道北侧，平面形状呈长方形，斜壁，平底。口部长4.2、宽2.61、底部长3.7、宽2.35、深1.86米。墓室从第22层开始起券，条砖纵向错缝券顶，四壁为条砖顺置错缝平砌，铺地砖为条砖斜向错缝平铺。在底部北偏东部有两块顺向齐缝平铺的条砖，具体用途不详。条砖规格为35厘米×15厘米×6厘米，券砖规格为34厘米×16厘米×（5.5～6.5）厘米。

葬具　不详。

葬式、性别及年龄　墓葬盗扰严重，未见人骨，故其葬式、性别及年龄均不详。

（二）随葬品

随葬品数量较少，仅在墓室东北部淤土中发现2件，均为陶器。

仓　1件。M26：2，泥质灰陶。敛口，斜肩，筒腹，腹壁斜直，平底。口径9.5、腹径

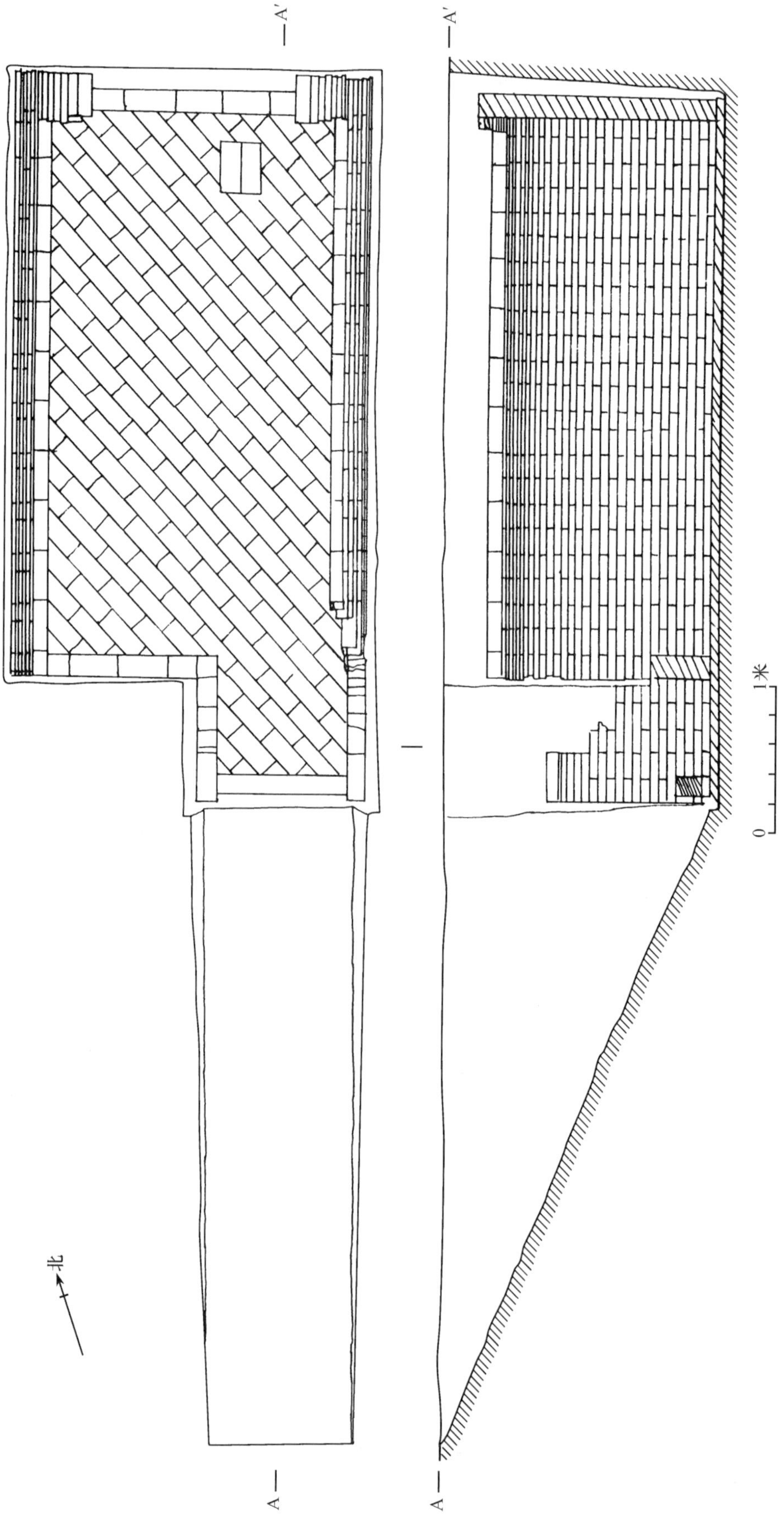

图九六　M26平、剖面图

13.6、底径12、高17厘米（图九七，1；图版三〇，2）。

井　1件。M26：1，泥质灰陶。直口，平折沿，方唇，筒腹，平底。口径15、底径11.2、高10.5厘米（图九七，2；图版三〇，1）。

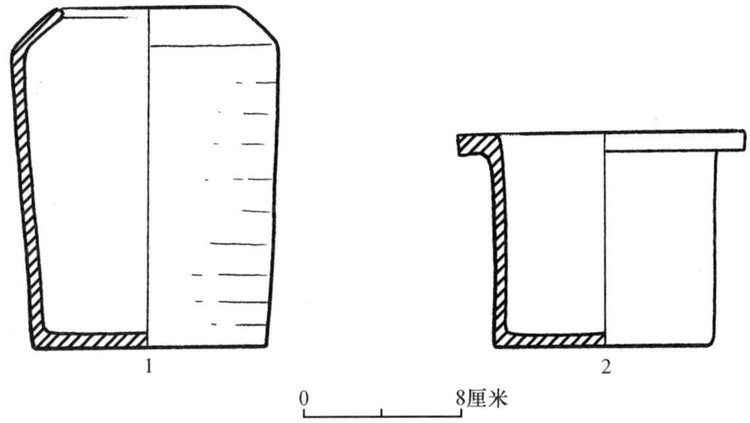

图九七　M26出土器物

1. 陶仓（M26：2）　2. 陶井（M26：1）

M28

（一）墓葬概况

位于ⅠT1013北部和ⅠT1012南部，开口于第2层下，打破生土，口部距地表深0.45～0.5米，方向162°。该墓为斜坡墓道砖券洞室墓，平面形状呈“凸”字形，由墓道、甬道、墓室三部分组成（图九八）。

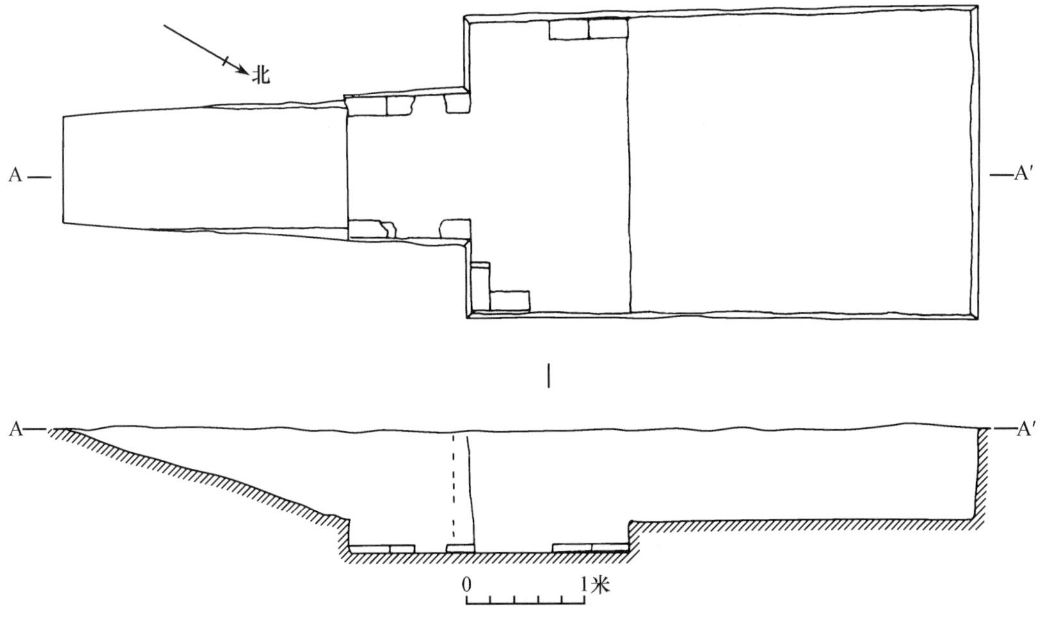

图九八　M28平、剖面图

墓道　位于墓室南部，平面形状呈梯形，北宽南窄，斜壁。口部长2.4、宽0.9～1.1米；底呈斜坡状，坡度20°，底坡长2.5、宽1米；深0～0.72米。

甬道　位于墓室南部，顶部不存，平面形状呈长方形。进深1、宽1.2、残高1米。甬道破坏严重，仅东、西两壁残存一层纵向平铺的条砖。

墓室　位于墓道北部，平面形状呈长方形，斜壁，平底。口部长4.4、宽2.55～2.6米，底部长4.3、宽2.45～2.52米，深1米。在墓室北部有棺床1处，长2.95、宽2.45～2.52、高0.24米。

葬具　不详。

葬式、性别及年龄　墓葬盗扰严重，未见人骨，故其葬式、性别及年龄均不详。

（二）随葬品

无。

M29

（一）墓葬概况

位于ⅠT1014中部，开口于第2层下，打破生土，口部距地表深0.5～0.55米，方向220°。该墓为斜坡墓道砖室墓，平面形状呈“刀”形，由墓道、甬道、墓室三部分组成（图九九）。

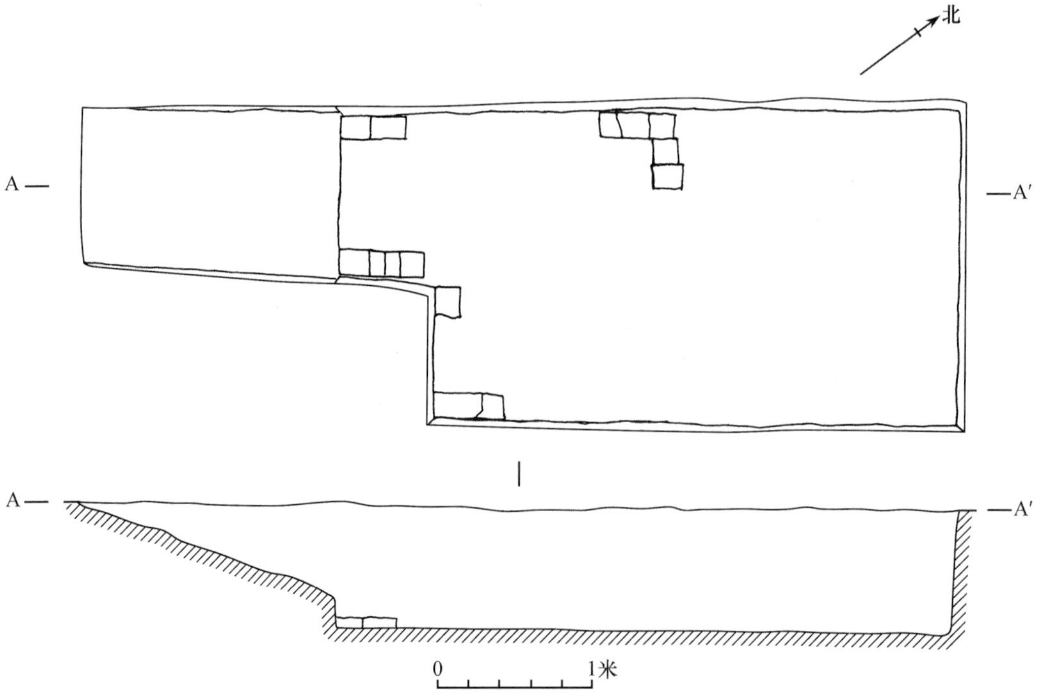

图九九　M29平、剖面图

墓道　位于墓室南部，平面形状呈梯形，北宽南窄，斜壁。口部长1.7、宽1～1.1米；底呈斜坡状，坡度19°，底坡长1.8、宽0.95米；深0～0.6米。

甬道　位于墓室南部，顶部不存，平面形状呈长方形。进深0.6、宽0.8、残高0.8米。甬道壁为条砖顺置错缝平砌。

墓室　位于墓道北部，平面形状呈长方形，斜壁，平底。口部长3.5、宽2～2.1、底部长3.42、宽1.94～2、深0.8米。墓室西壁中部仅存5块残砖。

葬具　木棺1具。填土中发现有红色漆皮。

葬式、性别及年龄　墓葬盗扰严重，未见人骨，故其葬式、性别及年龄均不详。

（二）随葬品

随葬品数量较少，仅在墓葬淤土中发现1件陶器。

盆　1件。M29：1，泥质灰陶。敞口，折沿，方唇，斜腹，平底。口径26、底径18、高12厘米（图一〇〇；图版三〇，3）。

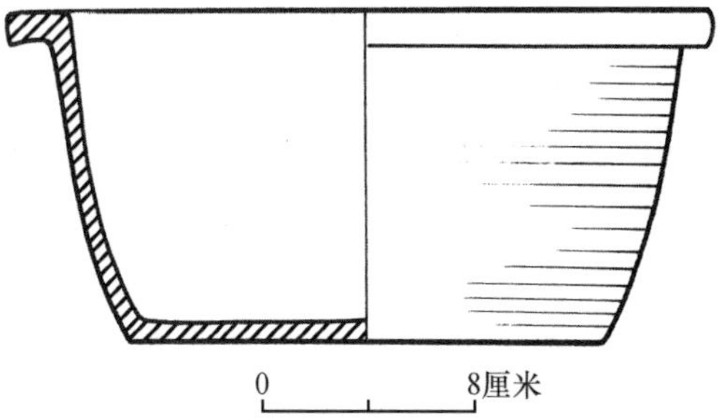

图一〇〇　M29出土器物
陶盆（M29：1）

M30

（一）墓葬概况

位于Ⅰ T0810东部和Ⅰ T0809东南部，开口于第2层下，打破生土，口部距地表深0.45米，方向195°。该墓为斜坡墓道砖券洞室墓，平面形状呈“甲”字形，由墓道、墓室两部分组成（图一〇一；图版一，3）。

墓道　位于墓室的南部，平面形状呈长方形，壁略内斜。口部长4.5、宽1.1米；底呈斜坡状，底坡长4.6、宽1米；深0～1.04米。

墓室　位于墓道北部，券顶破坏严重。墓室底部长3、宽2.06、残高2.3米。墓壁是用条形砖错缝叠砌而成，墓顶是用与墓壁同规格的条砖侧立错缝砌成，铺地砖为方砖斜向平铺。在墓室底部前、后均发现有几块青砖，推测可能是作为棺墩而用（图一〇二）。墓砖纹饰为云纹（图一〇四）。

葬具　不详。

葬式、性别及年龄　墓葬盗扰严重，未见人骨，葬式、性别及年龄均不详。

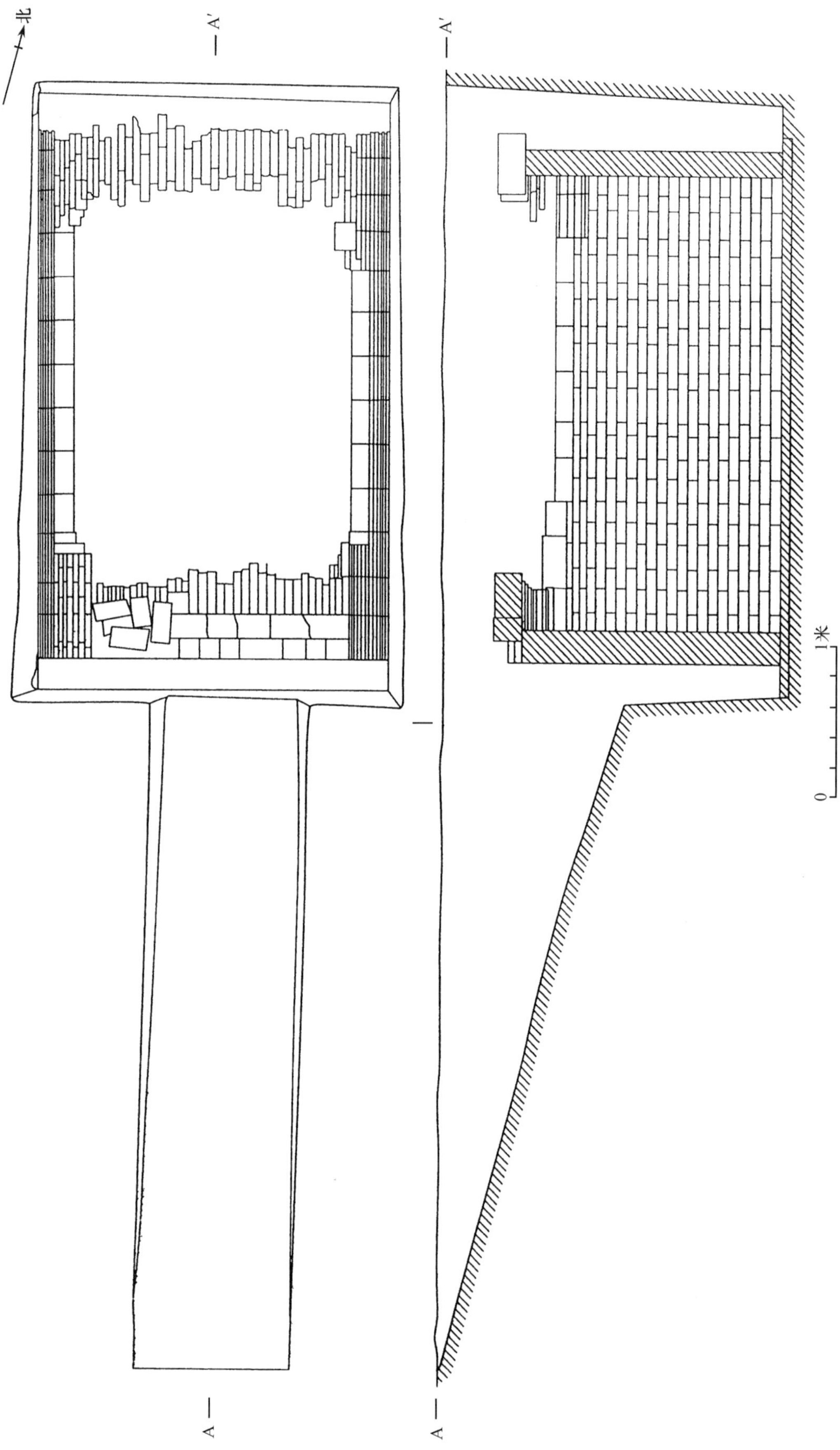

图一〇一　M30平、剖面图及顶部俯视图

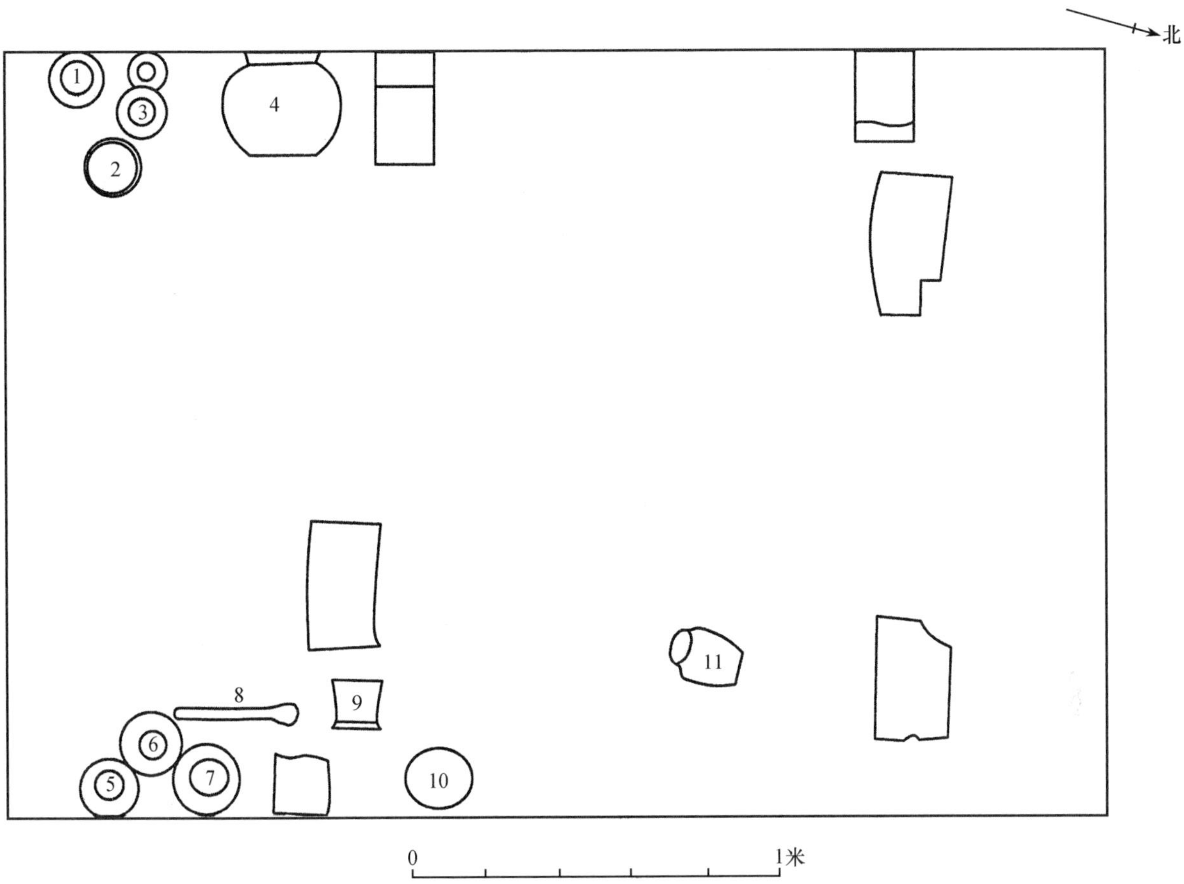

图一〇二　M30墓室底部平面图

1、4、6、7. 陶罐　2. 陶奁　3. 陶灶　5、11. 陶仓　8. 铁刀　9. 陶井　10. 陶碗

（二）随葬品

位于在墓室的西南角、东南角及中部偏东部，种类有陶器和铁器。

（1）陶器

罐　4件。泥质灰陶。直口，平底。M30：1，方唇，鼓腹。口径10.8、腹径15、底径9、高10.8厘米（图一〇三，1；图版三〇，4）。M30：4，斜方唇，束颈，鼓腹，中腹饰有两个对称桥形耳，肩部及上腹部饰三组中绳纹。口径20、腹径27、底径18、高26.5厘米（图一〇三，11；图版三一，2）。M30：6，圆肩，弧腹，平底微凹。口径10、腹径8、高12厘米（图一〇三，3；图版三一，4）。M30：7，圆肩，弧腹。口径9.5、腹径15、底径9.5、高12厘米（图一〇三，2；图版三一，5）。

奁　1件。M30：2，泥质灰陶。器身为筒状，口略大于底，直口微敞，圆唇，平底，底部附有三个蹄足，口部及近底部分别饰两周凹弦纹。口径13.5、底径13、高9.5厘米（图一〇三，8；图版三〇，5）。

仓　2件。泥质灰陶。敛口，斜肩，筒腹，腹壁斜直，平底。M30：5，口径8.5、腹径

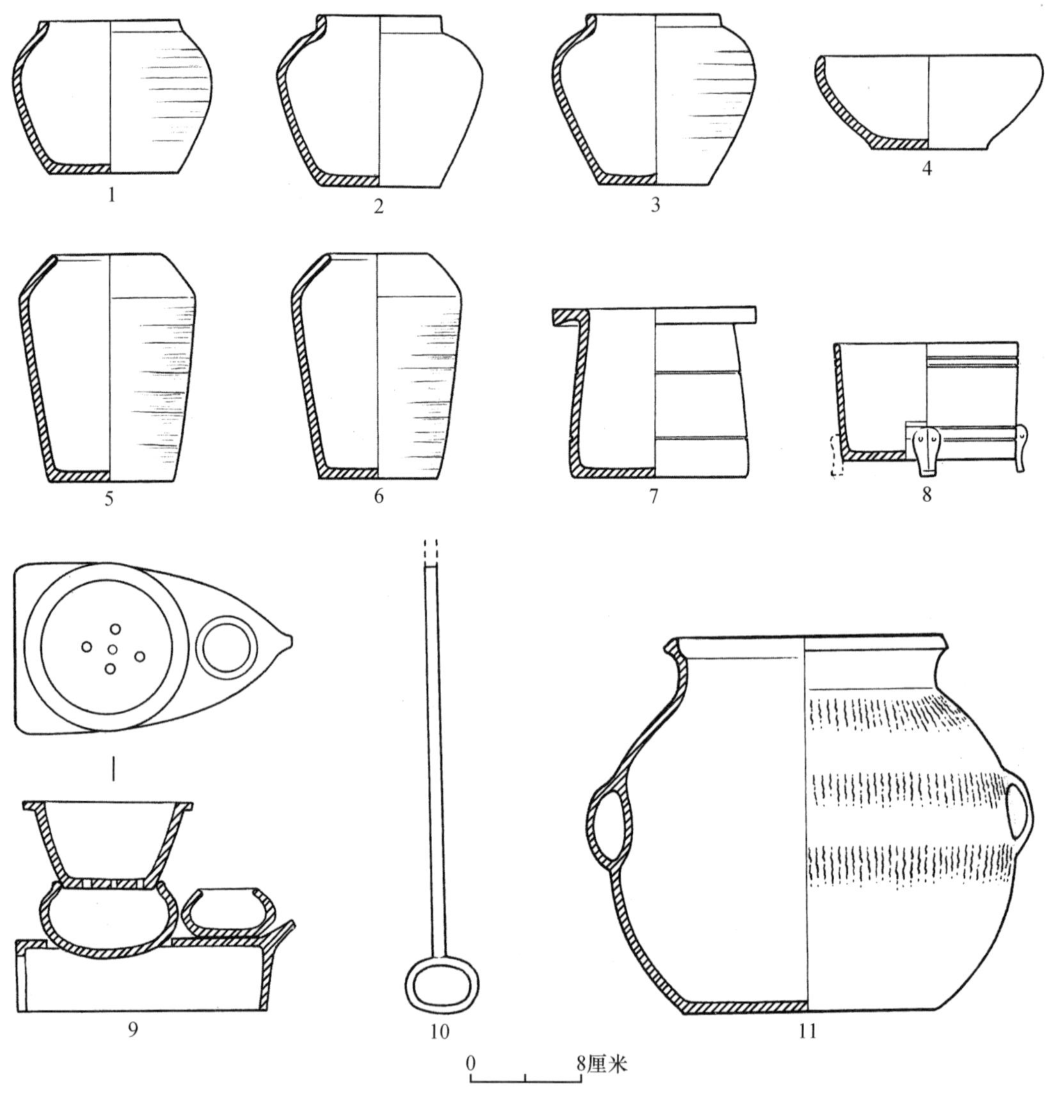

图一〇三　M30出土器物

1～3、11. 陶罐（M30：1、M30：7、M30：6、M30：4）　4. 陶碗（M30：10）　5、6. 陶仓（M30：11、M30：5）　7. 陶井（M30：9）　8. 陶奁（M30：2）　9. 陶灶（M30：3）　10. 铁刀（M30：8）

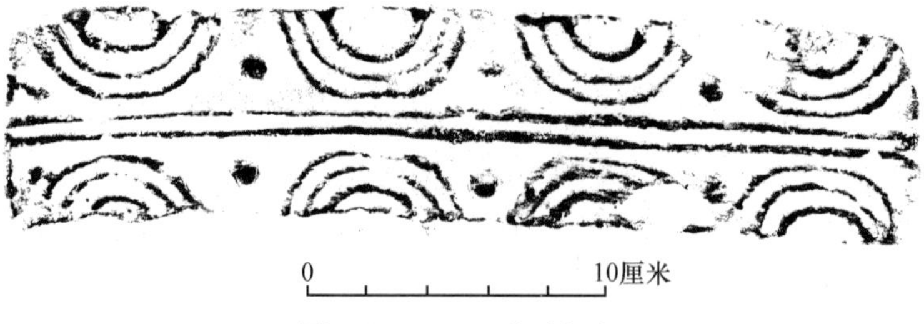

图一〇四　M30墓砖拓本

12.8、底径9、高16厘米（图一〇三，6；图版三一，3）。M30∶11，口径8.5、腹径9.5、底径11、高16厘米（图一〇三，5；图版三二，3）。

灶　1件。M30∶3，甑、釜、灶（一套），泥质灰陶。灶面呈弧边三角形，灶前有半圆形火门，灶面上有两个圆形火眼；火眼上放置两釜一甑，釜敞口，圆唇，扁鼓腹，平底；甑敞口，平沿，方唇，斜壁，平底，甑有圆形箅孔五个。灶后面有斜向圆柱形烟囱，烟道不通。长20.4、宽12、高15厘米（图一〇三，9；图版三一，1）。

井　1件。M30∶9，泥质灰陶。直口微敛，平折沿，方唇，筒腹，斜壁，平底。上腹和下腹各饰一周凹弦纹。口径15、底径13、高12厘米（图一〇三，7；图版三二，1）。

碗　1件。M30∶10，泥质灰陶。敛口，圆唇，弧腹，平底，假圈足较矮。口径16、腹径16.8、底径8.3、高6.6厘米（图一〇三，4；图版三二，2）。

（2）铁器

刀　1件。M30∶8，环首，直柄，刃部残蚀。残长32厘米（图一〇三，10；图版三一，6）。

M31

（一）墓葬概况

位于ⅠT1113东部、ⅠT1112东南部和ⅠT1013西北部，开口于第2层下，打破生土，口部距地表深0.4米，方向200°。该墓为斜坡墓道砖室墓，平面形状呈“凸”字形，由墓道、封门、甬道、墓室、耳室五部分组成（图一〇五；图版一，4）。

墓道　位于甬道南部，平面形状呈梯形。口部长3.3、宽0.97～1.18米；底呈斜坡状，坡度27°，底坡长3.74、宽0.97～1.1米；深0.4～1.72米。

封门　位于甬道南部，封门砖为双层，第一层是用3块砖纵向平铺形成里侧封门，第二层是用5块砖横向错缝平砌，形成略弧形的封门墙。封门宽1.16、高1.34米。

甬道　位于墓道北部，平面形状呈长方形，进深1.81、宽1.58米。顶部为券顶，北部已残，条砖纵向对缝券顶，在砖缝里还发现有板瓦片，起固定券顶的作用。

墓室　顶部已残，形状不明。平面形状呈方圆形，四壁略向内弧，底部略大呈圆角方形。口长3.48～3.66、宽3.57米，底部长3.64、宽3.57米，残高1.75米。墓壁为条砖顺置错缝平砌；铺地砖为条砖斜向错缝平铺。在墓室北部有棺床1处，长2.6、宽3.37、高0.24米（图版二）。墓砖纹饰为云纹（图一〇七）。

耳室　位于墓室的东部，在墓室的东壁上有一个砖券小门，门宽1.2、高1.38米。耳室顶部保存完好，条砖纵向对缝券顶，底部长1.94、宽1.2、高1.4米。

葬具　不详。

葬式、性别及年龄　墓葬盗扰严重，未见人骨，葬式、性别及年龄均不详。

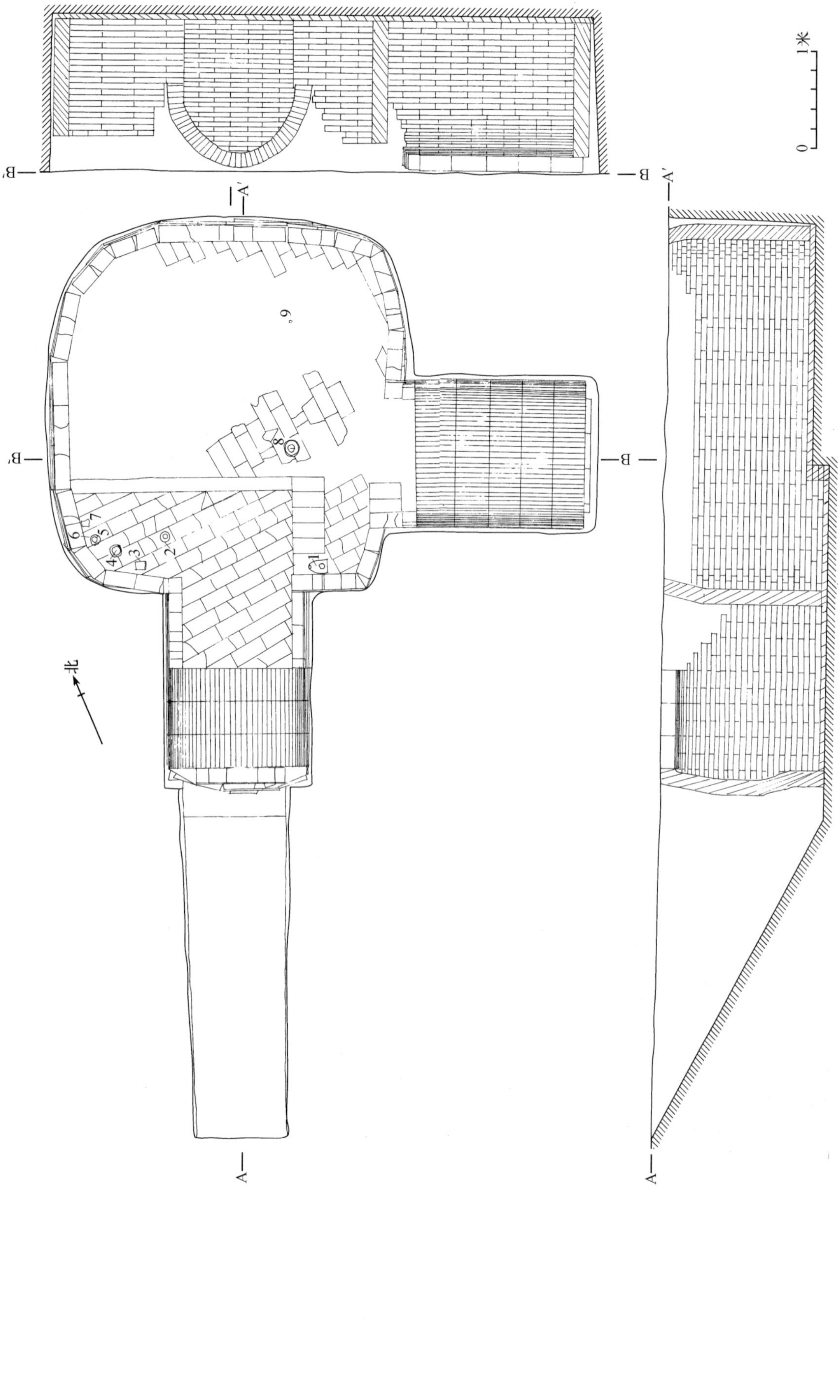

图一〇五　M31平、剖面图

1. 陶灶　2、4. 陶盆　3、7. 陶井　5. 陶仓　6. 陶甑　8. 陶磨　9. 铅印

（二）随葬品

位于墓室的中部、东南角及西南角，种类有陶器和铅器。

（1）陶器

盆　2件。泥质灰陶。敞口，折沿，尖圆唇，斜腹，平底。M31：2，口径11.4、底径4、高3.6厘米（图一〇六，1）。M31：4，口径12、底径5、高5厘米（图一〇六，3；图版三二，6）。

仓　1件。M31：5，泥质灰陶。敛口，斜肩，筒腹，腹壁内弧，平底，腹部饰数周凹弦

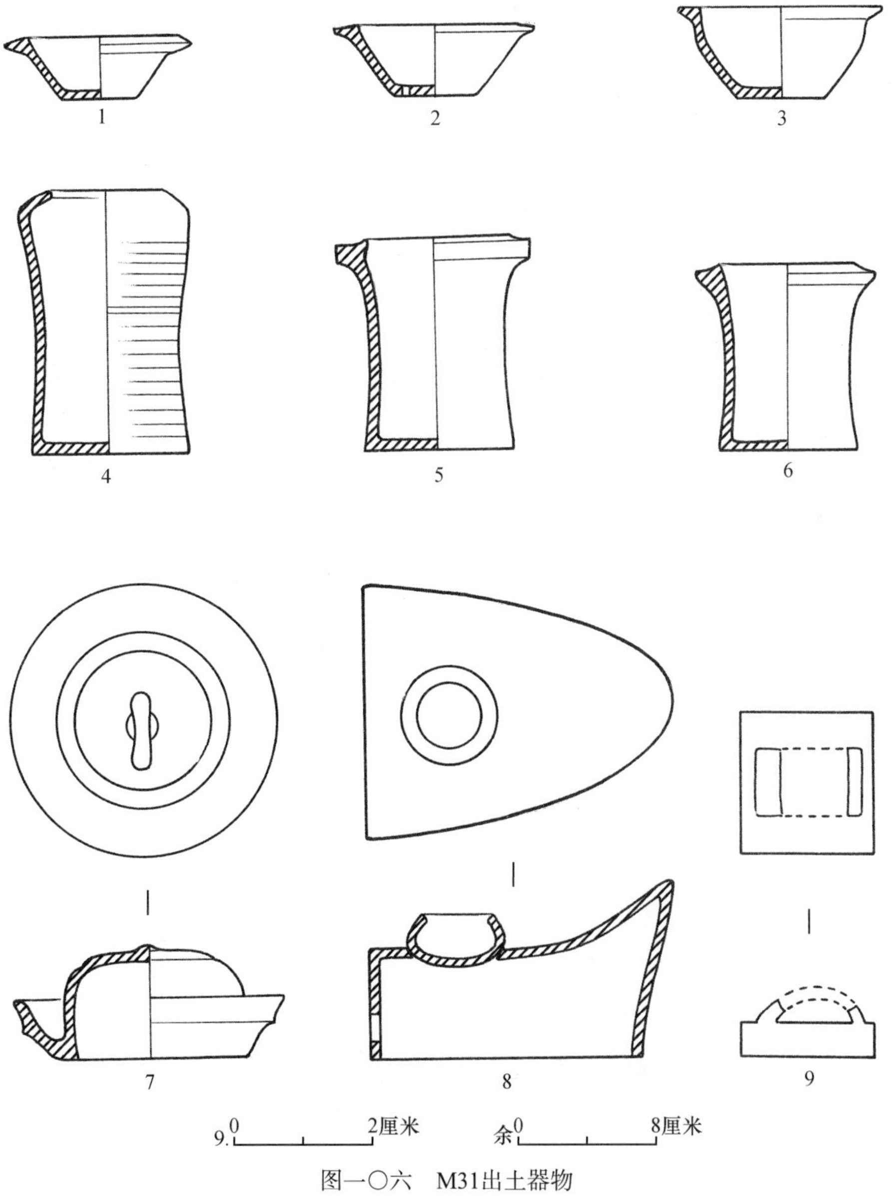

图一〇六　M31出土器物

1、3. 陶盆（M31：2、M31：4）　2. 陶甑（M31：6）　4. 陶仓（M31：5）　5、6. 陶井（M31：7、M31：3）　7. 陶磨（M31：8）　8. 陶灶（M31：1）　9. 铅印（M31：9）

纹。口径13、底径11.4、高17.2厘米（图一〇六，4；图版三三，1）。

灶　1件。M31：1，泥质灰陶。灶面呈弧边三角形，灶面上有一个圆形火眼，火眼上放置一个陶釜，灶前有半圆形火门，灶后向上翘起形成烟囱，烟道不通。长18、宽14.8、高10厘米（图一〇六，8；图版三二，4）。

甑　1件。M31：6，泥质灰陶。敞口，平折沿，尖圆唇，斜腹，平底，底部有圆形箅孔。口径12、底径4、高4厘米（图一〇六，2）。

井　2件。泥质灰陶。直口微敞，折沿，沿面贴于器壁，筒腹，弧壁，平底。M31：3，尖圆唇。口径11、底径9、高10.5厘米（图一〇六，6；图版三二，5）。M31：7，方唇。口径8.5、底径9、高12.2厘米（图一〇六，5；图版三三，2）。

磨　1件。M31：8，泥质灰陶。底部有承盘，中部凸起形成磨体，凸起中部有一道隔梁，分左右两个孔，承盘敞口，斜壁，平底，磨内中空，承盘外壁中部有一周凸弦纹。口径16、底径11、高6.8厘米（图一〇六，7；图版三三，3）。

（2）铅器

印　1件。M31：9，底座呈正方形，宽桥形钮，顶部残。长2、宽2、厚0.5、残高0.7厘米（图一〇六，9）。

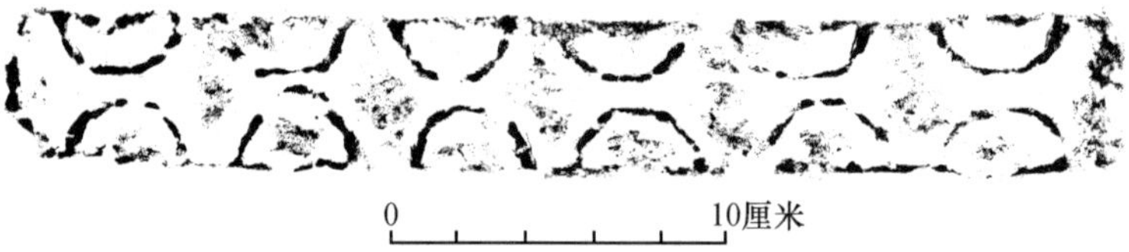

图一〇七　M31墓砖拓本

M32

（一）墓葬概况

位于ⅠT1114东部和ⅠT1014西南部，开口于第2层下，打破生土，口部距地表深0.6米，方向133°。该墓为斜坡墓道砖室墓，平面形状呈“凸”字形，由墓道、甬道、墓室三部分组成（图一〇八）。

墓道　位于墓室东南部，平面形状呈梯形，北宽南窄，斜壁。口部长2.7、宽1～1.1米；底呈斜坡状，坡度22°，坡长2.8、宽1米；深0～0.9米。

甬道　位于墓室东南部，顶部不存，平面形状呈长方形。进深1.2、宽1.12、残高1米。甬道壁仅残存两层壁砖，为条砖顺置错缝平砌。甬道东、西两壁有两个盗洞。

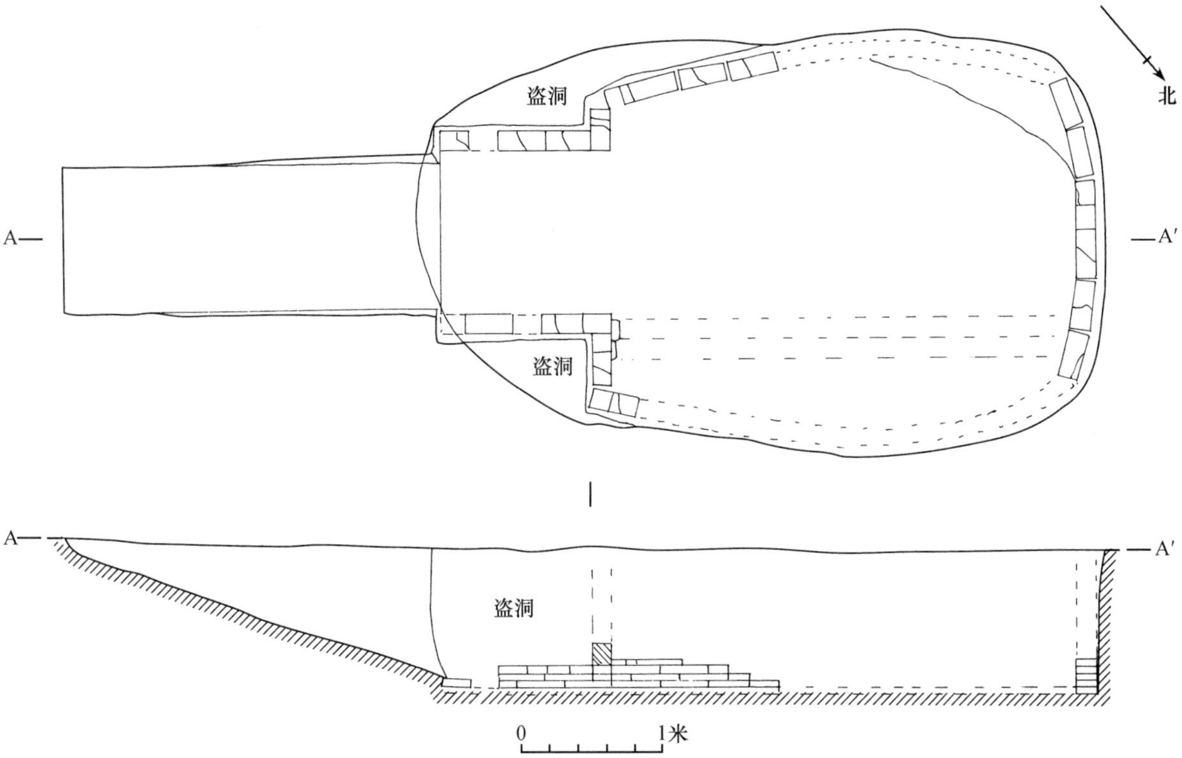

图一〇八　M32平、剖面图

墓室　位于墓道西北部，平面形状呈弧长方形，斜壁微弧，平底。口部长3.5、宽2.4～2.9米，底部长3.3、宽1.96～2米，深1米。墓室壁砖破坏严重，仅存北壁、西壁少量壁砖，墓壁为条砖顺置错缝平砌。条砖规格为34厘米×14厘米×5厘米，纹饰为几何纹。

葬具　木棺1具。填土中发现有红色漆皮。

葬式、性别及年龄　墓葬盗扰严重，未见人骨，故其葬式、性别及年龄均不详。

（二）随葬品

随葬品数量较少，仅在墓葬淤土中发现2件陶器。

灶　1件。M32：1，泥质灰陶。灶面呈弧边三角形，灶面上有一个圆形火眼，前壁有一个方形火门，后端向上翘起形成烟囱，烟道不通。灶长22、宽14.4、高10厘米（图一〇九，1；图版三三，4）。

甑　1件。M32：2，泥质灰陶。敞口，平折沿，方唇，斜腹，平底，底部有圆形箅孔。口径12.8、底径4.2、高5.5厘米（图一〇九，2；图版三三，5）。

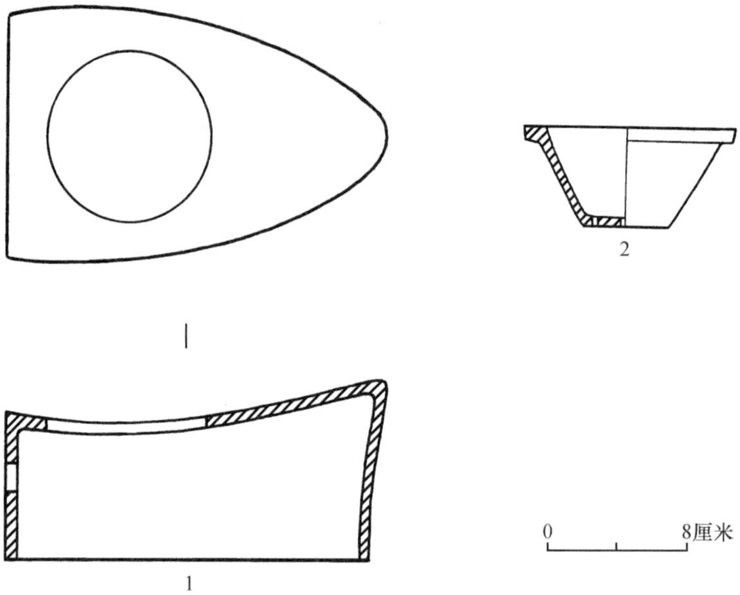

图一〇九　M32出土器物

1. 陶灶（M32：1）　2. 陶甑（M32：2）

M33

（一）墓葬概况

位于ⅠT1214中部，少部分延伸于ⅠT1114西部，开口于第2层下，打破生土，口部距地表深0.4～0.45米，方向100°。该墓为斜坡墓道砖室墓，平面形状呈“凸”字形，由墓道、封门、甬道、墓室四部分组成（图一一〇）。

墓道　位于墓室西部，平面形状呈梯形，东宽西窄，斜壁。口部长3.4、宽1.2～1.45米；底呈斜坡状，坡度27°，底坡长3.8、宽1.2米；深0～1.64米。

封门　位于甬道西部，残存1层，为条砖斜向侧立成“人”字形。封门墙厚0.4、宽1.4、高0.1米。

甬道　位于墓室西部，顶部为券顶，现已破坏，平面形状呈长方形。进深2、宽1.6、残高1.15米。甬道壁为条砖顺置错缝平砌，从第15层开始起券，铺地砖为条砖斜向错缝平铺。

墓室　位于墓道东部，平面形状呈弧长方形，斜壁，平底。口部长4.4、宽3.9米，底部长4.2、宽3.4米，深1.75米。墓室四壁呈弧形，为条砖顺置错缝平砌，铺地砖为条砖斜向平铺。在墓室东部有棺床1处，长3.5、宽2.4、高0.15米。条砖规格为40厘米×16厘米×7厘米，纹饰为菱形纹（图一一二）。

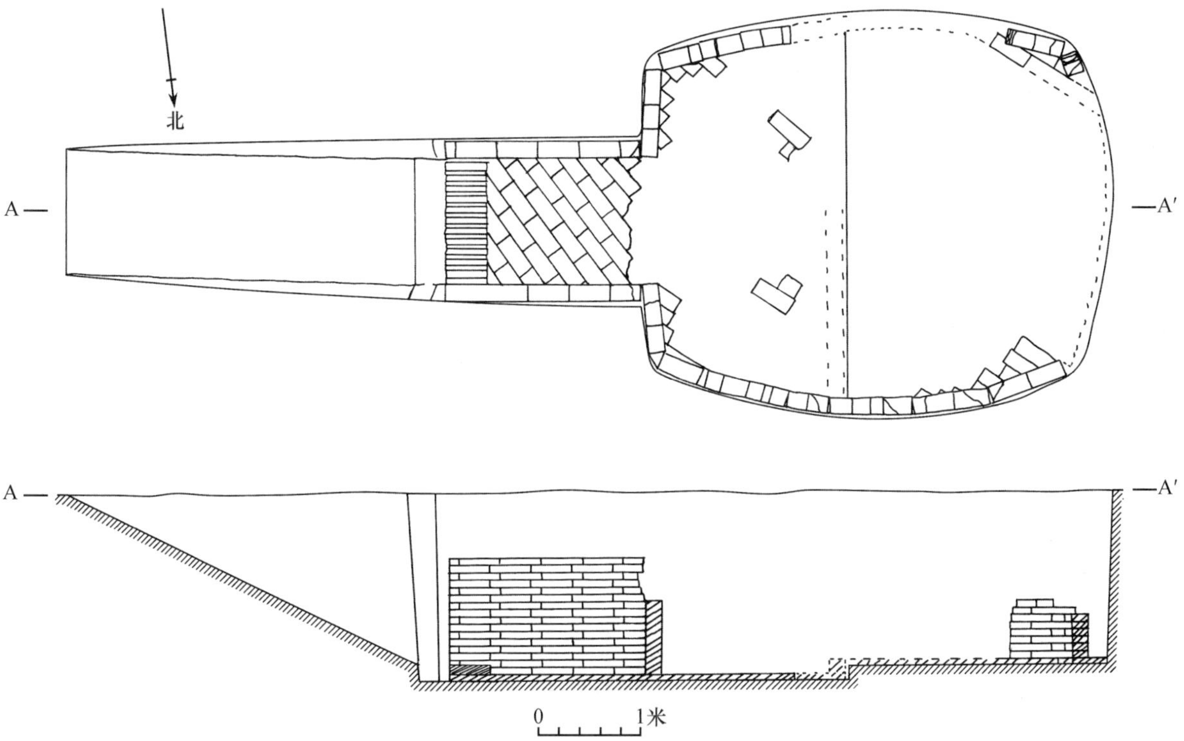

图一一〇　M33平、剖面图

葬具　不详。

葬式、性别及年龄　墓葬盗扰严重，未见人骨，故其葬式、性别及年龄均不详。

（二）随葬品

随葬品主要发现在墓葬的扰土中。

（1）陶器

瓮　1件。M33：8，泥质灰陶。直口微敛，斜方唇，矮领，鼓肩，肩部以下残。口径20、残高12厘米（图一一一，6）。

罐　2件。泥质灰陶。直口，方唇，弧腹，平底。M33：6，圆肩。口径12、腹径17.2、底径11.5、高12厘米（图一一一，7；图版三四，4）。M33：9，平折沿，束颈，溜肩。口径13.8、腹径17、底径12、高22.8厘米（图一一一，5；图版三四，6）。

仓　1件。M33：7，泥质灰陶。敛口，斜肩，筒腹，腹壁斜直，平底。口径5.5、腹径11、底径11.2、高13.8厘米（图一一一，8；图版三四，5）。

龟　1件。M33：1，器表施黄绿釉，胎呈红色，胎质较疏松。首、尾皆残，整体形状呈树叶状，背部正中及边缘均饰有对称的短斜线纹。长7.4、宽5厘米（图一一一，4；图版三三，6）。

俑　2件。器表施黄绿釉，胎呈红色。头部残，跽坐，着右衽窄袖长袍，双臂前置。

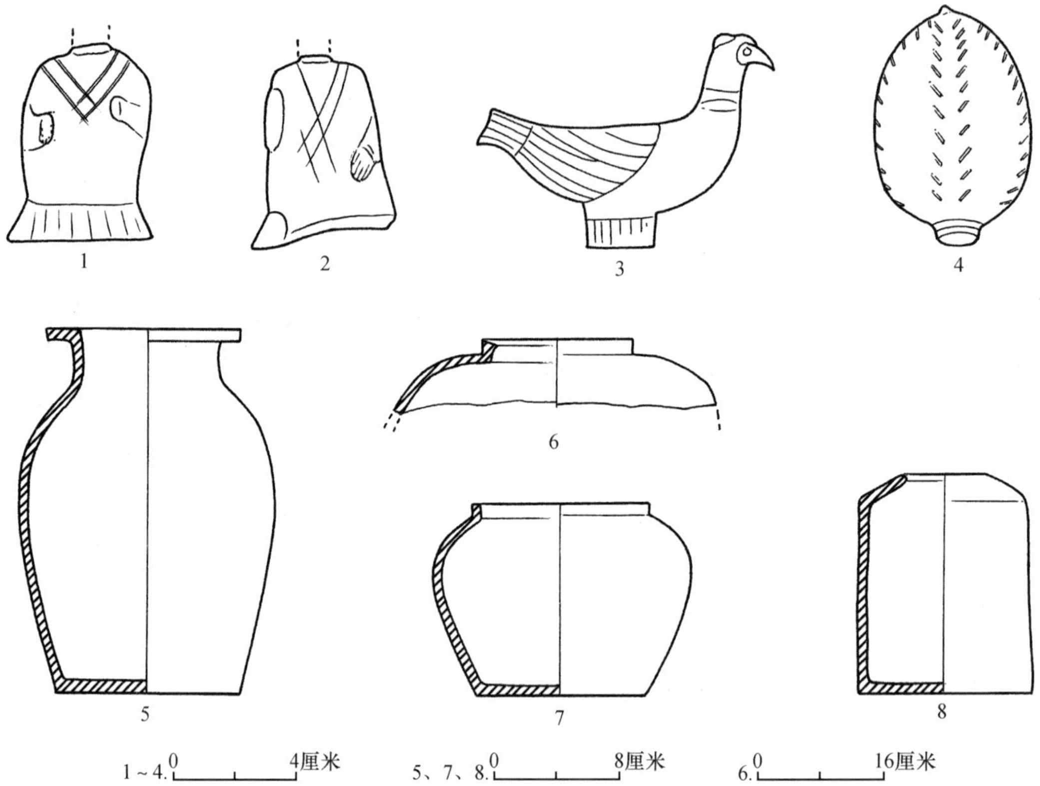

图一一一　M33出土器物

1、2. 釉陶俑（M33：2、M33：5）　3. 釉陶鸡（M33：4）　4. 釉陶龟（M33：1）　5、7. 陶罐（M33：9、M33：6）　6. 陶瓮（M33：8）　8. 陶仓（M33：7）

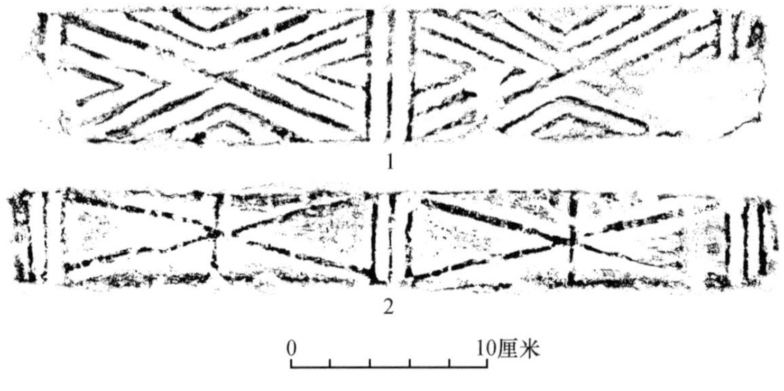

图一一二　M33墓砖拓本

M33：2，高6厘米（图一一一，1；图版三四，1）。M33：5，高6厘米（图一一一，2；图版三四，3）。

鸡　1件。M33：4，通体施黄绿釉，胎呈红色，胎质较疏松。昂首，短冠，短尾上翘，双足呈圈足状。长10、残高6.5厘米（图一一一，3；图版三四，2）。

（2）铜钱

铜钱　1枚。钱文为“五铢”，正、背面均有外郭，穿背面有内郭。M33：3，钱径2.5、穿径0.97、厚0.1厘米，重2.4克。

M34

（一）墓葬概况

位于ⅠT1010西南部和ⅠT1011西北部，开口于第2层下，打破生土，口部距地表深0.35～0.4米，方向32°。该墓为斜坡墓道砖室墓，平面形状呈“凸”字形，由墓道、甬道、墓室三部分组成（图一一三）。

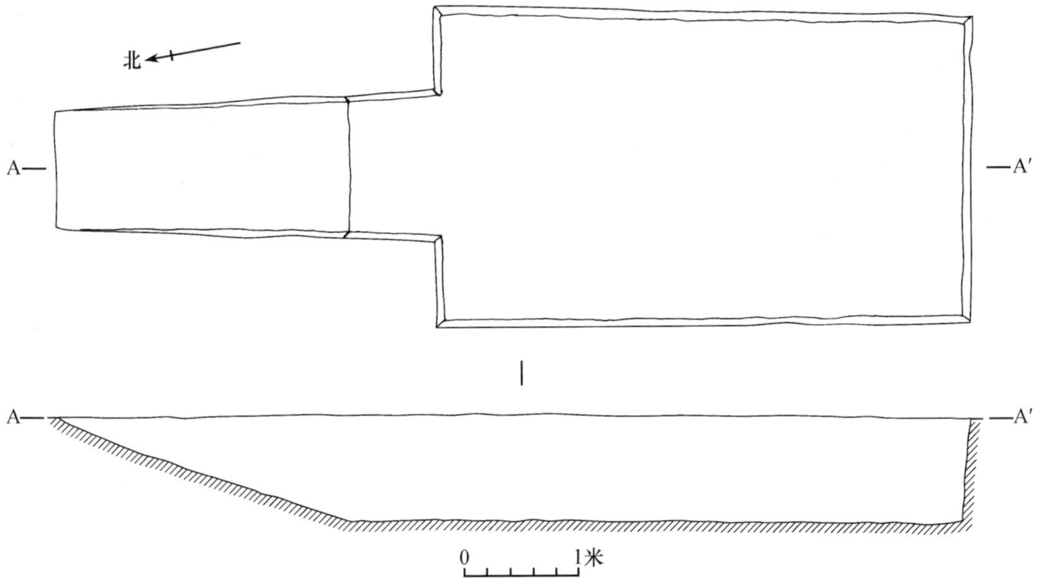

图一一三　M34平、剖面图

墓道　位于墓室北部，平面形状近长方形，斜壁。口部长2.56、宽1～1.2米；底部呈斜坡状，坡度23°，坡长2.7、宽1～1.1米；深0～0.9米。

甬道　位于墓道南部，顶部已破坏。平面形状呈梯形，北窄南宽，斜壁，平底。进深0.8、口部宽1.2～1.3、底部宽1.1～1.2、残高0.9米。

墓室　位于墓道北部，平面形状呈长方形，斜壁，平底。口部长4.7、宽2.7米，底部长4.62、宽2.6米，深0.9米。

葬具　不详。

葬式、性别及年龄　墓葬盗扰严重，未见人骨，故其葬式、性别及年龄均不详。

（二）随葬品

无。

M35

（一）墓葬概况

位于ⅡT0401西南部和ⅡT0301东南部，开口于第2层下，打破生土，口部距地表深0.47米，方向104°。该墓为斜坡墓道砖券洞室墓，平面形状呈“凸”字形，由墓道、甬道、墓室三部分组成（图一一四）。

墓道　位于墓室东部，平面形状近长方形，直壁。口部长2.6、宽0.94～1.1米；底呈斜坡状，坡度18°，坡长2.76米；深0～0.78米。

甬道　位于墓道西部，顶部不存。平面形状呈梯形，东窄西宽，直壁，平底。进深1.2、宽1.08～1.8、残高1.08米。

墓室　位于墓道西部，平面形状近长方形，斜壁，平底。口部长3.74、宽2.6～2.68米，底部长3.58、宽1.74～2.34米，深0.96米。墓室壁第9层为条砖侧立丁砌，其余均为条砖顺置错缝平砌。铺地砖为条砖横向错缝及纵向并排平铺。在墓室西侧有棺床1处，长2.6、宽2～2.34、高0.22米。

葬具　不详。

葬式、性别及年龄　墓葬盗扰严重，未见人骨，故其葬式、性别及年龄均不详。

（二）随葬品

随葬品主要发现在墓室东南角及棺床上，共5件，均为陶器。

罐　2件。泥质灰陶。直口，方唇内勾，圆肩，鼓腹，平底，肩部饰两周凹弦纹。M35：1，口径13、腹径20、底径11、高14.5厘米（图一一五，2；图版三五，1）。M35：2，口径12.5、腹径18.5、底径10.8、高14厘米（图版三五，2）。

盆　1件。M35：5，泥质灰陶。直口微敛，平折沿，斜方唇，弧腹，平底，近口部有一周凹弦纹。口径12、底径4.8、高4.8厘米（图一一五，4）。

灶　1件。M35：3，泥质灰陶。灶面呈弧边三角形，灶面上有一个圆形火眼，前壁有一个方形火门。灶面火眼上放置一釜，泥质灰陶，敛口，圆唇，扁鼓腹。灶长20、宽15、高10.4厘米（图一一五，1；图版三五，3、4）。

甑　1件。M35：4，泥质灰陶。敞口，平折沿，尖圆唇，弧腹，平底，底部有圆形箅孔，沿下部有一周凹弦纹。口径12、底径5、高4.4厘米（图一一五，3；图版三五，5）。

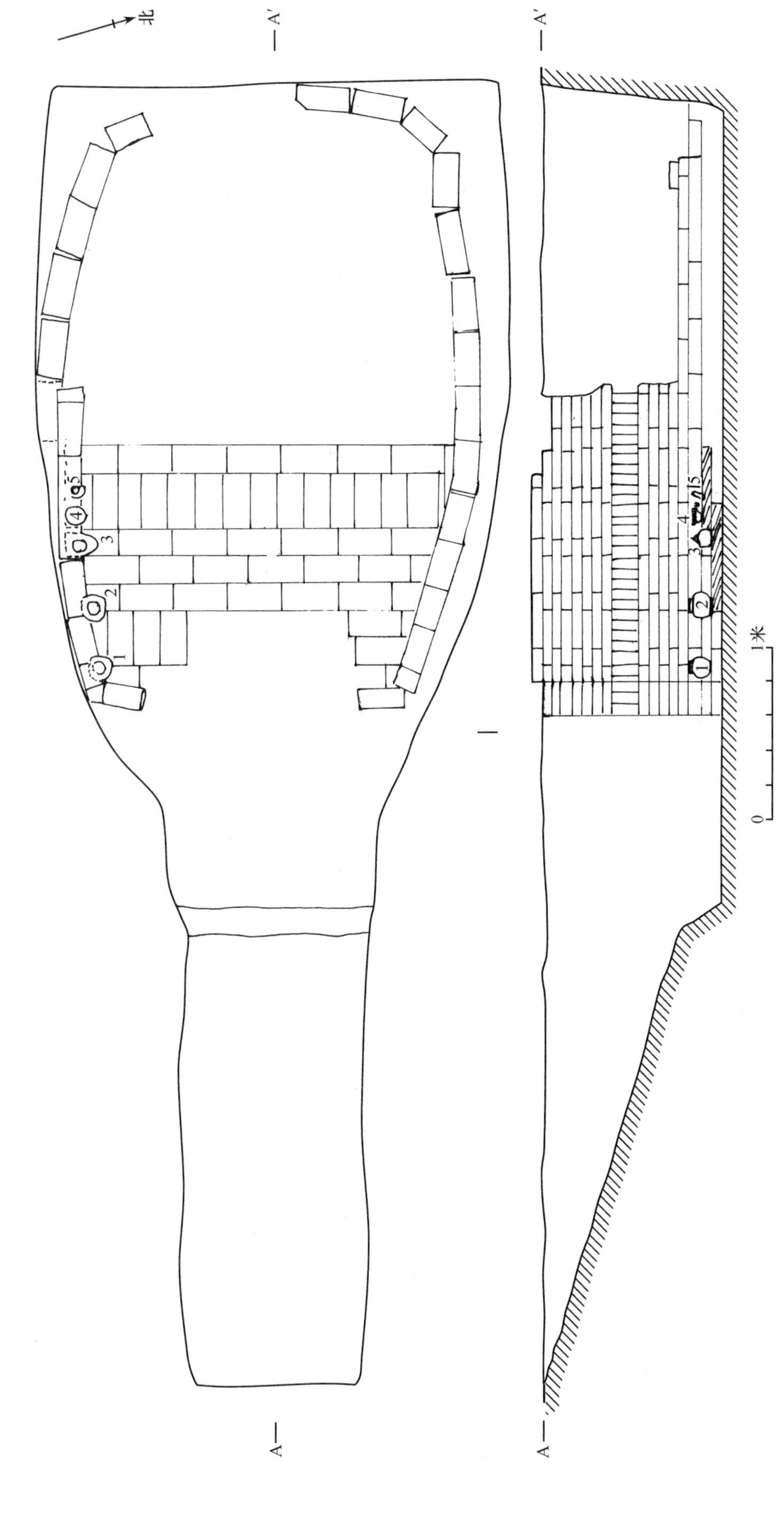

图一一四　M35平、剖面图

1、2. 陶罐　3. 陶灶　4. 陶甑　5. 陶盆

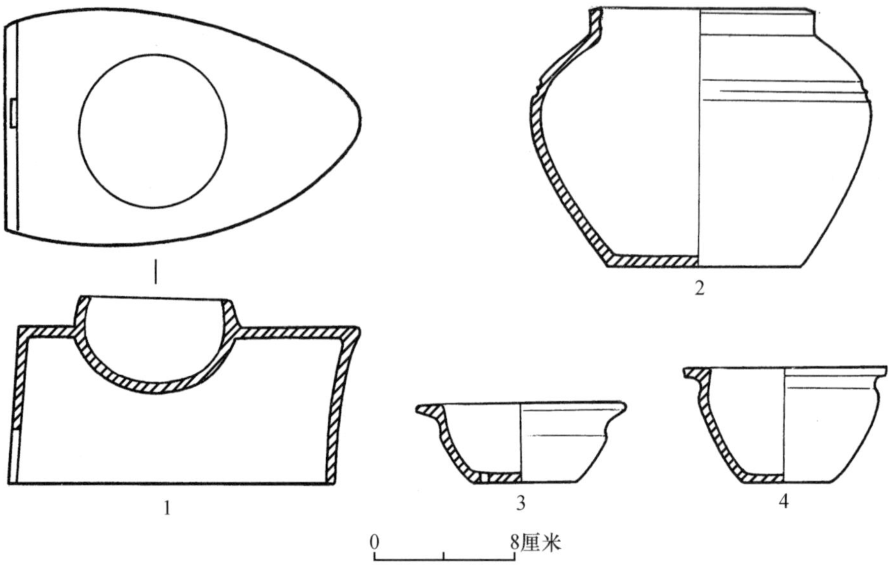

图一一五　M35出土器物

1. 陶灶（M35：3）　2. 陶罐（M35：1）　3. 陶甑（M35：4）　4. 陶盆（M35：5）

M36

（一）墓葬概况

位于ⅡT0301东南部，开口于第2层下，打破生土，口部距地表深0.5米，方向111°。该墓为斜坡墓道砖券洞室墓，平面形状呈“凸”字形，由墓道、甬道、墓室三部分组成（图一一六）。

墓道　位于墓室东部，平面形状呈长方形，直壁。口部长3.2、宽1.14米；底呈斜坡状，坡度18°，坡长3.4米；深0～1.1米。

甬道　位于墓道西部，顶部不存。平面形状呈梯形，东窄西宽，直壁，平底。进深1.2、宽1.4～1.9、残高1.4米。

墓室　位于墓道西部，平面形状近长方形，直壁，平底。长4.24、宽2.6～2.72、深1.24～1.4米。墓室壁为条砖顺置错缝平砌，铺地砖为条砖斜向错缝平铺。在墓室西侧有棺床1处，平面形状呈长方形，长2.78、宽2.1、高0.16米。

葬具　不详。

葬式、性别及年龄　墓葬盗扰严重，未见人骨，故其葬式、性别及年龄均不详。

（二）随葬品

无。

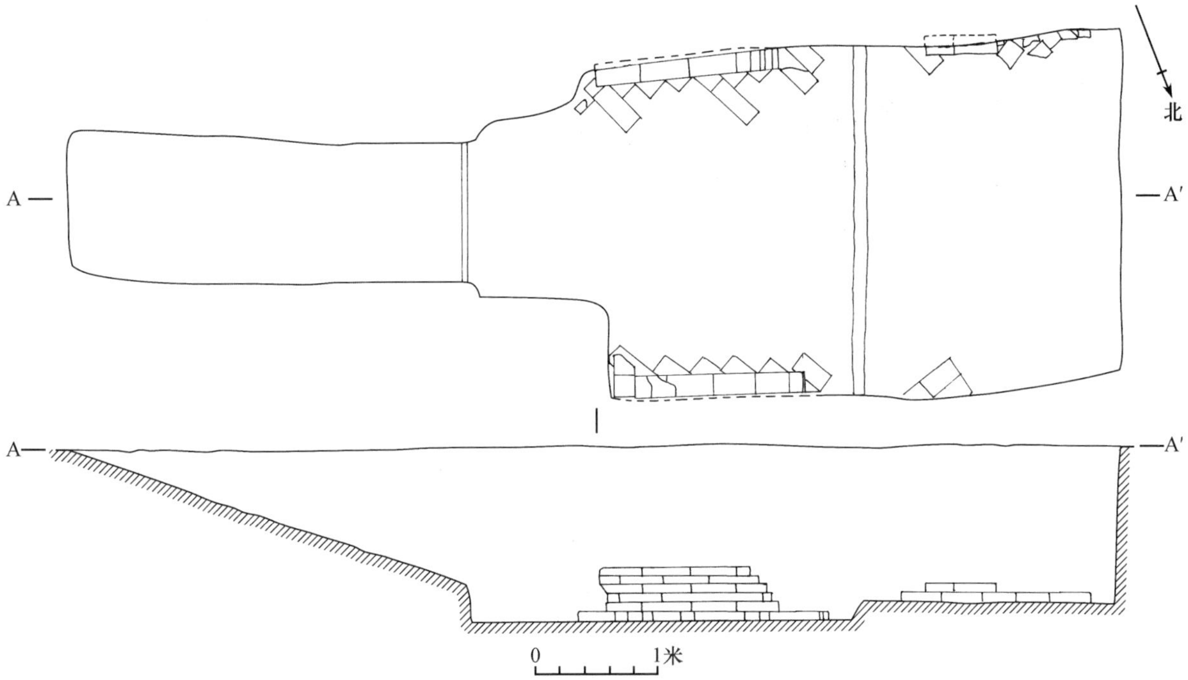

图一一六 M36平、剖面图

M37

（一）墓葬概况

位于ⅡT0501中东部，开口于第2层下，打破生土，口部距地表深0.5米，方向200°。该墓为斜坡墓道砖券洞室墓，平面形状呈“凸”字形，由墓道、甬道、墓室三部分组成（图一一七）。

墓道 位于墓室南部，平面形状呈梯形，直壁。口部长2.95、宽0.96～1.3米；底呈斜坡状，坡度20°，坡长3.18米；深0～1.1米。

甬道 位于墓道北部，顶部不存。平面形状呈梯形，南窄北宽，直壁，平底。进深1.44、宽1.3～1.66、残高1.3米。甬道壁为条砖纵向错缝叠砌而成，铺地砖为条砖斜向错缝平铺。

墓室 位于墓道北部，平面形状呈弧方形，直壁，平底。长3.7、宽2.4～3.1、深1.23～1.33米。墓室壁为条砖顺置错缝平砌，铺地砖为条砖斜向错缝平铺。墓室北侧有棺床1处，平面呈长方形，长3.1、宽2.36、高0.1米。条砖规格为34厘米×14厘米×6厘米。

葬具 不详。

葬式、性别及年龄 墓葬盗扰严重，未见人骨，故其葬式、性别及年龄均不详。

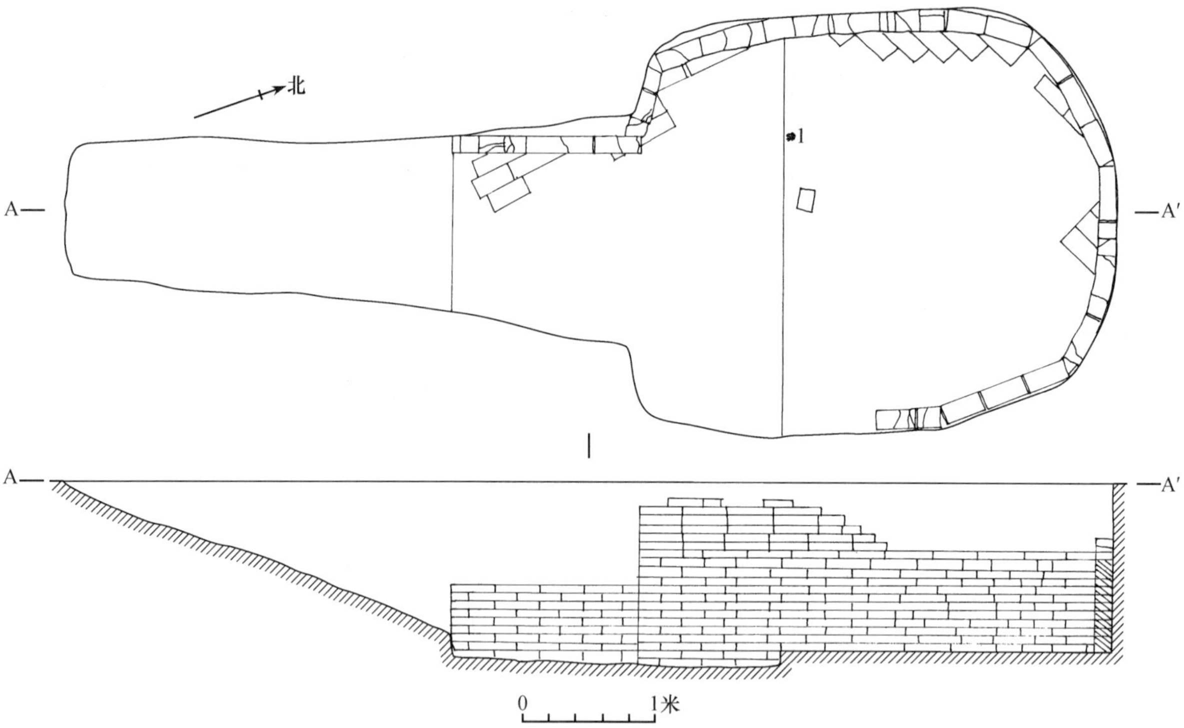

图一一七　M37平、剖面图

1. 铜钱

（二）随葬品

铜钱　39枚（图版三五，6）。钱文均为“五铢”，正、背面均有外郭，穿背面有内郭。现择其精良者介绍如下。M37：1-1，钱径2.4、穿径0.98、厚0.1厘米，重2.4克（图一一八，

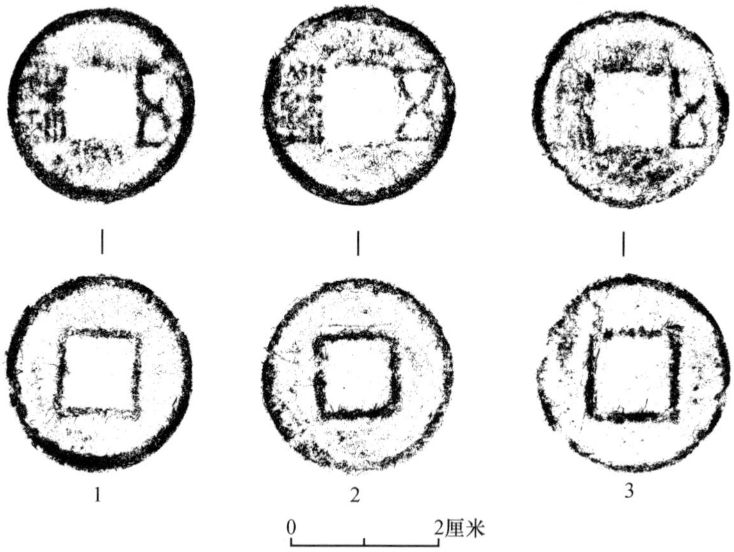

图一一八　M37出土铜钱拓本

1～3. 五铢钱（M37：1-1、M37：1-2、M37：1-3）

1）。M37：1-2，钱径2.5、穿径0.97、厚0.1厘米，重2.5克（图一一八，2）。M37：1-3，钱径2.5、穿径0.98、厚0.1厘米，重2.5克（图一一八，3）。

M38

（一）墓葬概况

位于ⅡT0401东北部，开口于第2层下，打破生土，口部距地表深0.45米，方向14°。该墓为竖穴土坑墓（图一一九）。

墓室　平面形状呈长方形，斜壁，平底。口部长3.5、宽1.1米，底部长2.88、宽0.98～1米，深1米。

葬具　不详。

葬式、性别及年龄　墓葬盗扰严重，未见人骨，故其葬式、性别及年龄均不详。

（二）随葬品

无。

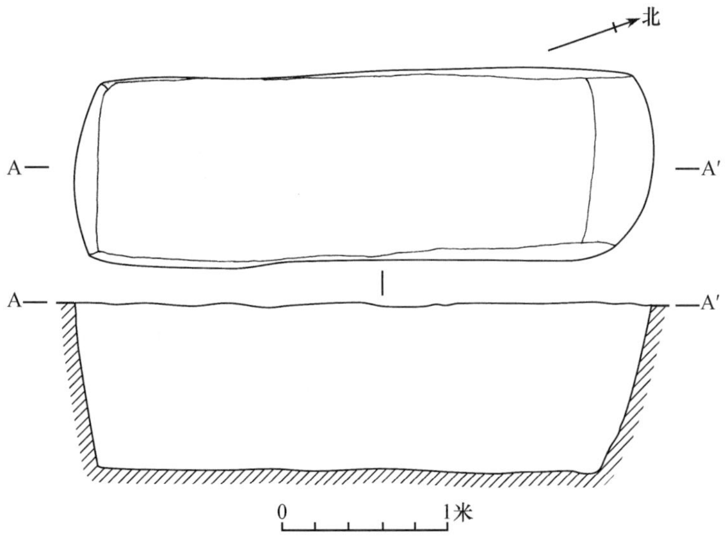

图一一九　M38平、剖面图

M39

（一）墓葬概况

位于ⅡT0302东北部和ⅡT0402西部，开口于第2层下，打破生土，口部距地表深0.4～0.45米，方向125°。该墓为斜坡墓道砖室墓，平面形状呈“凸”字形，由墓道、甬道、封门、墓室四部分组成（图一二〇；图版三，1）。

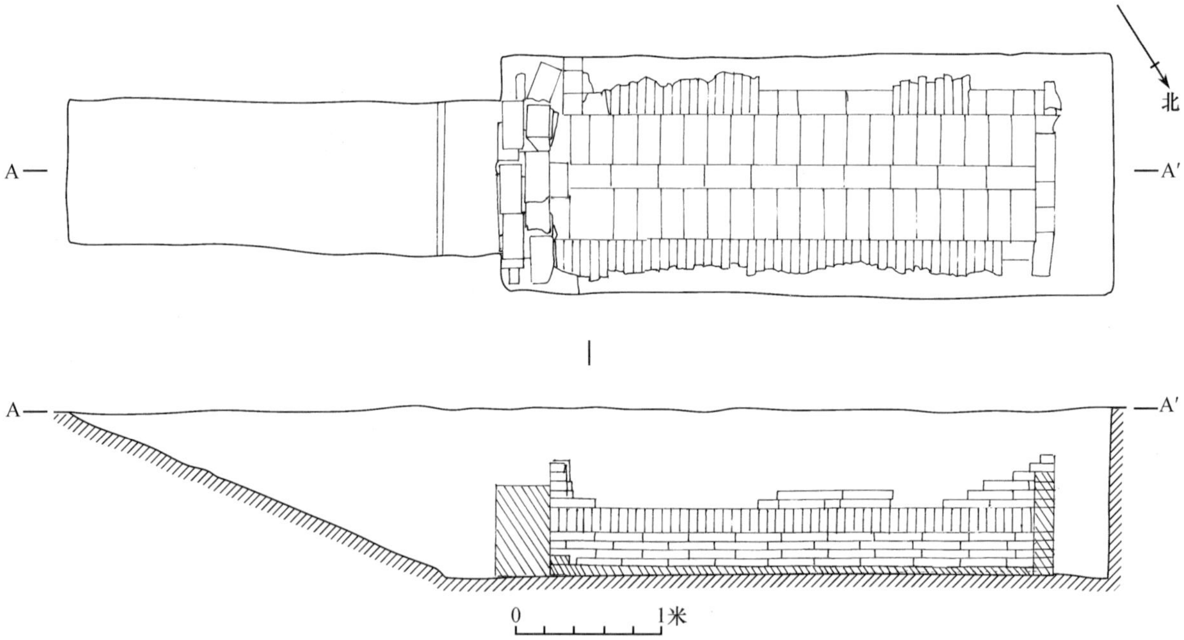

图一二〇　M39平、剖面图

墓道　位于墓室东部，平面形状呈梯形，东窄西宽，直壁。口部长3、宽0.96～1.02米；底部呈斜坡状，坡度22°，坡长2.8米；深0～1.15米。

甬道　位于墓室东部，顶部不存，平面形状呈长方形。进深0.36、宽0.96～1.02、残高1.15米。

封门　位于甬道西部，上部被破坏，为条砖横向一层平铺、纵向一层平铺，纵横交错相叠而成。封门墙厚0.32、宽1.12、残高0.62米。

墓室　位于墓道西侧，平面形状呈长方形，直壁，平底。口部长4.2、宽1.6米，底部长3.3、宽0.83米，深1.04米。墓室四壁除第五层为条砖侧立丁砌，其余均为条砖顺置错缝平砌；铺地砖分为三排，中间为单砖纵向平铺，两侧为单砖横向平铺。条砖纹饰为菱形纹。

葬具　不详。

葬式、性别及年龄　墓葬盗扰严重，未见人骨，故其葬式、性别及年龄均不详。

（二）随葬品

无。

M40

（一）墓葬概况

位于ⅡT0403东部和ⅡT0503西部，开口于第2层下，打破生土，口部距地表深0.6米，方向200°。该墓为斜坡墓道砖室墓，平面形状呈“刀”形，由墓道、封门、甬道、墓室四部分组成（图一二一；图版三，2）。

墓道　位于甬道南部，平面形状呈长方形，直壁。口部长2.64、宽1.16～1.4米；底呈斜坡状，坡度23°，底坡长3.2、宽1.1～1.4米；深0.6～2米。

封门　位于甬道南端，双层封门，条砖顺置错缝平砌。宽0.96、高0.9、墙厚0.36米。

甬道　位于墓道北部，顶部不存，平面形状呈长方形。进深1.5、宽1、残高0.94米。甬道壁为条砖顺置错缝平砌。

墓室　位于甬道的北端，券顶大部分已被破坏，平面形状呈长方形。口长4、宽2.14、高2.04米。墓室四壁为条砖顺置错缝平砌，从底部第25层砖开始起券，券顶是用楔形砖侧立错缝而砌；铺地砖为条砖横向错缝平铺。在墓室北部有棺床1处，长3、宽1.65、高0.25米（图版三，4）。

葬具　不详。

葬式、性别及年龄　墓葬盗扰严重，未见人骨，葬式、性别及年龄均不详。

（二）随葬品

位于在棺床的西南角及墓室的西南角，种类为陶器、铜钱。

（1）陶器

罐　3件。泥质灰陶。方唇，平底。M40：1，盘口，唇面微凹，束颈，溜肩，深弧腹，上腹部饰有两个对称桥形耳，肩、腹部饰有细绳纹，间有抹痕。口径20、腹径27、底径15、高30.6厘米（图一二二，8；图版三六，1）。M40：2，直口，鼓腹。口径11、腹径16.2、底径10.5、高13.5厘米（图一二二，7；图版三六，2）。M40：13，直口，鼓腹。口径8、腹径12、底径8、高7.8厘米（图一二二，3；图版三七，5）。

盆　1件。M40：9，泥质灰陶。敞口，平折沿，方唇，斜腹，平底。口径10.5、底径4.8、高4.8厘米（图一二二，12；图版三七，1）。

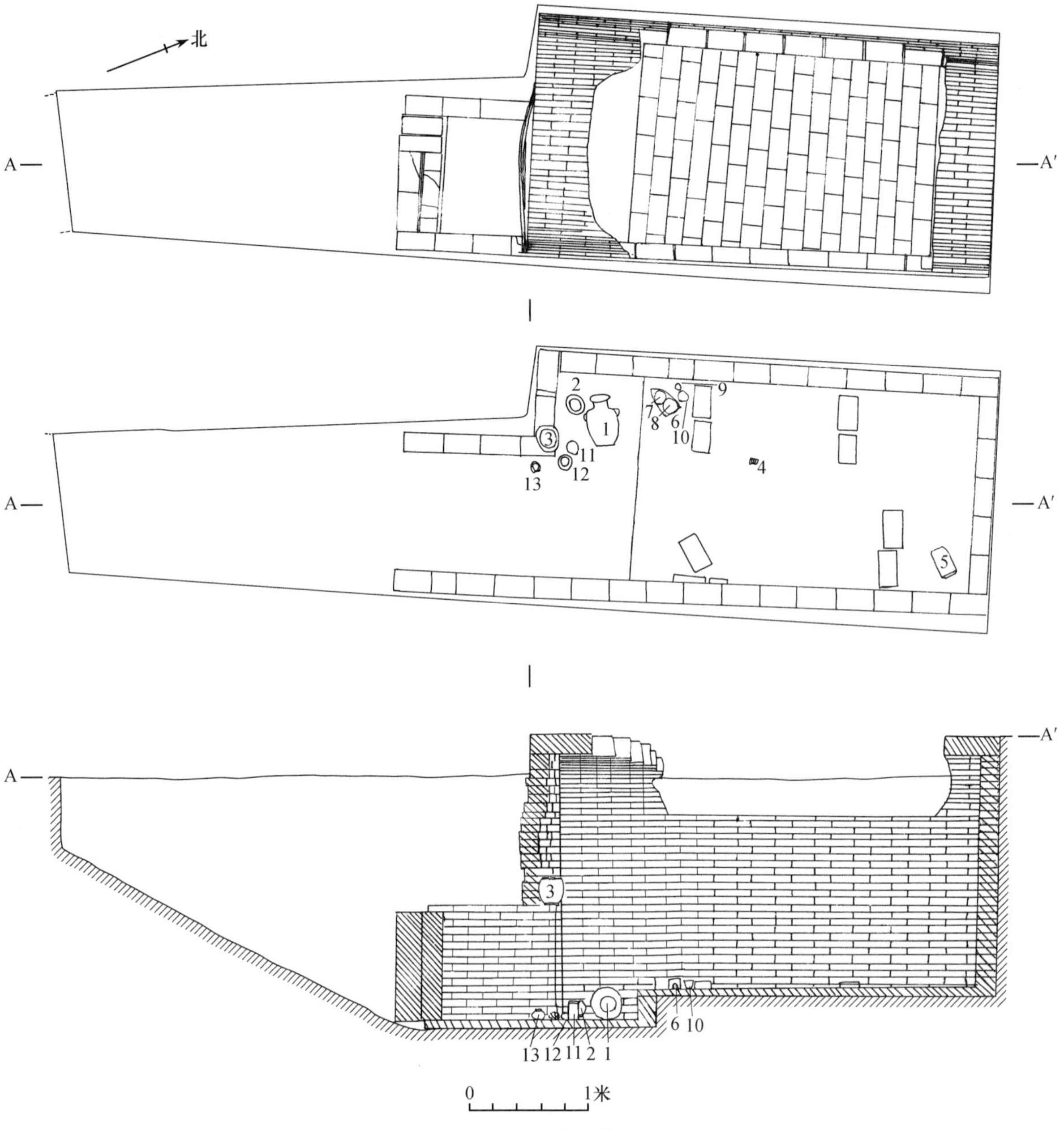

图一二一　M40平、剖面图

1、2、13. 陶罐　3. 陶瓮　4. 铜钱　5、11. 陶仓　6. 陶灶　7、12. 陶釜　8. 陶甑　9. 陶盆　10. 陶井

瓮　1件。M40：3，泥质灰陶。直口，方唇，圆肩，鼓腹。口径23、腹径23.5、底径19、高27厘米（图一二二，9）。

仓　2件。泥质灰陶。敛口，斜肩，筒腹，平底。M40：5，口径9、腹径13、底径11.5、高13.2厘米（图一二二，5；图版三六，3）。M40：11，口径9.6、腹径13、底径11、高13.8厘米（图一二二，6；图版三七，3）。

灶　1件。M40：6，泥质灰陶。灶面呈弧边三角形，灶面上有一个圆形火眼，前壁有一个半圆形火门，灶后有斜圆柱形烟囱，烟道不通。长22.1、宽16、高6厘米（图一二二，1；图版三六，4）。

甑　1件。M40：8，泥质灰陶。敞口，平折沿，方唇，弧腹，平底，底部有圆形箅孔。中腹有一周凸棱。口径9、底径3.5、高 3.5厘米（图一二二，11；图版三六，6）。

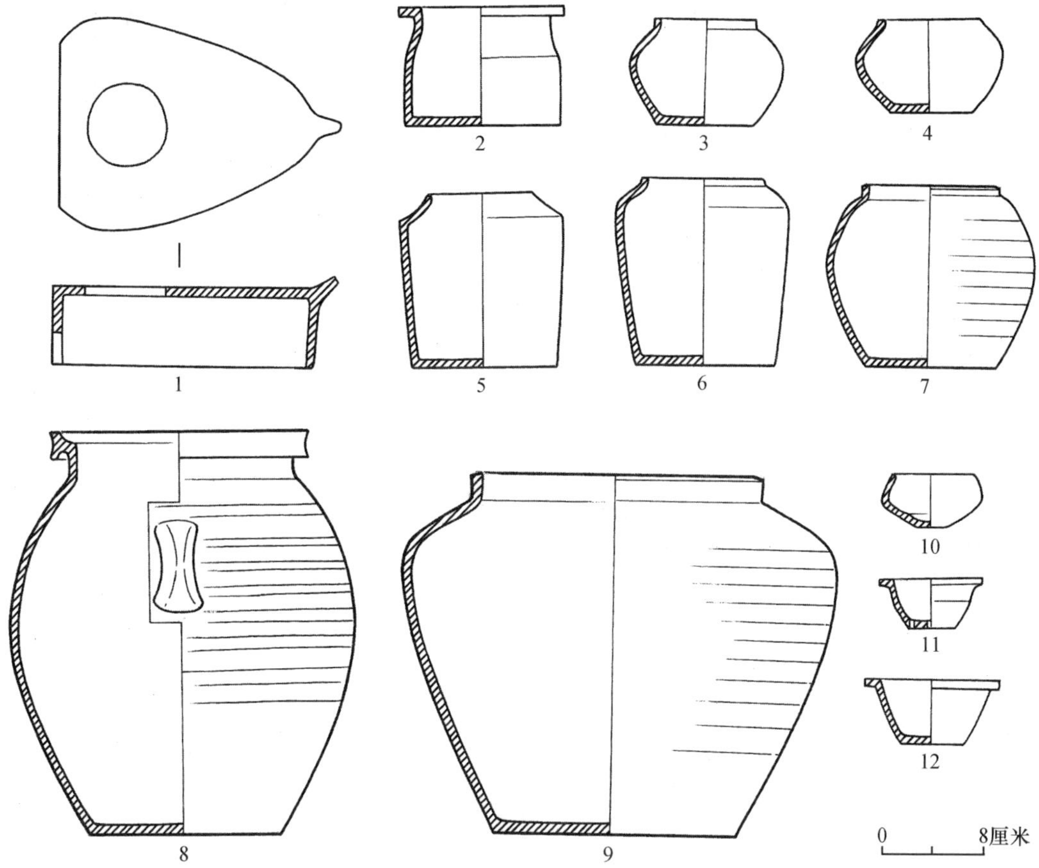

图一二二　M40出土器物

1. 陶灶（M40：6）　2. 陶井（M40：10）　3、7、8. 陶罐（M40：13、M40：2、M40：1）　4、10. 陶釜（M40：12、M40：7）　5、6. 陶仓（M40：5、M40：11）　9. 陶瓮（M40：3）　11. 陶甑（M40：8）　12. 陶盆（M40：9）

釜　2件。泥质灰陶。敛口，圆唇。M40：7，扁鼓腹，圜底。口径6.4、腹径8、底径2.5、高4厘米（图一二二，10；图版三六，5）。M40：12，鼓腹，平底。口径8、腹径11.6、底径6.2、高7厘米（图一二二，4；图版三七，4）。

井　1件。M40：10，泥质灰陶。敛口，平折沿，方唇，束颈，腹部较直，平底。口径13、底径12、高9厘米（图一二二，2；图版三七，2）。

（2）铜钱

铜钱　3枚。M40：4，钱文均为“五铢”，正、背面均有外郭，穿背面有内郭。形制相同。M1：40-1，钱径2.5、穿径0.97、厚0.1厘米，重2.4克。

M41

（一）墓葬概况

位于ⅡT0302东部，开口于第2层下，墓道被M39打破，打破生土，口部距地表深0.45米，

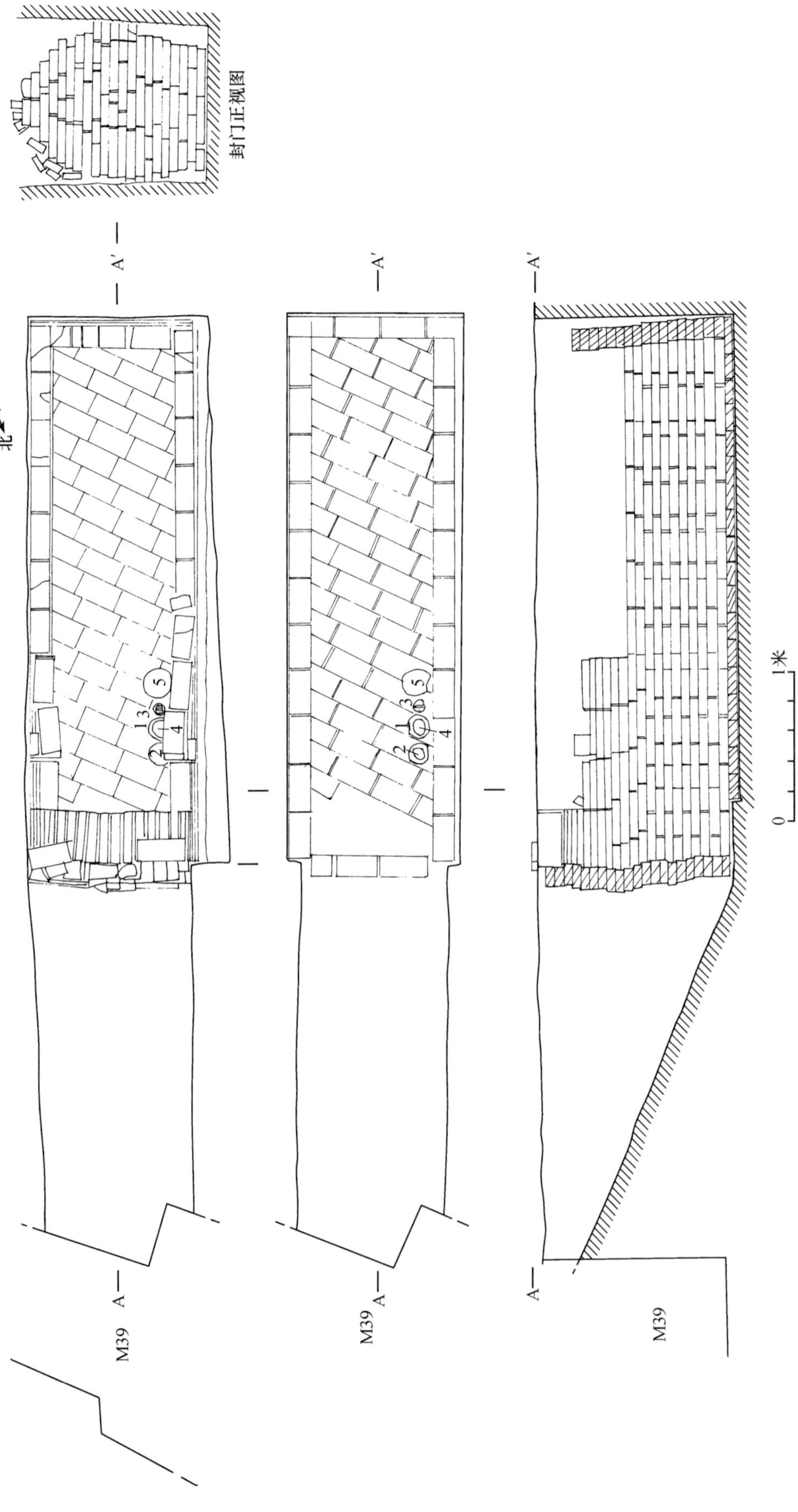

图一二三　M41平、剖面图

1. 陶井　2. 陶仓　3. 陶磨　4. 陶盆　5. 陶炉

方向21°。该墓为斜坡墓道砖券洞室墓，平面形状呈“刀”形，由墓道、封门、甬道、墓室四部分组成（图一二三；图版三，3）。

墓道　位于墓室北部，平面形状近长方形，直壁。口部残长2.14～2.24、宽1.1米；底部呈斜坡状，坡度23°，底坡残长2.68米；残深0.26～1.34米。

封门　位于墓道南部，正视呈长方形，顶部为券顶，条砖侧立券成，条砖之间夹有板瓦片。封门为条砖顺置错缝平砌，共21层。封门宽1.06～1.12、高1.28米（图版四，1）。

甬道　位于墓室北部，顶部为券顶，楔形条砖起券，平面形状呈长方形。进深0.7、宽0.86、高1.15米。甬道壁为条砖顺置错缝平砌，从第13层开始起券，铺地砖为条砖斜向错缝平铺。

墓室　位于墓道南部，平面形状呈长方形，直壁，平底。口部长2.96、宽1.26～1.3、深1.3米。墓室顶部为券顶，破坏严重，四壁为条砖顺置错缝平砌，从第14层开始起券；铺地砖为条砖斜向平铺。条砖规格有三种，分别为30厘米×16厘米×（4～6）厘米、32厘米×16厘米×6厘米、30厘米×16厘米×6厘米，纹饰为菱形纹。

葬具　不详。

葬式、性别及年龄　墓葬盗扰严重，未见人骨，故其葬式、性别及年龄均不详。

（二）随葬品

随葬品主要发现在墓葬的西北角，共5件，均为陶器。

盆　1件。M41：4，泥质灰陶。直口微敛，斜方唇，上腹较直，下腹斜收，平底，中腹有一周凸棱。口径11、底径6、高4.8厘米（图一二四，5；图版三八，3）。

仓　1件。M41：2，泥质灰陶。敛口，筒腹，弧壁略鼓，平底。上腹有数周凹弦纹。口径

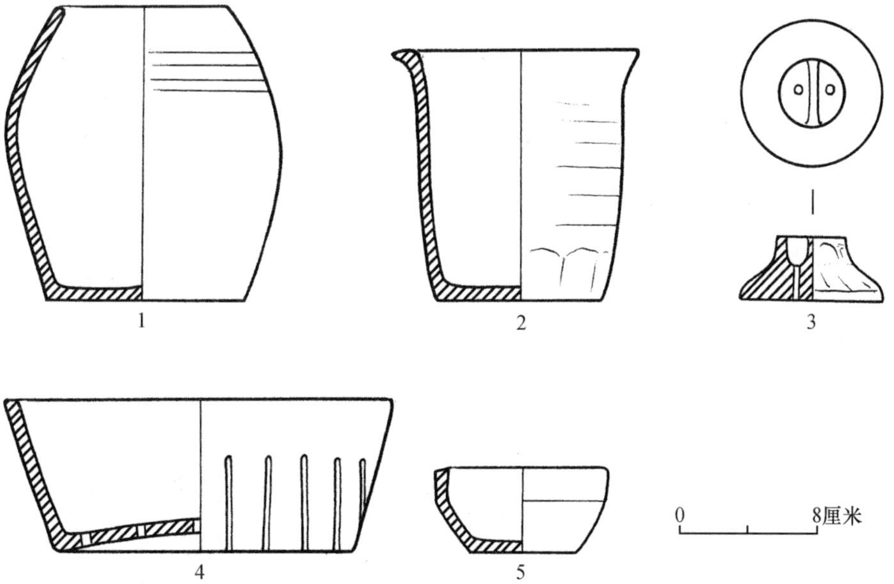

图一二四　M41出土器物

1. 陶仓（M41：2）　2. 陶井（M41：1）　3. 陶磨（M41：3）　4. 陶炉（M41：5）　5. 陶盆（M41：4）

10、腹径16、底径12、高16.5厘米（图一二四，1；图版三八，1）。

井　1件。M41：1，泥质灰陶。直口微敞，卷沿，尖圆唇，筒腹，平底。口径15、底径9.6、高14厘米（图一二四，2；图版三七，6）。

磨　1件。M41：3，泥质灰陶。喇叭形，平底，上口为圆形，中间有一道隔梁将其分为两部分，每侧各有一个圆形小孔。口径4、底径8、高3.5厘米（图一二四，3；图版三八，2）。

炉　1件。M41：5，泥质灰陶。敞口，方唇，斜腹，平底内凹，腹上有长条形凹槽并与底部相通，底部有孔。口径22、底径17.6、高9厘米（图一二四，4；图版三八，4）。

M42

（一）墓葬概况

位于ⅡT0401中部，开口于第2层下，打破生土，口部距地表深0.5米，方向115°。该墓为斜坡墓道砖券洞室墓，平面形状呈“凸”字形，由墓道、甬道、墓室三部分组成（图一二五）。

墓道　位于墓室南部，平面形状呈长方形，斜壁。口部长1.8、宽1.2～1.28米；底呈斜坡状，坡度28°，坡长1.96、宽1.12～1.24米；深0～0.82米。

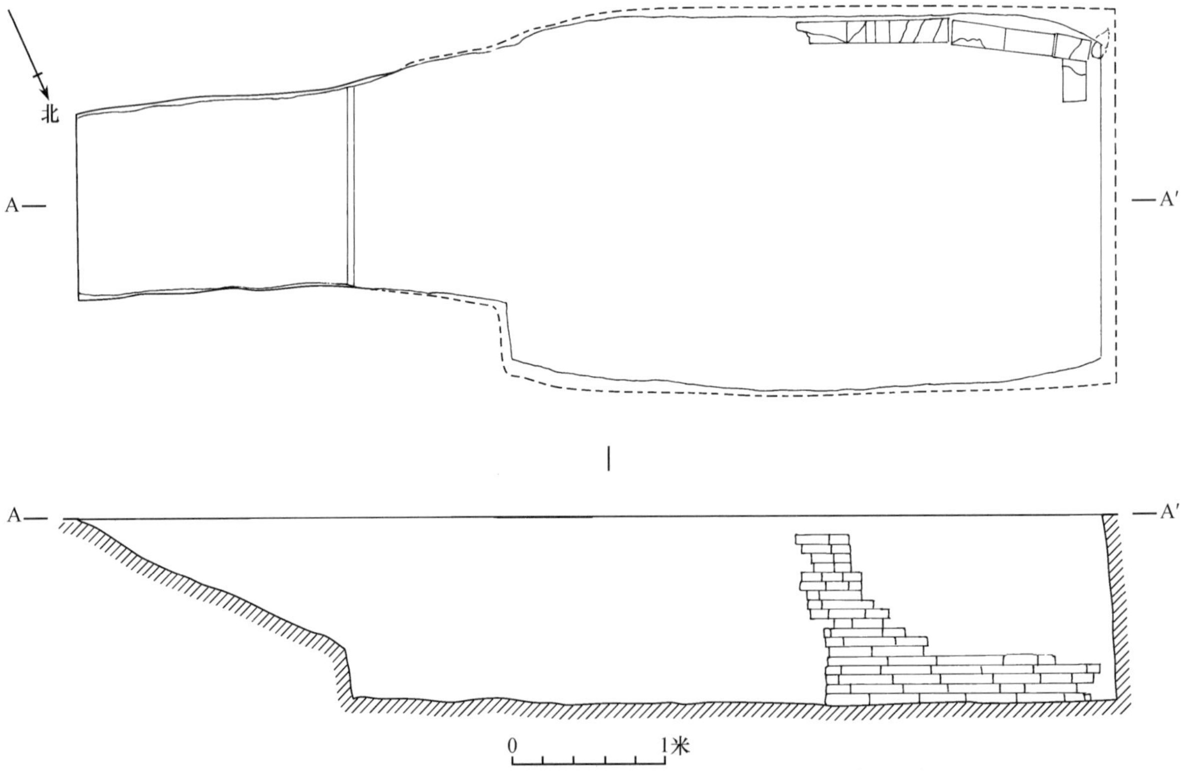

图一二五　M42平、剖面图

甬道　位于墓道北部，顶部不存。平面形状呈梯形，南窄北宽，斜壁，平底。进深1.04、宽1.28～1.7、高1.18～1.2米。

墓室　位于墓道北部，平面形状呈长方形，口小底大，斜壁，平底。口部长3.94、宽2～2.3米，底部长4.04、宽2.4～2.44米，残深1.2米。墓室壁为条砖顺置错缝平砌。条砖规格为38厘米×16厘米×6厘米。

葬具　不详。

葬式、性别及年龄　墓葬盗扰严重，未见人骨，故其葬式、性别及年龄均不详。

（二）随葬品

无。

M43

（一）墓葬概况

位于ⅡT0301西部，开口于第2层下，打破生土，口部距地表深0.55米，方向21°。该墓为斜坡墓道砖券洞室墓，平面形状呈“凸”字形，由墓道、甬道、墓室三部分组成（图一二六）。

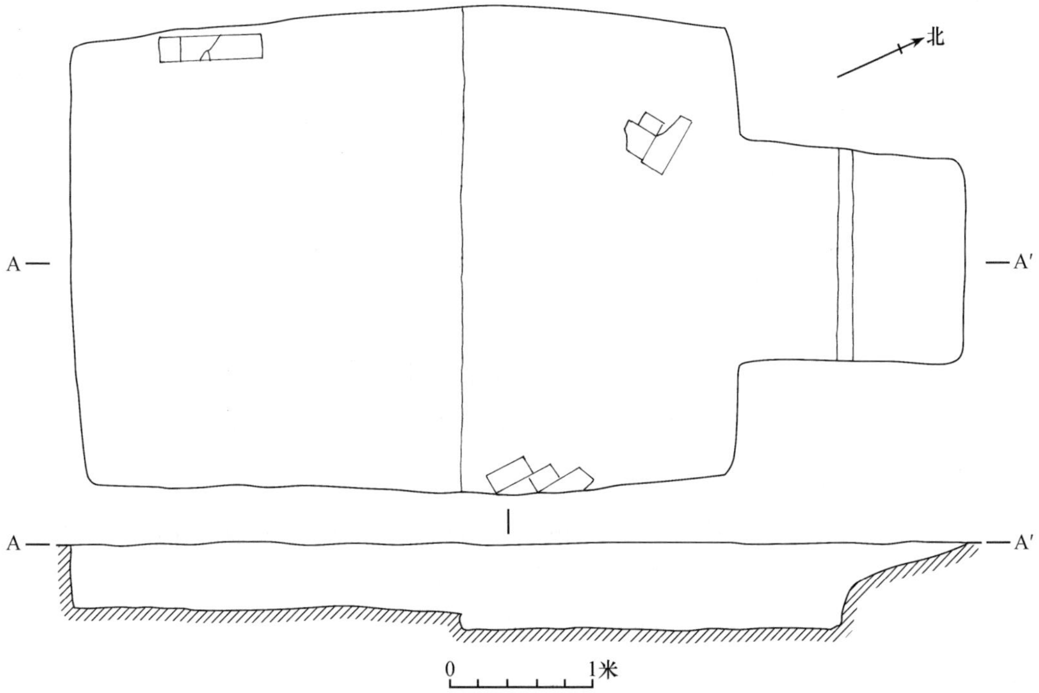

图一二六　M43平、剖面图

墓道　位于墓室北部，平面形状呈长方形，直壁。口部残长0.8、宽1.4～1.46米；底呈斜坡状，坡度18°，底坡残长0.85米；深0～0.26米。

甬道　位于墓道南部，平面形状呈长方形，直壁，平底。进深0.7、宽1.54、残高0.58米。

墓室　位于墓道南部，平面形状呈长方形，直壁，平底。长4.7、宽3.24、残深0.58米。墓室壁为条砖顺置错缝平砌，铺地砖为条砖斜向错缝平铺。在墓室南部有棺床1处，长3.24、宽2.72、高0.1米。

葬具　不详。

葬式、性别及年龄　墓葬盗扰严重，未见人骨，故其葬式、性别及年龄均不详。

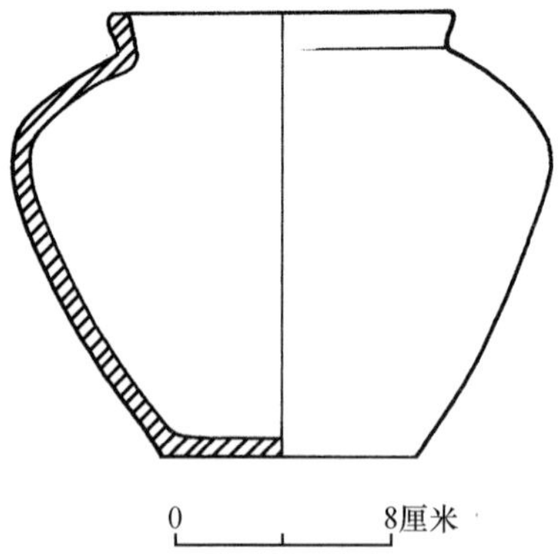

图一二七　M43出土器物
陶罐（M43：1）

（二）随葬品

随葬品出土较少，仅在淤土中发现1件陶器。

罐　1件。M43：1，泥质灰陶。直口微侈，方圆唇，矮领，鼓肩，弧腹，平底。口径13、腹径20、底径11、高16厘米（图一二七；图版三八，5）。

M44

（一）墓葬概况

位于ⅡT0403中部偏西和ⅡT0404南部，开口于第2层下，打破生土，口部距地表深0.4米，方向216°。该墓为斜坡墓道砖券洞室墓，平面形状呈“凸”字形，由墓道、封门、甬道、墓室四部分组成（图一二八）。

墓道　位于墓室南部，平面形状呈长方形，直壁。口部长3.2、宽1.1 米；底呈斜坡状，坡度24°，距口部深1.06米处有一个宽0.32米的台阶，底坡长3.6、宽1.1米；深0～1.7米。

封门　位于墓道北部，正视呈长方形，封门为条砖顺置错缝平砌。封门宽1.1、高0.98米。

甬道　位于墓室南部，平面形状呈长方形。进深2.3、宽0.8、高0.6米。甬道壁为条砖顺置错缝平砌，铺地砖为条砖斜向错缝平铺。

墓室　位于墓道北部，平面形状呈长方形，直壁，平底。长3.24、宽1.1、深1.7米。墓室顶部为券顶，已破坏，从第14层开始起券，券砖为楔形砖，券砖残存9层。墓室四壁为条砖顺置错缝平砌，铺地砖为条砖斜向平铺。条砖规格为32厘米×16厘米×6厘米，纹饰为菱形纹。

葬具　不详。

葬式、性别及年龄　墓葬盗扰严重，未见人骨，故其葬式、性别及年龄均不详。

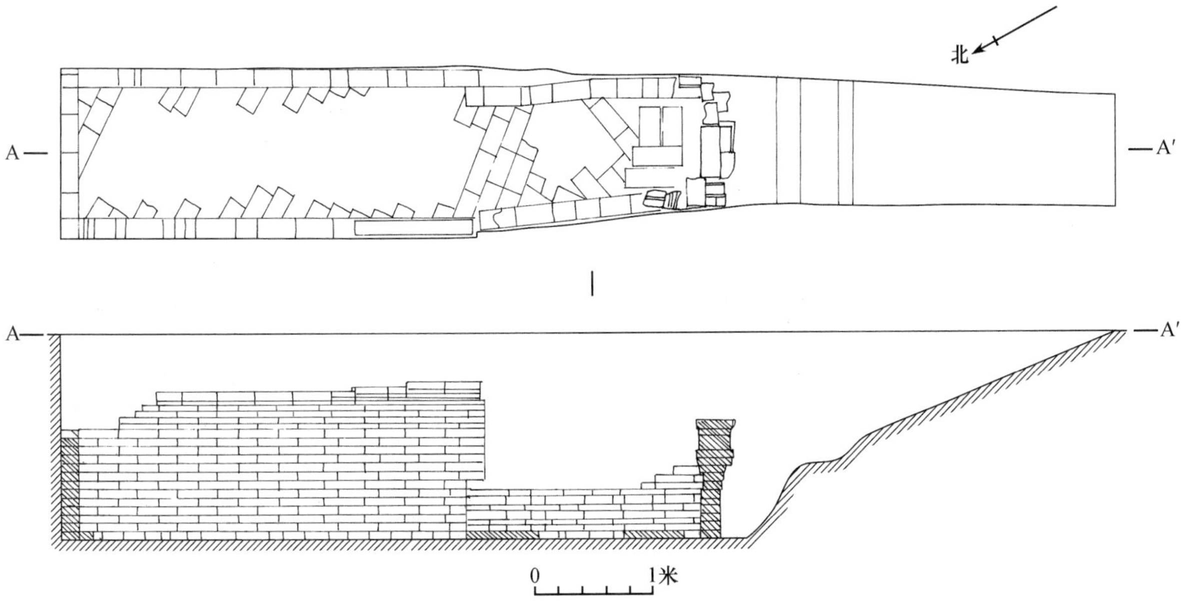

图一二八　M44平、剖面图

（二）随葬品

无。

M45

（一）墓葬概况

位于ⅡT0402西南部和ⅡT0401西北部，开口于第2层下，打破生土，口部距地表深0.45米，方向24°。该墓为斜坡墓道砖券洞室墓，平面形状呈“凸”字形，由墓道、甬道、墓室三部分组成（图一二九）。

墓道　位于墓室北部，平面形状呈长方形，直壁。口部残长0.48、宽1.2米；底呈斜坡状，坡度24°，底坡残长0.54米；残深0～0.24米。

甬道　位于墓道南部，平面形状呈长方形，直壁，平底。进深0.88、宽1.44、残高0.24米。甬道壁为条砖顺置错缝平砌。

墓室　位于墓道南部，平面形状呈长方形，东、西两壁呈弧形，平底。长3.4、宽2.66、残深0.24米。墓室壁为条砖顺置错缝平砌。

葬具　不详。

葬式、性别及年龄　墓葬盗扰严重，未见人骨，故其葬式、性别及年龄均不详。

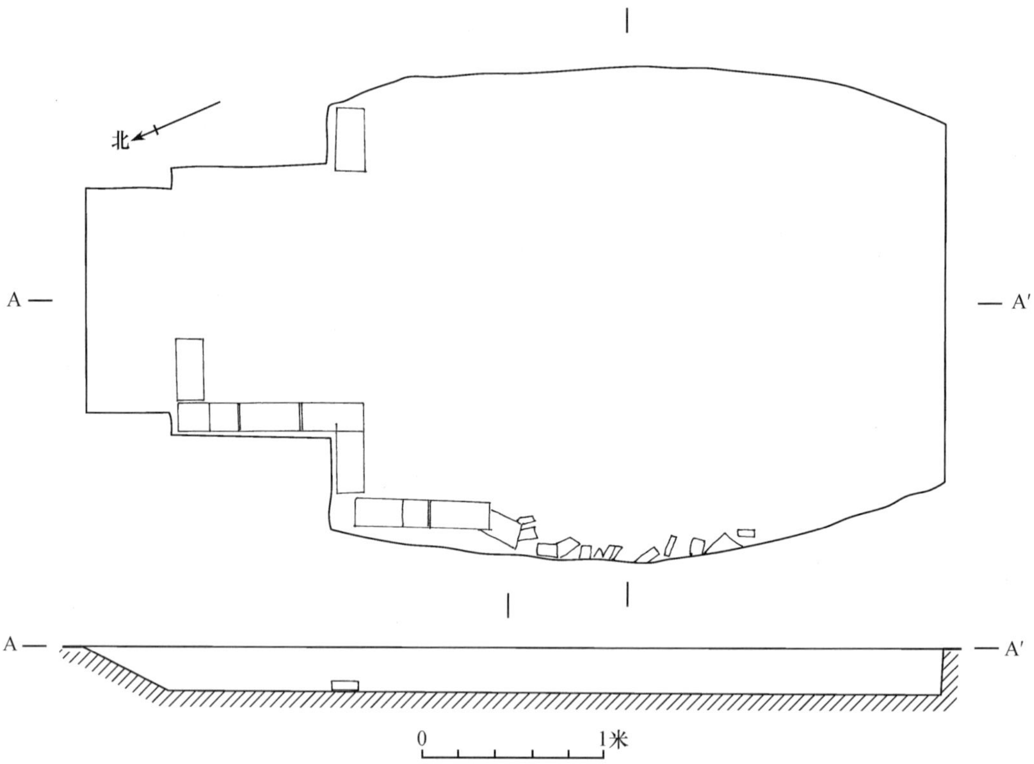

图一二九　M45平、剖面图

（二）随葬品

随葬品出土于淤土中，均为铜钱。

铜钱　20枚（图一三〇、图一三一）。钱文均为“五铢”，其中1枚为剪轮五铢，仅穿背面有内郭；其余19枚正、背面均有外郭，穿背面有内郭。M45：1-1，钱径2.62、穿径0.95、厚0.1厘米，重2.4克（图一三〇，1）。M45：1-2，钱径2.56、穿径0.96、厚0.1厘米，重2.4克（图一三〇，2）。M45：1-3，钱径2.48、穿径0.94、厚0.1厘米，重2.4克（图一三〇，3）。M45：1-4，钱径2.48、穿径0.91、厚0.1厘米，重2.3克（图一三〇，4）。M45：1-5，钱径2.53、穿径0.88、厚0.12厘米，重2.3克（图一三〇，5）。M45：1-6，钱径2.29、穿径1.08、厚0.1厘米，重2克（图一三〇，6）。M45：1-7，钱径2.56、穿径0.98、厚0.1厘米，重2.4克（图一三〇，7）。M45：1-8，钱径2.57、穿径0.98、厚0.1厘米，重2.45克（图一三〇，8）。M45：1-9，钱径2.6、穿径0.99、厚0.1厘米，重2.5克（图一三〇，9）。M45：1-10，钱径2.51、穿径1、厚0.09厘米，重2.4克（图一三〇，10）。M45：1-11，钱径2.55、穿径0.88、厚0.1厘米，重2.4克（图一三〇，11）。M45：1-12，钱径2.65、穿径1.03、厚0.1厘米，重2.4克（图一三〇，12）。M45：1-13，钱径2.46、穿径0.88、厚0.1厘米，重2.4克（图一三〇，13）。M45：1-14，钱径2.6、穿径0.98、厚0.1厘米，重2.4克（图一三〇，14）。M45：1-15，钱径2.49、穿径0.91、厚0.11厘米，重2.4克（图一三〇，15）。M45：1-16，钱径2.56、穿径

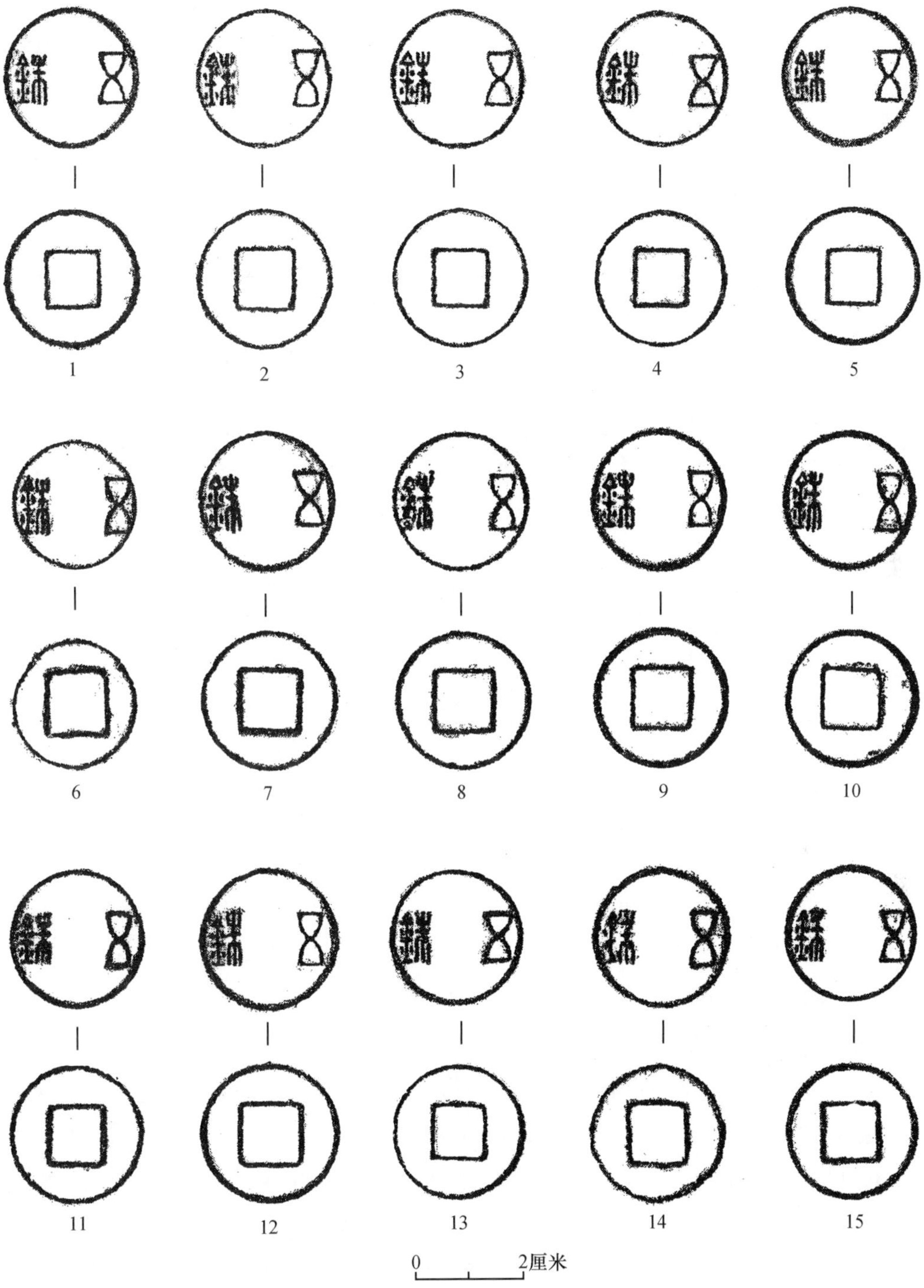

图一三〇　M45出土铜钱拓本

1～15. 五铢钱（M45：1-1、M45：1-2、M45：1-3、M45：1-4、M45：1-5、M45：1-6、M45：1-7、M45：1-8、M45：1-9、M45：1-10、M45：1-11、M45：1-12、M45：1-13、M45：1-14、M45：1-15）

0.96、厚0.12厘米，重2.5克（图一三一，1）。M45：1-17，钱径2.51、穿径0.93、厚0.11厘米，重2.4克（图一三一，2）。M45：1-18，钱径2.6、穿径0.97、厚0.1厘米，重2.4克（图一三一，3）。M45：1-19，钱径2.45、穿径0.94、厚0.1厘米，重2.5克（图一三一，4）。M45：1-20，钱径2.58、穿径0.94、厚0.1厘米，重2.4克（图一三一，5）。

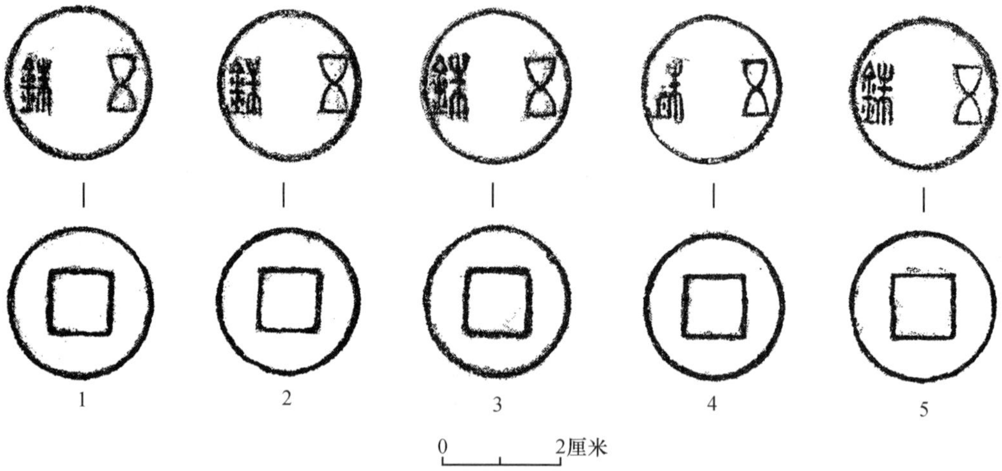

图一三一　M45出土铜钱拓本

1～5. 五铢钱（M45：1-16、M45：1-17、M45：1-18、M45：1-19、M45：1-20）

M46

（一）墓葬概况

位于ⅡT0402西南部，开口于第2层下，被M39打破，打破生土，口部距地表深0.4～0.45米，方向25°。该墓为斜坡墓道砖券洞室墓，平面形状呈“刀”形，由墓道、封门、甬道、墓室四部分组成（图一三二）。

墓道　位于墓室北部，平面形状近梯形，直壁。口部长3、宽0.96～1.46米；底呈斜坡状，坡度25°，坡长2.8米；底坡南端有长0.4米的平底；深0～1.12米。

封门　位于墓道南端，残存2层，为条砖顺置错缝平砌。封门宽0.72、残高0.12米。

甬道　位于墓室北部，平面形状呈长方形。进深0.65、宽0.98、高1.3米。甬道顶部为券顶，由楔形砖侧立齐缝券成，券高1.16米，从第14层开始起券。甬道壁为条砖顺置错缝平砌，铺地砖为条砖斜向错缝平铺。

墓室　位于墓道南部，平面形状呈长方形，直壁，平底。长3.16、宽1.27、深1.3米。墓室四壁为条砖顺置错缝平砌，铺地砖为条砖斜向平铺。条砖规格有三种，分别为32厘米×16厘米×（4～6）厘米、30厘米×16厘米×6厘米、30厘米×15厘米×6厘米。

葬具　不详。

葬式、性别及年龄　墓葬盗扰严重，未见人骨，故其葬式、性别及年龄均不详。

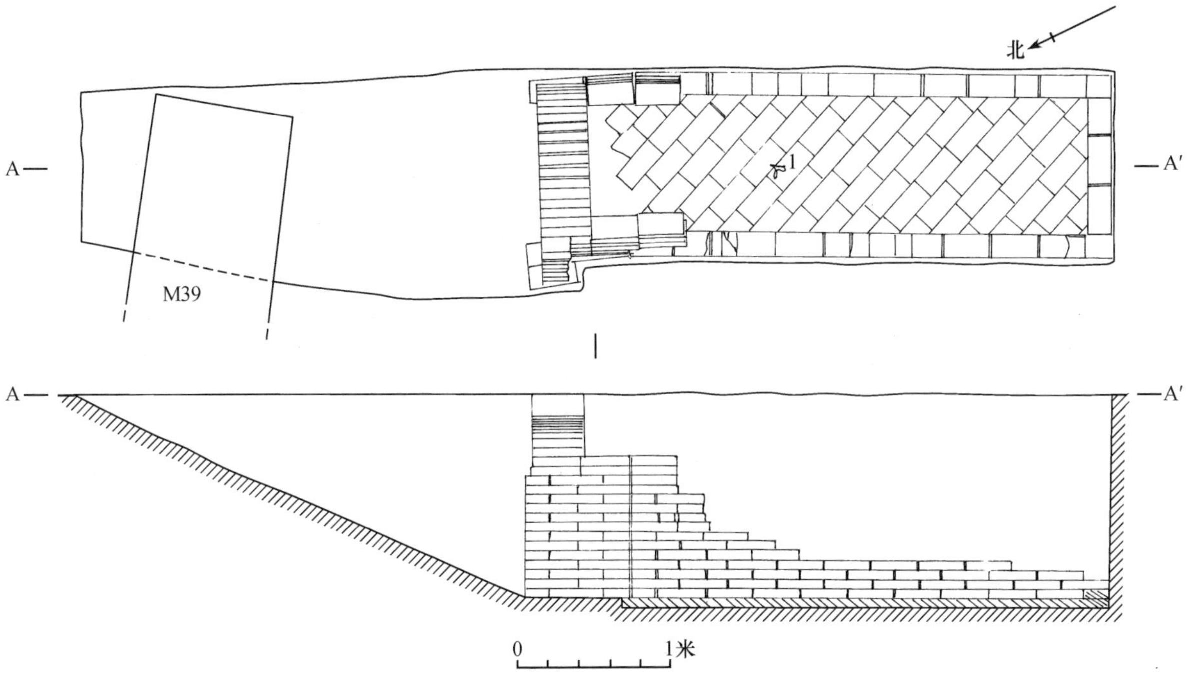

图一三二　M46平、剖面图

（二）随葬品

随葬品发现较少，仅在墓室北部清理1件，质地为铅。

马衔　1件。M46：1，衔身呈“S”形，两端均有钩，两衔互相咬合。长9厘米（图一三三；图版三八，6）。

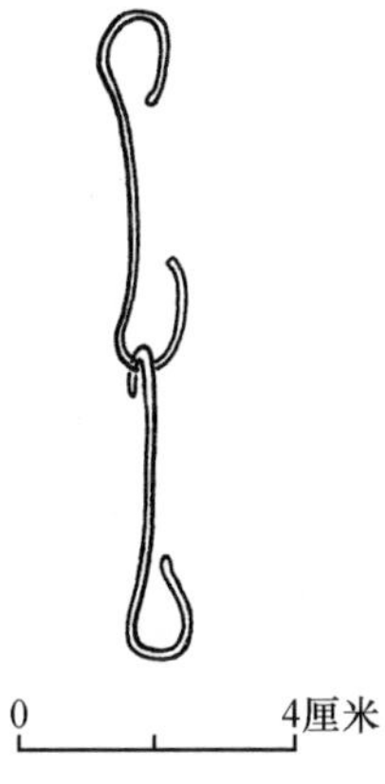

图一三三　M46出土器物

铅马衔（M46：1）

M47

（一）墓葬概况

位于ⅡT0505中部偏南，开口于第2层下，打破生土，口部距地表深0.5～0.55米，方向185°。该墓为斜坡墓道砖券洞室墓，平面形状呈“凸”字形，由墓道、甬道、墓室三部分组成（图一三四）。

墓道　位于墓室南部，平面形状近长方形，直壁。口部残长1.2、宽1.1～11.4米；底呈斜坡状，坡度17°，底坡残长1.24米；残深0～0.4米。

甬道　位于墓道北部，平面形状呈长方形，直壁，平底。进深1.6、宽1.38、残高0.64米。

墓室　位于墓道北部，平面形状呈长方形，壁微弧，平底。长3.7、宽2.73、残深0.64米。东、西壁呈弧形，墓室壁为条砖顺置错缝平砌，铺地砖为条砖斜向平铺。在墓室北部有

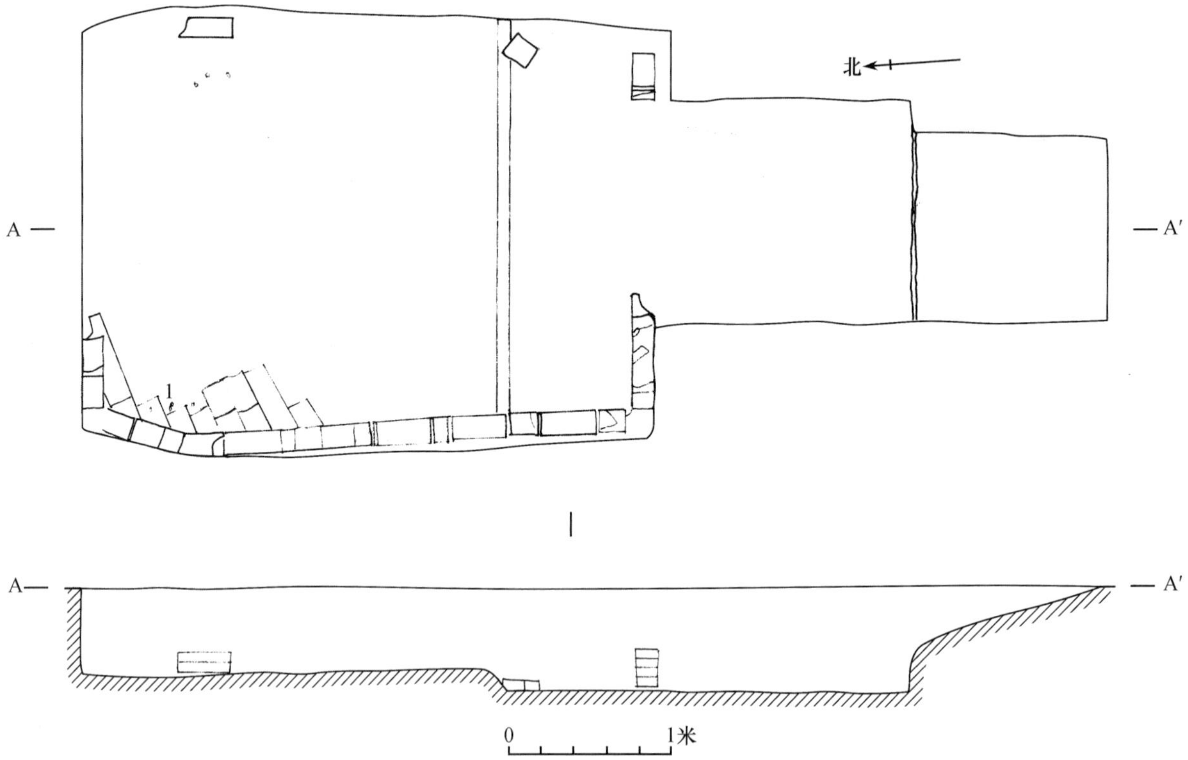

图一三四　M47平、剖面图
1. 铜钱（9枚）

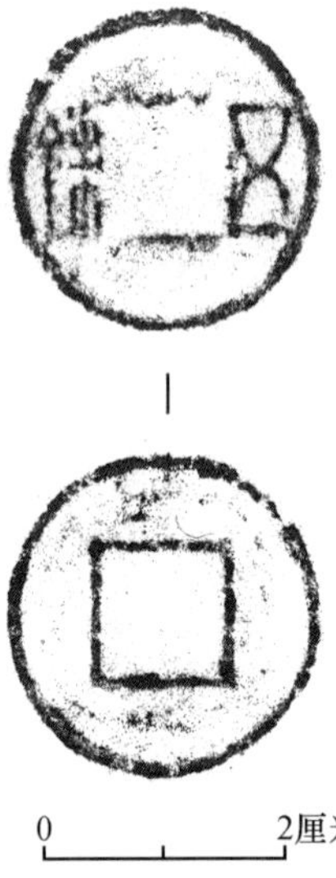

图一三五　M47出土铜钱拓本
五铢钱（M47：1-1）

棺床1处，长3.31、宽2.46、高0.13米。条砖规格为34厘米×14厘米×6厘米，纹饰有几何纹、麦穗纹。

葬具　不详。

葬式、性别及年龄　墓葬盗扰严重，未见人骨，故其葬式、性别及年龄均不详。

（二）随葬品

随葬品数量较少，仅在棺床西北部清理出9枚铜钱。

铜钱　9枚（图版三九，1）。钱文均为“五铢”，正、背面均有外郭，穿背面有内郭。现择其精良者介绍如下。M47：1-1，钱径2.5、穿径0.98、厚0.1厘米，重2.4克（图一三五）。

M48

（一）墓葬概况

位于ⅡT0503中部偏东，开口于第2层下，打破生土，口部距地表深0.6米，方向200°。该墓为斜坡墓道砖券洞室墓，平面形状呈“刀”形，由墓道、封门、甬道、墓室四部分组成（图一三六）。

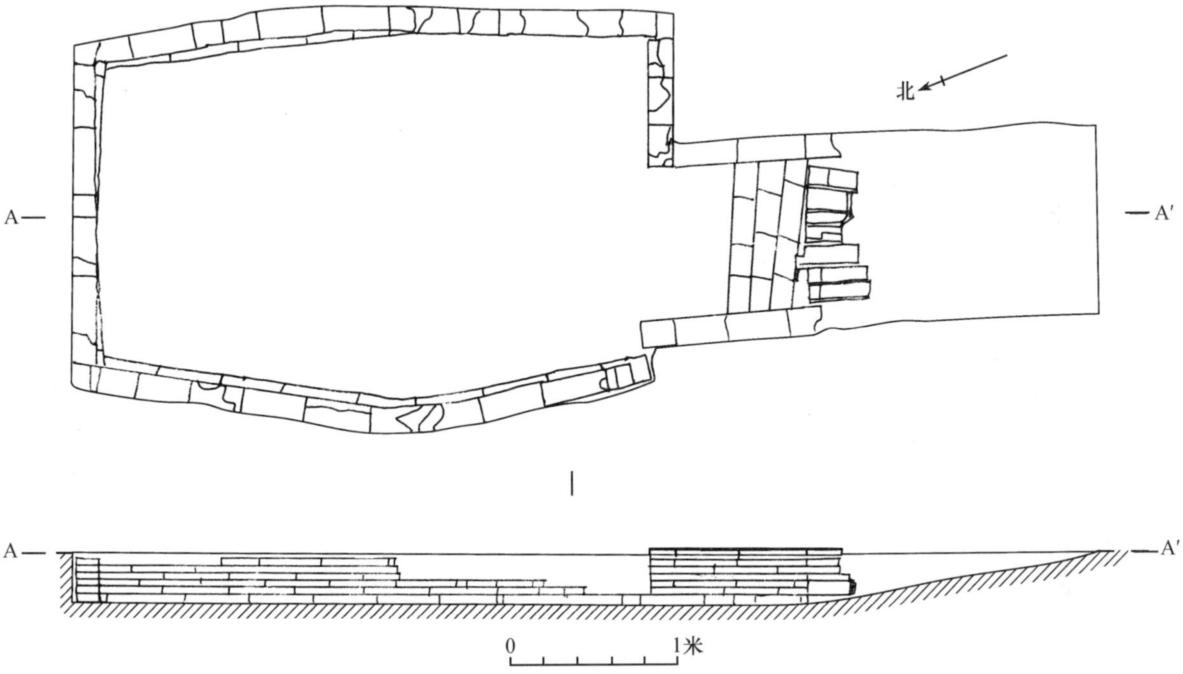

图一三六　M48平、剖面图

墓道　位于墓室南部，平面形状呈长方形，直壁。口部残长1.6、宽1.14米；底呈斜坡状，坡度11°，底坡长1.82米；深0～0.3米。

封门　位于墓道北部，残存1层，为条砖顺向侧立成“人”字形。封门宽0.9、残高0.1米。

甬道　位于墓室南部，平面形状呈长方形，进深1.1、宽0.9、残高0.27米。甬道壁为条砖顺置错缝平砌，铺地砖为条砖横向错缝平铺。

墓室　位于墓道北部，平面形状呈长方形，直壁，平底。长3.28、宽1.98、残深0.3米。墓室东、西两壁呈弧形，四壁为条砖顺置错缝平砌。条砖规格为35厘米×15厘米×5厘米。

葬具　不详。

葬式、性别及年龄　墓葬盗扰严重，未见人骨，故其葬式、性别及年龄均不详。

（二）随葬品

无。

M49

（一）墓葬概况

位于ⅡT0103东北部和ⅡT0104东南部，开口于第2层下，打破生土，口部距地表深0.3米，方向214°。该墓为斜坡墓道砖券洞室墓，平面形状呈“凸”字形，由墓道、甬道、墓室三部分组成（图一三七）。

墓道　位于墓室南部，平面形状呈长方形，直壁。口部长2.1、宽1.7米；底呈斜坡状，坡度28°，底坡长2.3米；深0～1.04米。

甬道　位于墓道北部，平面形状呈长方形，直壁，平底。进深1.44、宽1.7、高1.22米。

墓室　位于墓道北部，平面形状呈长方形，直壁，平底。长4.2、宽3.2、残深1.22米。在墓室北部有棺床1处，长3.2、宽2.6、高0.2米。

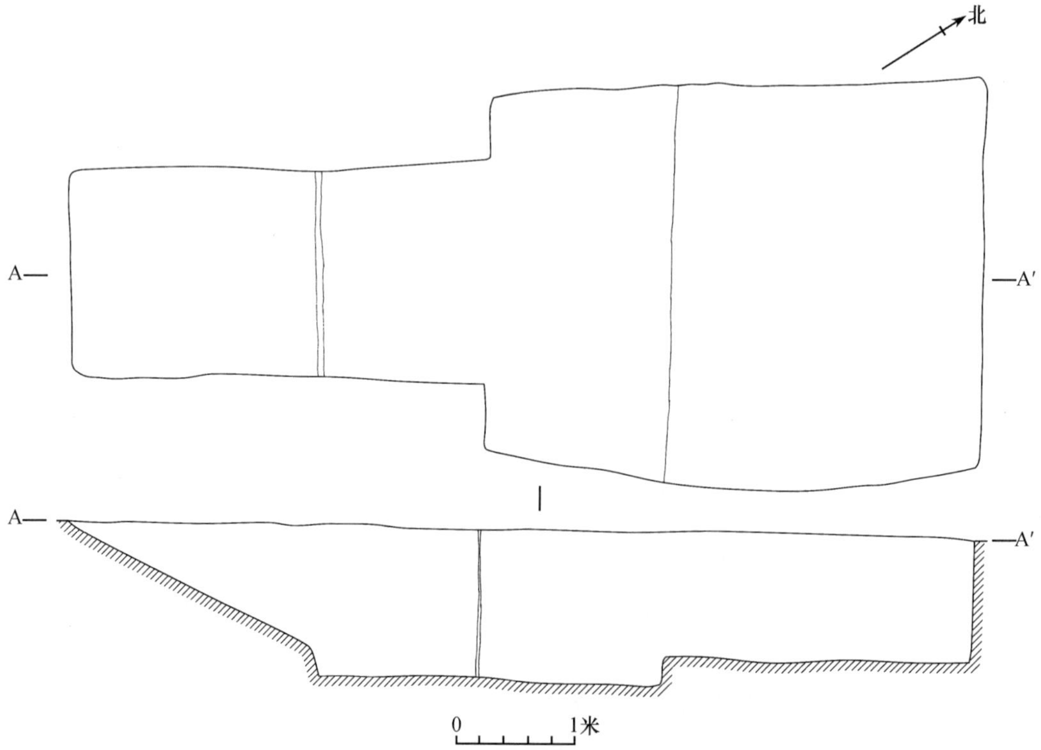

图一三七　M49平、剖面图

葬具　不详。

葬式、性别及年龄　墓葬盗扰严重，未见人骨，故其葬式、性别及年龄均不详。

（二）随葬品

随葬品发现较少，仅在淤土中发现1件陶井。

井　1件。M49：1，直口，平折沿，方唇，筒腹，直壁，平底。口径12、底径9.2、高14厘米（图一三八；图版三九，2）。

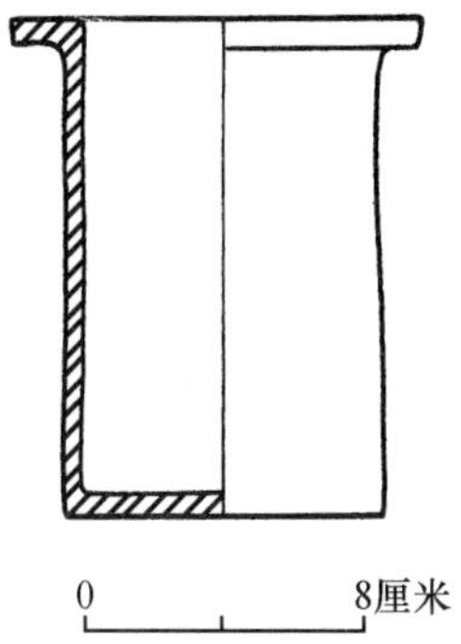

图一三八　M49出土器物
陶井（M49：1）

M50

（一）墓葬概况

位于ⅡT0405东部，开口于第2层下，打破生土，口部距地表深0.6米，方向175°。该墓为斜坡墓道砖券洞室墓，平面形状呈“凸”字形，由墓道、封门、甬道、墓室、耳室五部分组成（图一三九）。

墓道　位于墓室南部，平面形状呈梯形，直壁。口部残长1.2、宽0.92～1.24米；底呈斜坡状，坡度17°，底坡残长1.3、宽1.12米；深0.34～0.7米。

封门　位于墓道北部，残存2层封门砖，封门为条砖顺向侧立成“人”字形。封门宽1.12～1.18、残高0.92～0.99米。

甬道　位于墓室南部，平面形状呈长方形。进深1.66、宽1.46～1.56、残高0.92～0.99米。甬道壁为条砖顺置错缝平砌，铺地砖为条砖斜向错缝平铺。

墓室　位于墓道北部，平面形状呈长方形，直壁，平底。长4.84～4.94、宽2.8～3.42、残深0.98米。东、西两壁微弧，四壁为条砖顺置错缝平砌，铺地砖为条砖斜向错缝平铺。在墓室北部有棺床1处，长3、宽2.96、高0.22米。条砖规格为34厘米×15厘米×6厘米。

耳室　位于墓室东壁偏南，平面形状呈长方形，直壁，平底。长2.37、宽1.3、残高0.78米。耳室四壁为条砖顺置错缝平砌，铺地砖为条砖斜向错缝平铺。耳室底部与墓室底部不在一个平面上，耳室深度比墓室深度浅0.19米。

葬具　不详。

葬式、性别及年龄　墓葬盗扰严重，未见人骨，故其葬式、性别及年龄均不详。

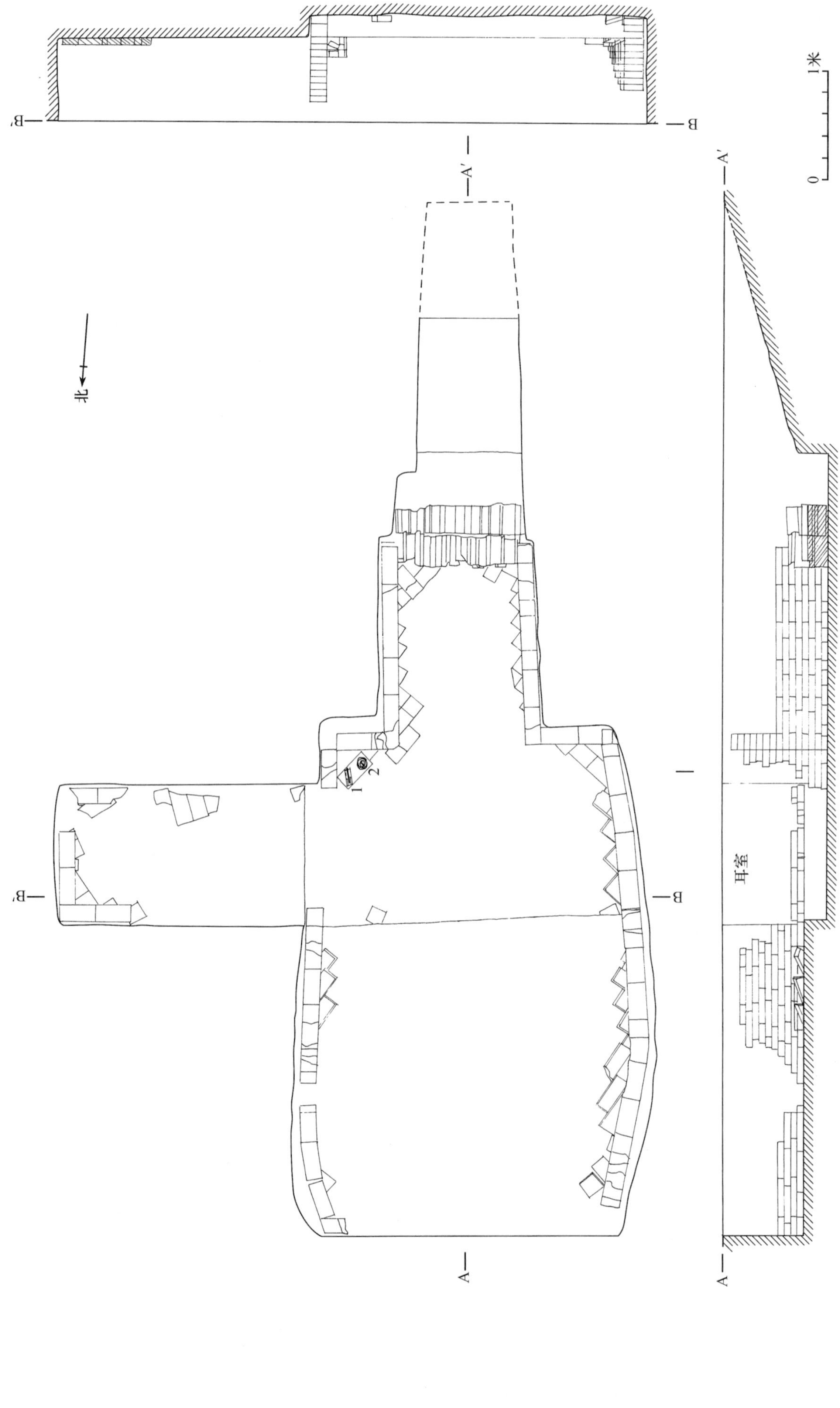

图一三九　M50平、剖面图

1. 釉陶碓　2. 釉陶磨　3. 陶猪（淤土中）

（二）随葬品

随葬品出土较少，仅发现3件，分别位于墓室东南角和棺床上部的淤土中，均为陶器。

碓 1件。M50：1，釉陶，器表施绿釉，胎呈红色，胎质较疏松。整体形状为长方体，碓架及臼连接在同一个长方形底座上，两侧辅架呈扁长方形且正中均有一个圆孔。口径20、宽6、高8厘米（图一四〇，1；图版三九，3）。

磨 1件。M50：2，釉陶，器表施绿釉，胎呈红色，胎质较疏松。整体形状呈圆形，分为上下两扇。上扇口部有一道隔梁将其分为两部分，每侧各有一个圆孔，外壁有一周凸棱，侧面向外延伸出一个方形小台，是为把手；下扇表面有一周斜向条形凸棱。口径4、腹径9、底径8、高4.5厘米（图一四〇，2；图版三九，4）。

猪 1件。M50：3，泥质灰陶。四肢直立、较短，身体肥胖，口、鼻较长。长12、宽6、高6厘米（图一四〇，3；图版三九，5）。

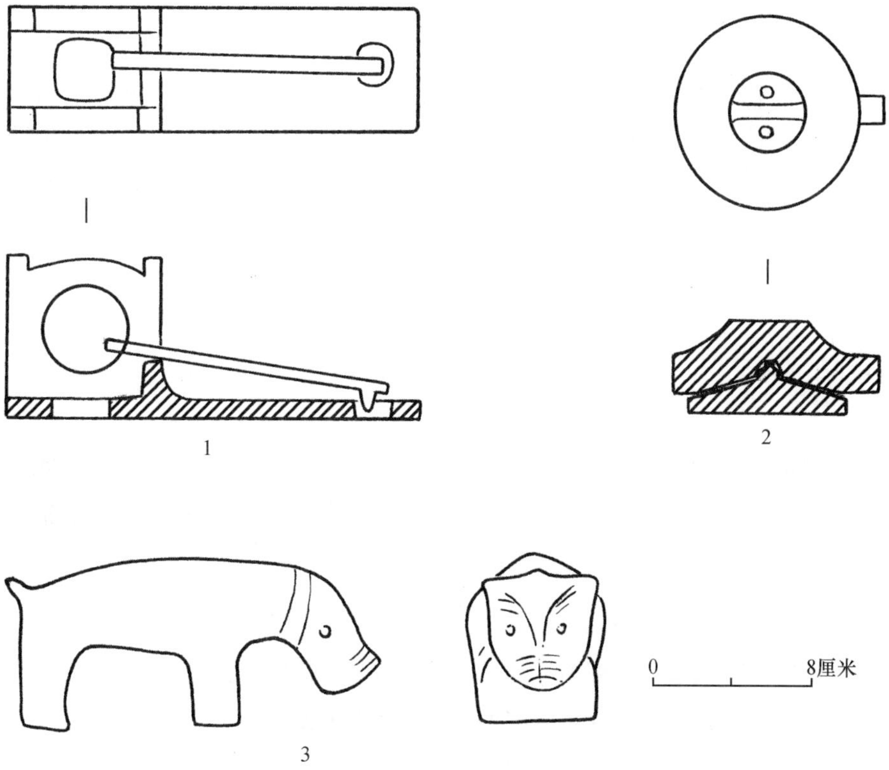

图一四〇 M50出土器物

1. 釉陶碓（M50：1） 2. 釉陶磨（M50：2） 3. 陶猪（M50：3）

M51

（一）墓葬概况

位于ⅡT0201东北部和ⅡT0301西部，开口于第2层下，打破生土，口部距地表深0.55米，方向115°。该墓为斜坡墓道砖室墓，平面形状呈“刀”形，由墓道、封门、甬道、墓室四部分组成（图一四一；图版四，2）。

墓道　位于墓室的东部，东端被M43打破，平面形状呈长方形，直壁。口部残长2.04、宽1.08～1.1米；底呈斜坡状，坡度20°，底坡残长2.74米；深0.52～1.54米。

封门　位于甬道东端，条砖横向错缝平砌，残存4层条砖。宽0.94、残高0.22米。

甬道　位于墓道西部，平面形状呈长方形。进深1～1.1、宽0.94～0.98、残深1.54米。甬道壁为条砖顺置错缝平砌，壁砖残存17层，残高1米。铺地砖为条砖斜向错缝平铺。

墓室　位于甬道西部，顶部不存，直壁，平底。长4、宽2.4、深1.55米。墓室四壁为条砖顺置错缝平砌，铺地砖为条砖斜向错缝平铺。墓室的西部有棺床1处，长2.4～2.5、宽1.8、高0.2米。条砖规格为32厘米×14厘米×6厘米，纹饰为麦穗纹（图版四，3）。

葬具　木棺1具。位于棺床北部，长1.28、宽0.36米。

葬式、性别及年龄　墓葬盗扰严重，仅发现极少量的人骨，葬式、性别及年龄均不详。

（二）随葬品

位于棺床的东侧及下部，墓室的东北角。

鼎　1件。M51：4，釉陶，器表施黄绿釉，内呈红色。敛口，方唇，折腹，圜底，底部附有三足，口外附长方形耳，外撇。口径13.5、高12.6厘米（图一四二，14；彩版一四，4）。

壶　2件。釉陶，通体施绿釉，胎呈红色。盘口，圆唇，束颈，溜肩，圆鼓腹，假圈足，平底微凹。口部饰有两周凹弦纹，腹部饰两周凸弦纹，腹上部饰有对称模印兽面铺首衔环。M51：20，口径14、腹径23、底径16、高30.5厘米（图一四三，5；彩版一四，5）。M51：26，底部有条状半圆形足。口径 13.5、腹径22、底径16、高32厘米（图一四三，4；图版四三，4）。

瓮　1件。M51：1，泥质灰陶。内口高于外口，内口微敛，外附盘口，方唇，溜肩，鼓腹，平底。上腹饰两周凸弦纹。口径21、腹径38、底径18、高29厘米（图一四四，1；图版三九，6）。

罐　2件。泥质灰陶。直口，溜肩，鼓腹，平底。M51：15，口径10、腹径14.4、底径

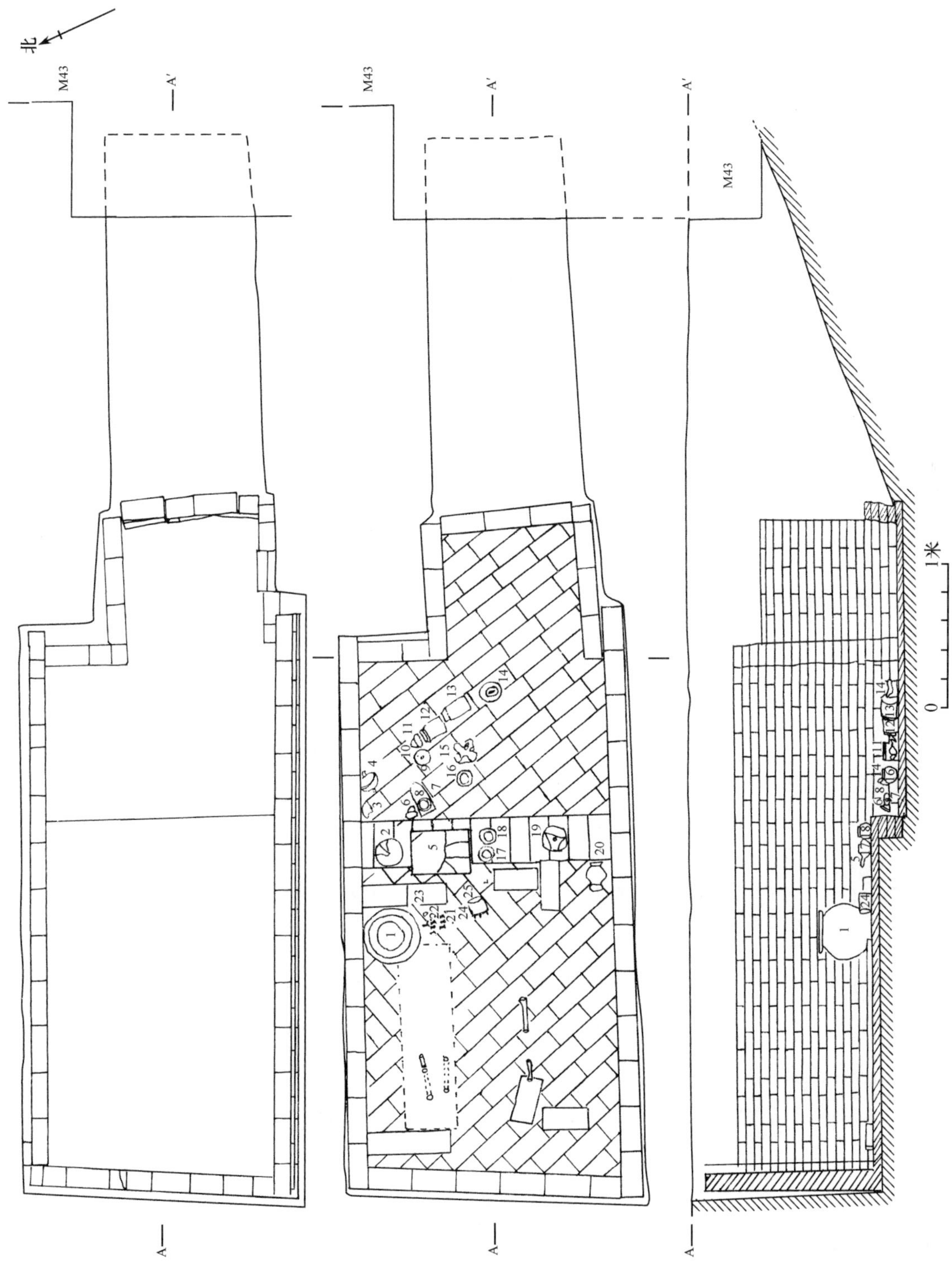

图一四一　M51平、剖面图

1. 陶瓮　2. 釉陶盘　3. 釉陶耳杯　4. 釉陶鼎　5. 釉陶案　6. 陶甑　7. 陶灶　8、17、18. 陶釜　9. 陶井　10. 陶汲水瓶　11. 陶盆　12～14. 陶仓　15、16. 陶罐　19. 铜镜　20、26. 釉陶壶　21. 玻璃耳珰　22. 玻璃珠　23. 铜环　24. 釉陶奁　25. 釉陶勺

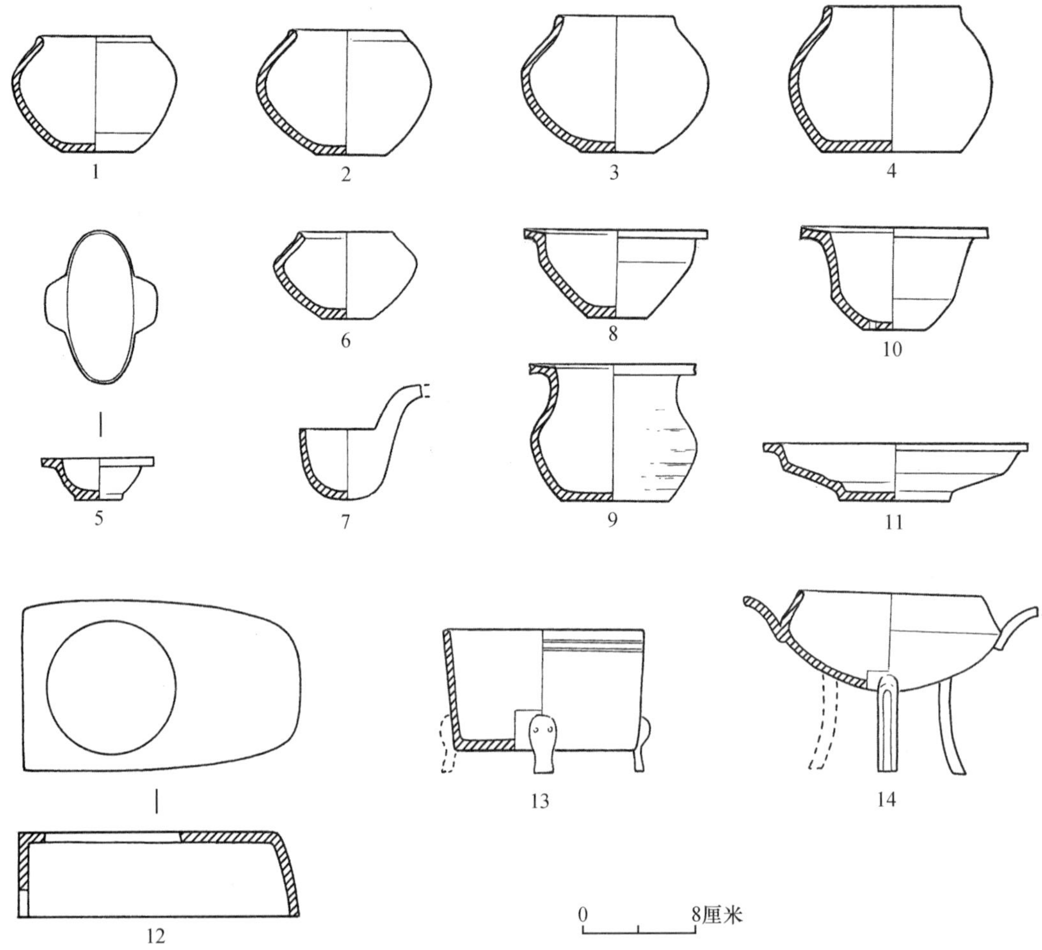

图一四二　M51出土器物

1、2、6. 陶釜（M51：18、M51：17、M51：8）　3、4. 陶罐（M51：16、M51：15）　5. 釉陶耳杯（M51：3）　7. 釉陶勺（M51：25）　8. 陶盆（M51：11）　9. 陶井（M51：9）　10. 陶甑（M51：6）　11. 釉陶盘（M51：2）　12. 陶灶（M51：7）　13. 釉陶奁（M51：24）　14. 釉陶鼎（M51：4）

10.5、高10厘米（图一四二，4；图版四二，2）。M51：16，口径8.5、腹径13.6、底径5.5、高9.5厘米（图一四二，3）。

奁　1件。M51：24，釉陶，内、外皆施黄绿釉，胎呈红色。直口微敞，圆唇，口略大于底，筒腹，腹壁斜直，平底，下附三蹄足，器身近口部饰两周凹弦纹。口径14.5、底径13.5、高10厘米（图一四二，13；图版四三，2）。

盆　1件。M51：11，泥质灰陶。直口，斜折沿，方唇，斜弧腹，平底。口径13、底径4、高6厘米（图一四二，8；图版四一，4）。

盘　1件。M51：2，釉陶，通体施绿釉，胎呈红色。敞口，平折沿，方唇，折腹，假圈足。口径19、底径8、高4厘米（图一四二，11；图版四〇，1）。

仓　3件。泥质灰陶。敛口，斜肩，筒腹，腹壁微弧，平底。M51：12，口径9.5、底径12、高19.5厘米（图一四三，3；图版四一，5）。M51：13，口径9.5、腹径13、底径12、高18.5厘米（图一四三，1；图版四一，6）。M51：14，口径9.5、腹径15、底径13.5、高19.5厘

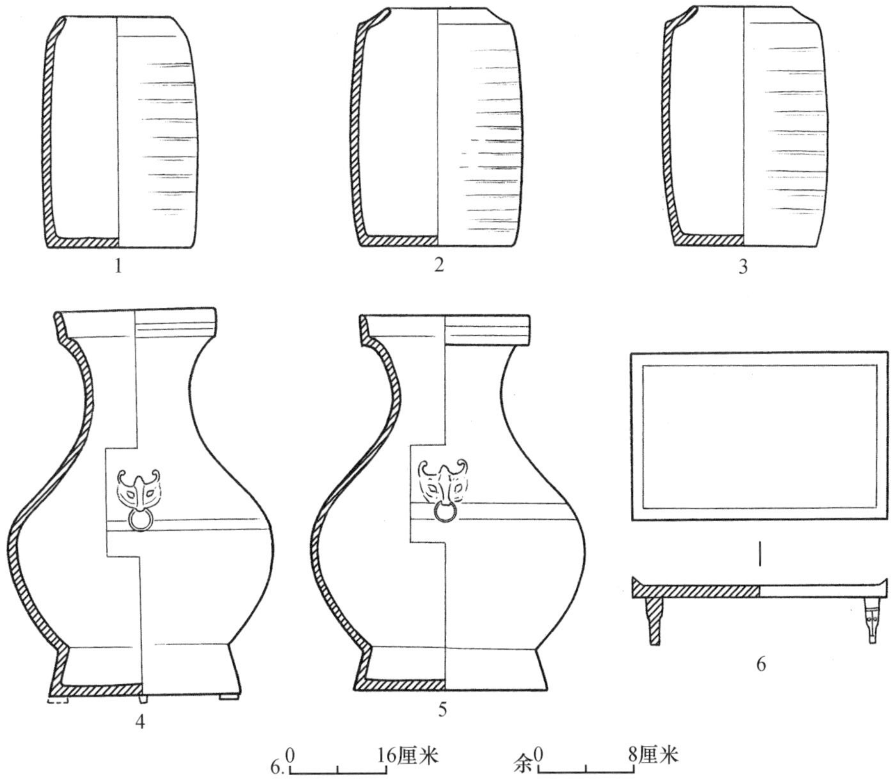

图一四三　M51出土器物

1～3. 陶仓（M51：13、M51：14、M51：12）　4、5. 釉陶壶（M51：26、M51：20）　6. 釉陶案（M51：5）

米（图一四三，2；图版四二，1）。

灶　1件。M51：7，泥质灰陶。灶面呈弧边长方形，灶面上有一个圆形火眼，灶前有半圆形火门。长20、宽12、高6厘米（图一四二，12；图版四〇，6）。

釜　3件。泥质灰陶。敛口，方圆唇，鼓腹，平底。M51：8，口径7、腹径10.4、底径3、高6厘米（图一四二，6；图版四一，1）。M51：17，口径8.5、腹径13、底径5.5、高8.5厘米（图一四二，2；图版四二，3）。M51：18，口径8.5、腹径12、底径5.5、高8厘米（图一四二，1；图版四二，4）。

甑　1件。M51：6，泥质灰陶。敞口，斜折沿，方唇，折腹，平底，底部有圆形箅孔。口径11.6、底径4.5、高7厘米（图一四二，10；图版四〇，5）。

勺　1件。M51：25，釉陶，勺柄及勺外施黄绿釉，勺内不施釉呈红色。圆形，圜底，勺柄残。口径7、残高8厘米（图一四二，7；图版四三，3）。

井　1件。M51：9，泥质灰陶。直口，平折沿，方唇，束颈，鼓腹，平底。口径12、底径8、高9.5厘米（图一四二，9；图版四一，2）。

汲水瓶　1件。M51：10，泥质灰陶。近直口，圆唇，束颈，深弧腹，平底，上腹饰有两个对称鼻形耳。口径3、腹径4、底径2、高5.5厘米（图一四四，4；图版四一，3）。

耳杯　1件。M51：3，釉陶，耳杯外施黄绿釉，杯内不施釉呈红色。椭圆形口，弧腹，假圈足，两侧有月牙形对环双耳。长11、宽9、高2.8厘米（图一四二，5；图版四〇，2、3）。

案　1件。M51：5，釉陶，案面施黄绿釉，四个蹄形小足不施釉呈红色。案面呈长方形，四边有一周凸起，平底，下附四个蹄形足。长44、宽29、高8厘米（图一四三，6；图版四〇，4）。

（2）铜器

环　1件。M51：23，残，圆形，横断面呈圆形。直径1.7厘米（图一四四，5；图版四三，1）。

铜镜　1件。M51：19，规矩镜，残碎较甚，方座，圆钮，座外百乳，外缘有两周三角纹带（图版四二，5）。

（3）玻璃饰品

耳珰　1组（5件）（彩版一四，6）。M51：21-1，上端小，下端大，腰细，如喇叭形，中间穿一孔，蓝色半透明状。上口直径0.9、下口直径1.2、高1.3厘米（图一四四，3）。

珠　1组（4个）（图版四二，6）。M51：22-1，扁圆形珠，中间穿一孔。直径0.4厘米（图一四四，2）。

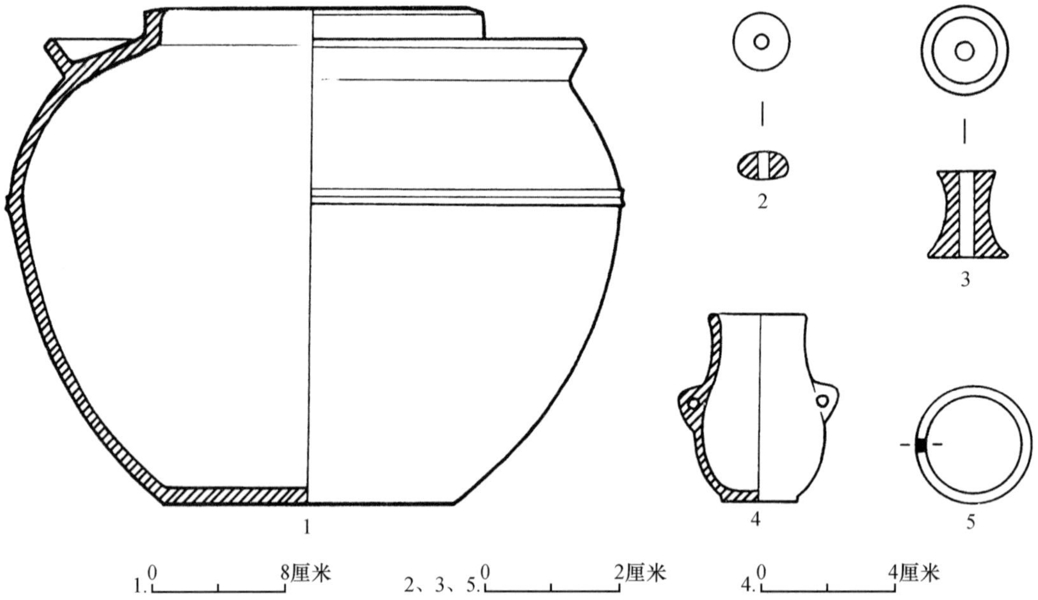

图一四四　M51出土器物

1. 陶瓮（M51：1）　2. 玻璃珠（M51：22-1）　3. 玻璃耳珰（M51：21-1）　4. 陶汲水瓶（M51：10）　5. 铜环（M51：23）

M52

（一）墓葬概况

位于ⅡT0102南部偏西和ⅡT0101北部，开口于第2层下，打破生土，口部距地表深0.6米，方向115°。该墓为斜坡墓道砖券洞室墓，平面形状呈“凸”字形，由墓道、甬道、墓室三部分组成（图一四五）。

墓道　位于墓室东南部，平面形状呈长方形，直壁。口部长1.42、宽1.2米；底呈斜坡状，坡度20°，坡长1.5米；深0～0.5米。

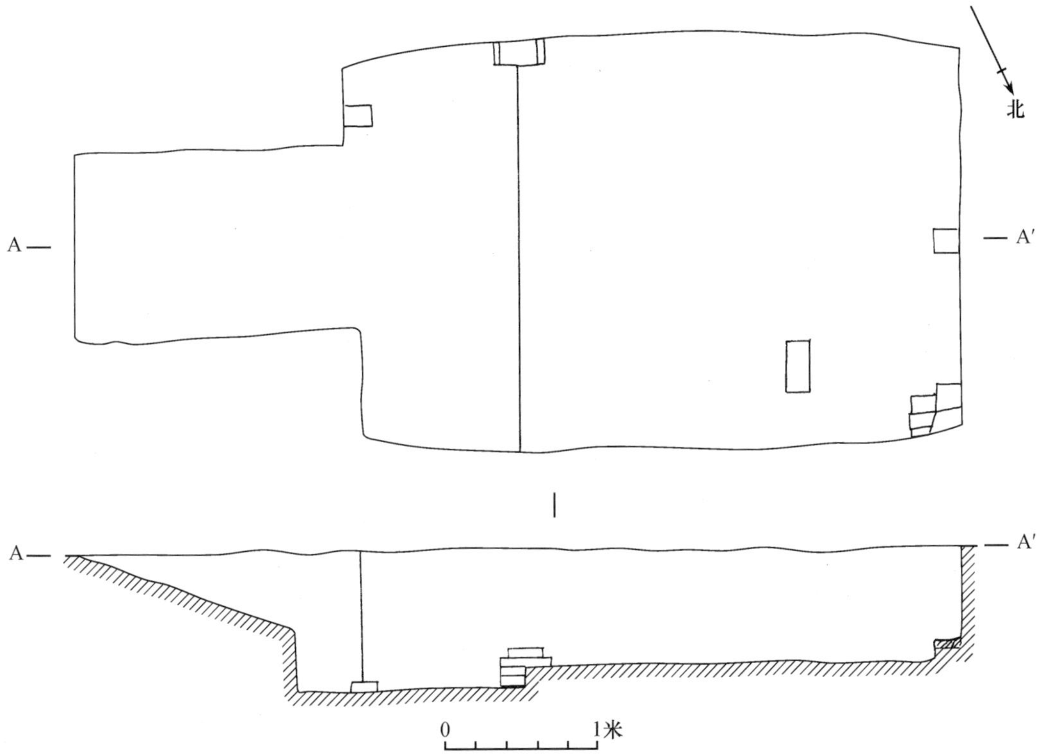

图一四五　M52平、剖面图

甬道　位于墓道西北部，平面形状呈长方形，直壁，平底。进深0.44～0.46、宽1.2、残高0.9米。

墓室　位于墓道西北部，平面形状呈长方形，直壁，平底。长4～4.1、宽2.44～2.66、残深0.9米。墓室四壁为条砖顺置错缝平砌。墓室北部有棺床1处，长2.9、宽2.4～2.6、高0.14米。

葬具　不详。

葬式、性别及年龄　墓葬盗扰严重，未见人骨，故其葬式、性别及年龄均不详。

（二）随葬品

无。

M53

（一）墓葬概况

位于ⅡT0103西部，部分延伸至探方外，开口于第2层下，打破生土，口部距地表深0.5～0.6米，方向116°。该墓为斜坡墓道砖券洞室墓，平面形状呈“凸”字形，由墓道、封门、甬道、墓室四部分组成（图一四六；图版四，4）。

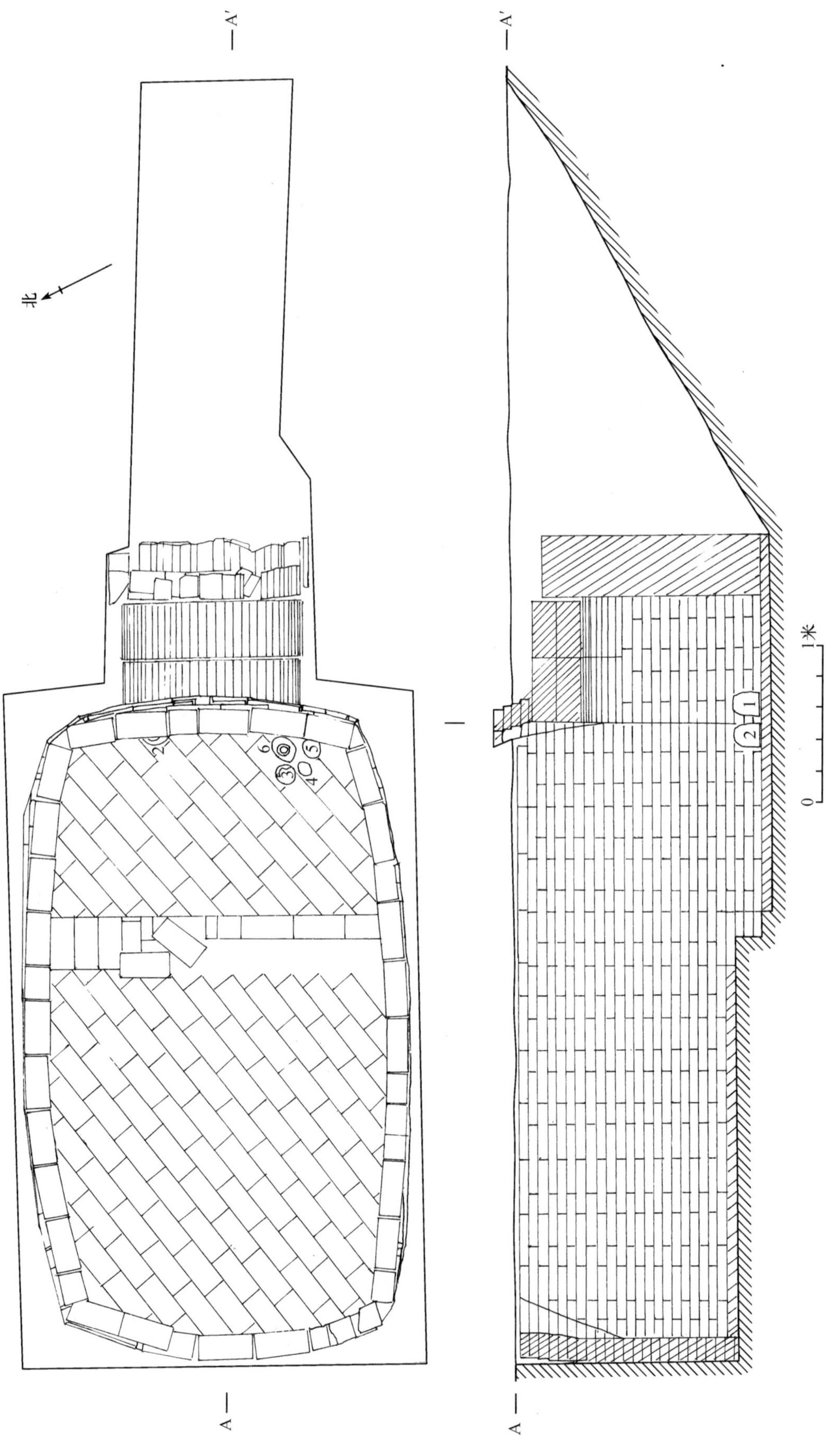

图一四六　M53平、剖面图

1、2. 陶仓　3、5. 陶盆　4. 陶甑　6. 陶灶

墓道　位于墓室东部，平面形状近长方形，直壁。口部长2.96、宽1米；底呈斜坡状，坡度34°，底坡长3.34米；深0～1.68米。

封门　位于墓道西部，正视呈长方形，为条砖顺向侧立成“人”字形。封门宽1.06、高1.42米。

甬道　位于墓室东部，平面形状呈长方形。进深0.74、宽0.88、高1.16米。顶部为楔形条砖纵向对缝券顶；甬道壁为条砖顺置错缝平砌；铺地砖为条砖斜向错缝平铺。

墓室　位于墓道西部，平面形状呈长方形，直壁，平底。长4.4、宽2.7、深1.62米（图版五，3）。墓室南、北两壁微弧，四壁为条砖顺置错缝平砌，铺地砖为条砖斜向错缝平铺。在墓室西部有棺床1处，长2.7、宽2.22、高0.24米。条砖种类有三种，规格分别为38厘米×16厘米×（5～6）厘米、32厘米×16厘米×6厘米、32厘米×16厘米×（5.5～6.5）厘米。

葬具　不详。

葬式、性别及年龄　墓葬盗扰严重，未见人骨，故其葬式、性别及年龄均不详。

（二）随葬品

随葬品出土较少，仅发现6件，分别位于墓室东部及甬道西部，均为陶器。

盆　2件。泥质灰陶。敞口，斜折沿，方唇，斜腹，平底。M53：3，口径12.5、底径4.5、高5厘米（图一四七，5）。M53：5，口径12.5、底径6、高4厘米（图一四七，6）。

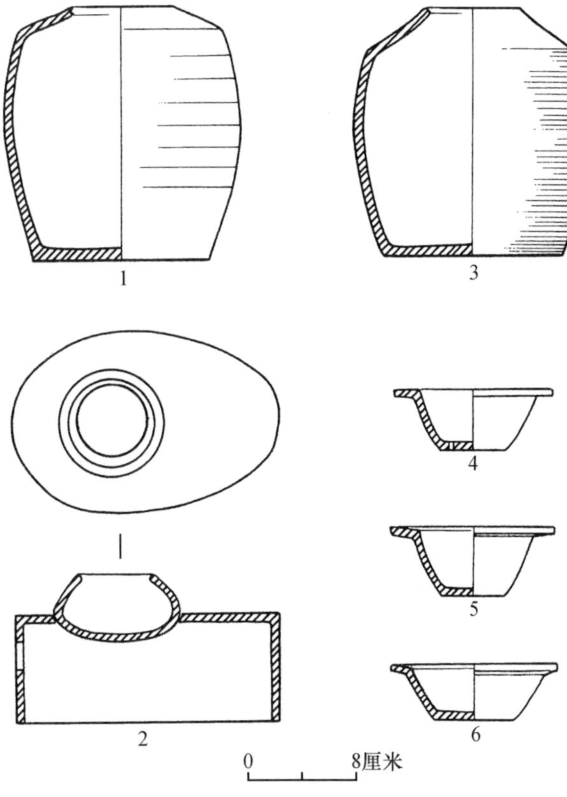

图一四七　M53出土器物

1、3. 陶仓（M53：2、M53：1）　2. 陶灶（M53：6）　4. 陶甑（M53：4）　5、6. 陶盆（M53：3、M53：5）

仓　2件。泥质灰陶。敛口，方唇，斜肩，筒腹，弧壁，平底。M53：1，口径7.5、腹径18、底径14、高18厘米（图一四七，3；图版四三，5）。M53：2，口径8.5、腹径18、底径13.5、高18.8厘米（图一四七，1；图版四三，6）。

灶　1件。M53：6，泥质灰陶。平面形状呈椭圆形，灶面上有一个圆形火眼，上置一釜，灶前壁有方形火门。釜为敛口，方圆唇，扁鼓腹，圜底。灶长20、宽13.6、高10.8厘米（图一四七，2；图版四四，1、2）。

甑　1件。M53：4，泥质灰陶。敞口，平折沿，方唇，弧腹，平底，底部有圆形箅孔。口径12、底径4.8、高4.8厘米（图一四七，4）。

M54

（一）墓葬概况

位于ⅡT0401西北部和ⅡT0402南部，开口于第2层下，打破生土，口部距地表深0.4米，方向25°。该墓为斜坡墓道砖券洞室墓，平面形状呈“凸”字形，由墓道、甬道、封门、墓室四部分组成（图一四八）。

墓道　位于墓室北部，平面形状呈长方形，直壁。口部长2.14、宽1～1.12米；底呈斜坡状，坡度31°，坡长2.9米；深0～1.52米。

甬道　位于墓道南部，平面形状呈长方形。进深0.74、宽1.22、高1.16米。

封门　位于墓道南部，正视呈长方形，为19层条砖横向叠砌而成。封门宽0.36、高1.46米（图版五，2）。

墓室　位于墓道南部，平面形状呈长方形，直壁，平底。长3.16、宽1.24～1.3、深1.52米（图版五，1）。墓室保存完好，顶部为券顶，顶部共有10排弧形券；四壁为条砖顺置错缝平砌；铺地砖为条砖斜向错缝平铺。条砖种类有两种，规格分别为30厘米×16厘米×6厘米、30厘米×16厘米×（4～6）厘米。

葬具　不详。

葬式、性别及年龄　墓室内发现2具人骨架，西侧人骨为迁葬，保存较差，摆放比较杂乱，东侧人骨仰身直肢，头向北，面相上，性别、年龄不详。

（二）随葬品

随葬品出土较少，位于墓室东北部，种类有陶器、铜器。

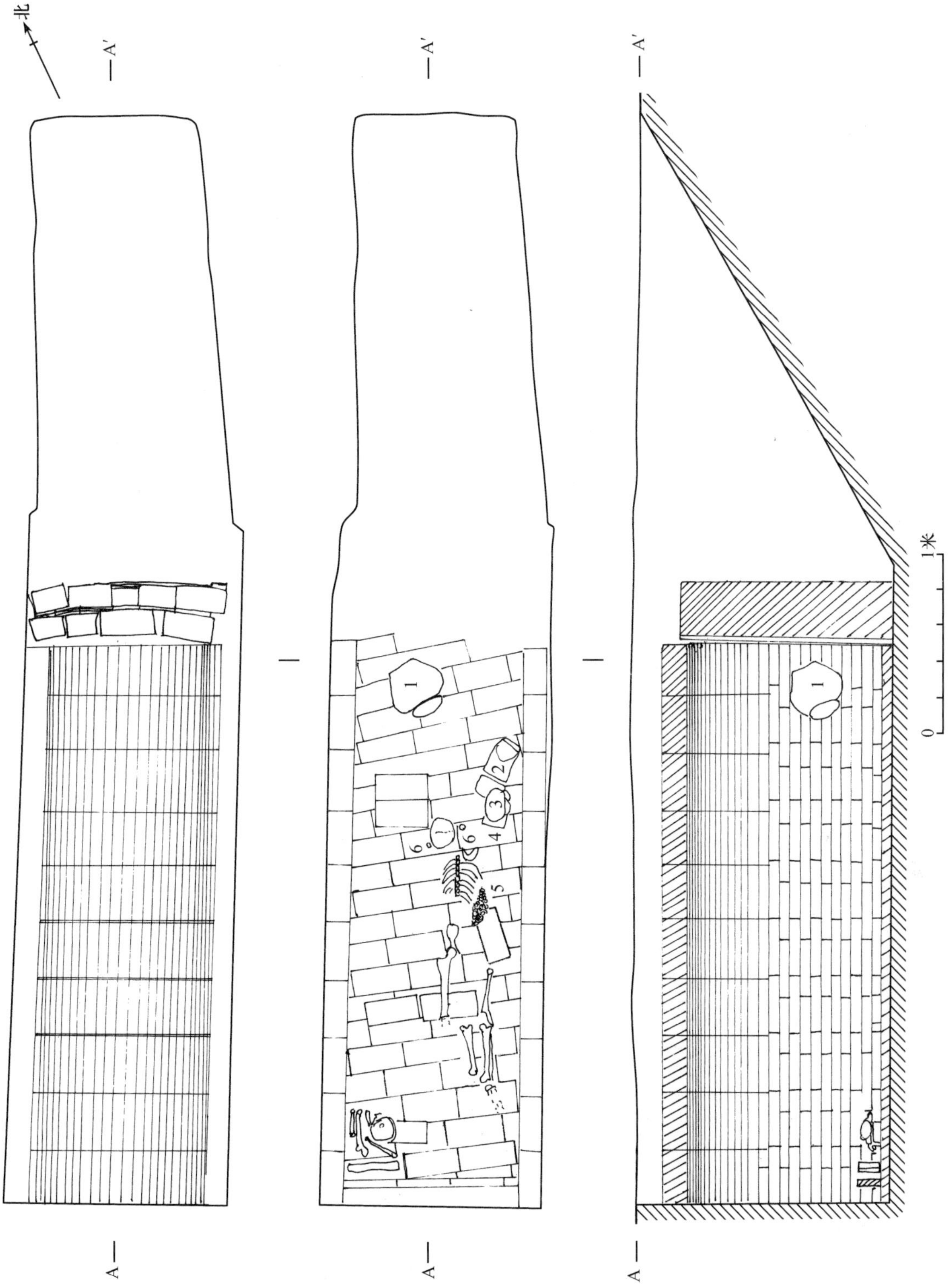

图一四八　M54平、剖面图

1. 陶瓮　2. 陶仓　3. 陶灶　4. 陶甑　5. 铜钱（120枚）　6. 铜环

（1）陶器

瓮　1件。M54：1，泥质灰陶。直口，方唇，矮领，溜肩微折，弧腹，平底。肩部饰三周波浪纹。口径21、腹径36、底径19、高30厘米（图一四九，4；图版四五，1）。

井　1件。M54：2，泥质褐陶。敛口，平折沿，方唇，束颈，腹部较直，斜向外张，平底。口径12、腹径15、底径14.4、高15厘米（图一四九，3；图版四四，3）。

灶　1件。M54：3，泥质褐陶。平面形状呈长方形，灶中部内凹，灶面上有一个圆形火眼，灶前壁有半圆形火门，后壁中部有斜圆柱形烟囱，烟道不通。灶长20、宽15、高6厘米（图一四九，5；图版四四，5、6）。

甑　1件。M54：4，泥质褐陶。敞口，平折沿，方唇，弧腹，平底，底部有圆形箅孔。腹中部有一周比较宽的凸棱。口径11、底径8.8、高7.5厘米（图一四九，1；图版四四，4）。

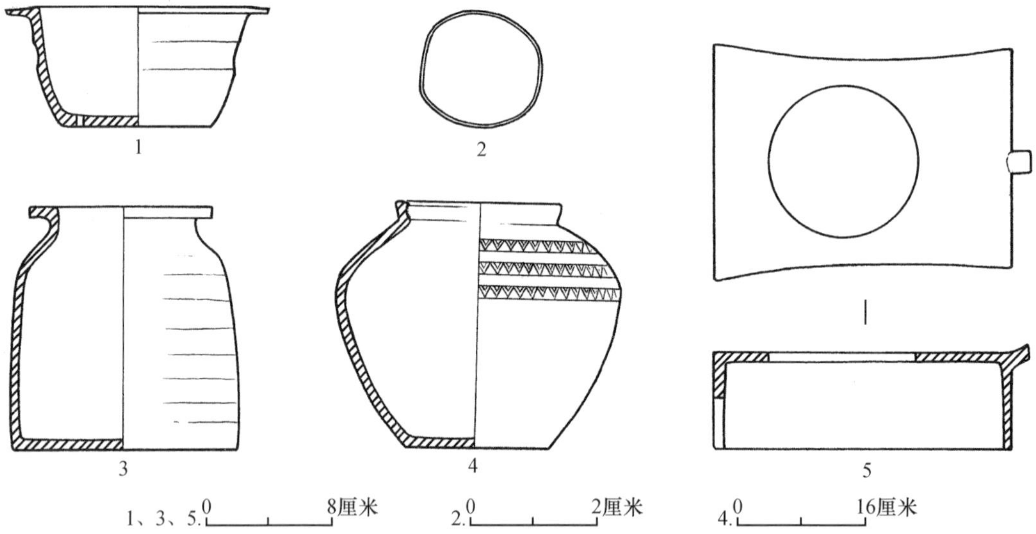

图一四九　M54出土器物

1. 陶甑（M54：4）　2. 铜环（M54：6）　3. 陶井（M54：2）　4. 陶瓮（M54：1）　5. 陶灶（M54：3）

（2）铜器

环　1件。M54：6，整体形状呈圆形，较细。直径2厘米（图一四九，2；图版四五，3）。

铜钱　120枚（图一五〇；图版四五，2）。钱文有“五铢”和“货泉”两种。

五铢钱　90枚。编号M54：5-1、M54：5-2、M54：5-3、M54：5-4、M54：5-5、M54：5-6、M54：5-7、M54：5-8、M54：5-9、M54：5-10、M54：5-11、M54：5-12、M54：5-13、M54：5-14、M54：5-15、M54：5-16、M54：5-17、M54：5-18、M54：5-19、M54：5-20、M54：5-21、M54：5-22、M54：5-23、M54：5-24、M54：5-25、M54：5-26、M54：5-27、M54：5-28、M54：5-29、M54：5-30、M54：5-31、M54：5-32、M54：5-33、M54：5-34、M54：5-35、M54：5-36、M54：5-37、M54：5-38、M54：5-39、M54：5-40、M54：5-41、M54：5-42、M54：5-43、M54：5-44、M54：5-45、M54：5-46、M54：5-47、M54：5-48、M54：5-49、M54：5-50、M54：5-51、M54：5-52、M54：5-53、M54：5-54、

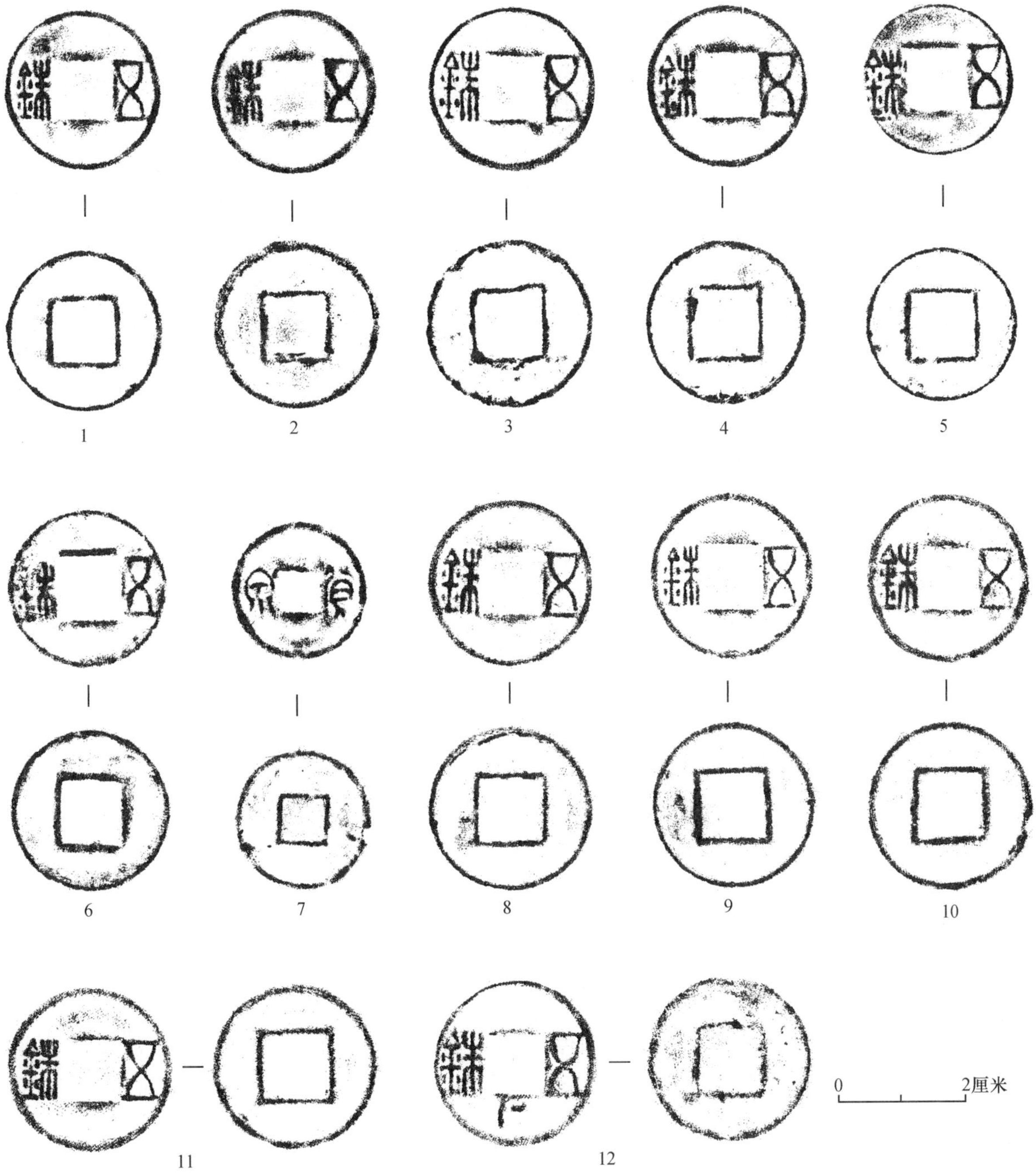

图一五〇　M54出土铜钱拓本

1～6、8～12. 五铢钱（M54：5-1、M54：5-2、M54：5-3、M54：5-4、M54：5-5、M54：5-6、M54：5-7、M54：5-8、M54：5-9、M54：5-10、M54：5-11）　7. 货泉（M54：5-91）

M54：5-55、M54：5-56、M54：5-57、M54：5-58、M54：5-59、M54：5-60、M54：5-61、M54：5-62、M54：5-63、M54：5-64、M54：5-65、M54：5-66、M54：5-67、M54：5-68、M54：5-69、M54：5-70、M54：5-71、M54：5-72、M54：5-73、M54：5-74、M54：5-75、M54：5-76、M54：5-77、M54：5-78、M54：5-79、M54：5-80、M54：5-81、M54：5-82、M54：5-83、M54：5-84、M54：5-85、M54：5-86、M54：5-87、M54：5-88、M54：5-89、

M54：5-90，正、背面均有外郭，穿背面有内郭。现择其精良者介绍如下。M54：5-1，钱径2.5、穿径0.97、厚0.1厘米，重2.4克（图一五〇，1）。M54：5-2，钱径2.5、穿径0.97、厚0.1厘米，重2.5克（图一五〇，2）。M54：5-3，钱径2.5、穿径1.1、厚0.1厘米，重2.5克（图一五〇，3）。M54：5-4，钱径2.5、穿径1.1、厚0.1厘米，重2.4克（图一五〇，4）。M54：5-5，钱径2.2、穿径1、厚0.1厘米，重2.1克（图一五〇，5）。M54：5-6，穿上一横，钱径2.5、穿径0.96、厚0.1厘米，重2.4克（图一五〇，6）。M54：5-7，钱径2.5、穿径0.97、厚0.1厘米，重2.4克（图一五〇，8）。M54：5-8，钱径2.5、穿径0.96、厚0.1厘米，重2.4克（图一五〇，9）。M54：5-9，钱径2.5、穿径0.96、厚0.1厘米，重2.4克（图一五〇，10）。M54：5-10，钱径2.5、穿径0.96、厚0.11厘米，重2.4克（图一五〇，11）。M54：5-11，钱径2.4、穿径0.95、厚0.1厘米，重2.4克（图一五〇，12）。

货泉　30枚。编号M54：5-91、M54：5-92、M54：5-93、M54：5-94、M54：5-95、M54：5-96、M54：5-97、M54：5-98、M54：5-99、M54：5-100、M54：5-101、M54：5-102、M54：5-103、M54：5-104、M54：5-105、M54：5-106、M54：5-107、M54：5-108、M54：5-109、M54：5-110、M54：5-111、M54：5-112、M54：5-113、M54：5-114、M54：5-115、M54：5-116、M54：5-117、M54：5-118、M54：5-119、M54：5-120，正、背面均有内外郭。现择其精良者介绍如下。M54：5-91，钱径2.25、穿径0.75、厚0.1厘米，重2.2克（图一五〇，7）。

M55

（一）墓葬概况

位于ⅡT0102东南部，开口于第2层下，打破生土，口部距地表深0.6米，方向130°。该墓为斜坡墓道砖室墓，平面形状呈“刀”形，由墓道、封门、甬道、墓室四部分组成（图一五一）。

墓道　位于墓室的东南部。平面形状呈长方形，直壁。口部残长1.8、残宽1.2米；底呈斜坡状，底坡残长2.1、残宽1.2米；深0.4～1.4米。

封门　甬道有东、西两个封门墙，东封门墙是用条砖顺向侧立，残高0.3米；西封门墙是用条砖顺置错缝平砌，宽0.72、高1.28米。

甬道　平面形状呈长方形。进深1.4、宽1.1～1.16、高1.4米。顶部为拱形券，壁为条砖顺置错缝平砌，底部为条砖斜向平铺。

墓室　平面形状呈长方形。口部长3.8～4、宽2.1～2.12米，底部长3.4、宽1.9～1.94米，深1.4米。墓室四壁为条砖顺置错缝平砌，底部为条砖斜向错缝平铺。在墓室北部设有棺床1处，长2.48、宽1.94、高0.2米。

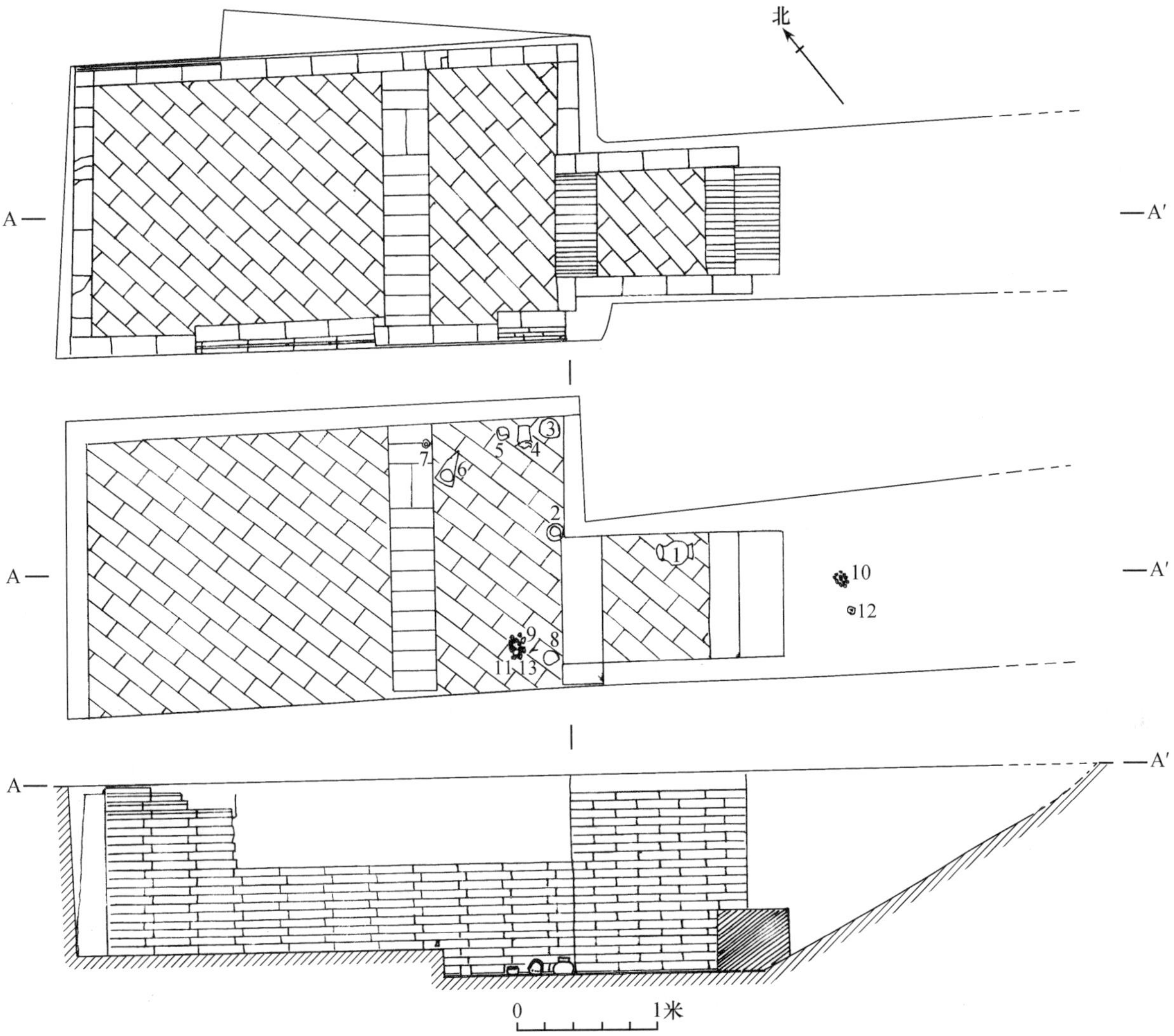

图一五一　M55平、剖面图

1. 釉陶壶　2. 陶罐　3. 陶碗　4. 陶仓　5. 陶釜　6. 陶灶　7. 陶汲水瓶　8. 石砚　9. 铜钱（75枚）　10. 骨珠（1串）　11. 铜饰件　12. 陶甑　13. 铜泡

葬具　不详。

葬式、性别及年龄　墓葬盗扰严重，未见人骨，葬式、性别及年龄均不详。

（二）随葬品

墓葬被盗，随葬品比较散乱，出土于墓道填土中、甬道内、墓室的东北部及南部。

（1）陶器

壶　1件。M55：1，釉陶，通体施绿釉，胎呈红色。口残，束颈，溜肩，扁鼓腹，假圈足微外撇。腹部饰一周凹弦纹，肩部饰有两个对称模印兽面铺首衔环。残口径11、腹径21、底径15.5、残高26厘米（图一五二，1；图版四五，4）。

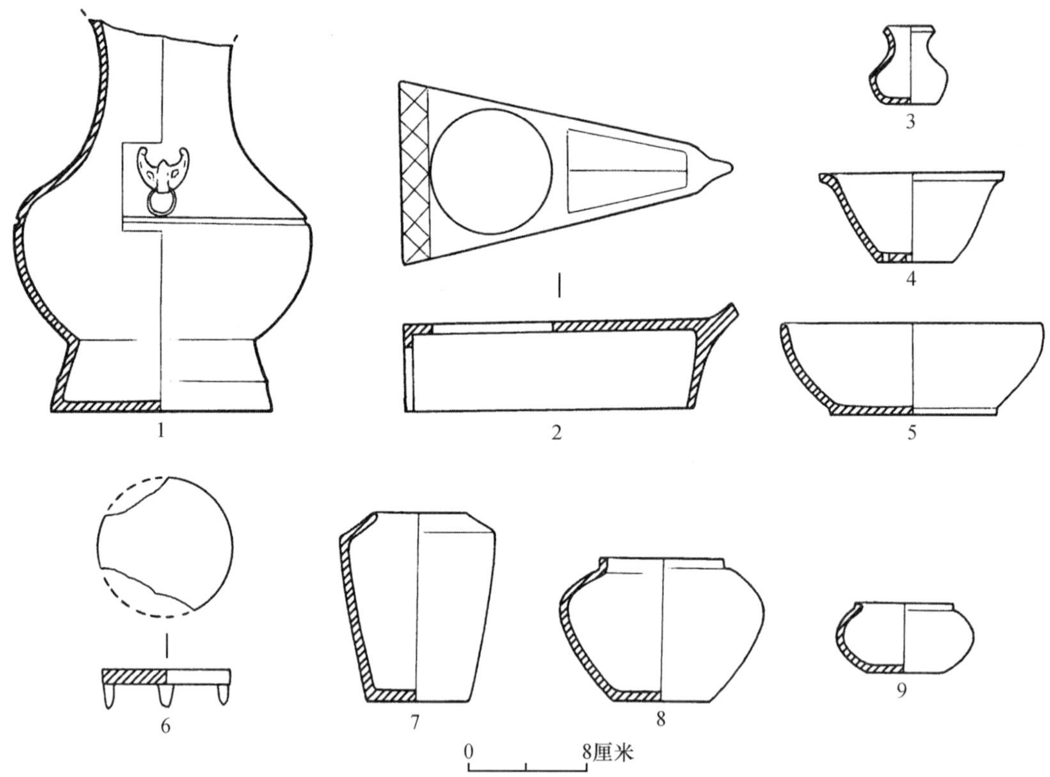

图一五二　M55出土器物

1. 釉陶壶（M55：1）　2. 陶灶（M55：6）　3. 陶汲水瓶（M55：7）　4. 陶甑（M55：12）　5. 陶碗（M55：3）　6. 石砚（M55：8）　7. 陶仓（M55：4）　8. 陶罐（M55：2）　9. 陶釜（M55：5）

罐　1件。M55：2，泥质灰陶。直口，矮领，方唇，圆肩，弧腹，平底。口径9、腹径15、底径7、高9.5厘米（图一五二，8；图版四五，5）。

仓　1件。M55：4，泥质灰陶。敛口，斜肩，筒腹，腹壁微弧，平底。口径7、腹径10.8、底径7、高12.5厘米（图一五二，7；图版四六，1）。

灶　1件。M55：6，泥质灰陶。灶面呈直边三角形，灶面上有一个圆形火眼，灶前有半圆形火门，灶后面有斜圆柱形烟囱，烟道不通，火门上端的灶面上饰有菱形纹。长23、宽12、高6厘米（图一五二，2；图版四六，2）。

釜　1件。M55：5，泥质灰陶。敛口，圆唇，鼓腹，平底。口径7、腹径9.6、底径5.5、高4.8厘米（图一五二，9）。

甑　1件。M55：12，泥质灰陶。敞口，卷沿微折，斜方唇，溜腹，平底，底部有圆形箅孔。口径12.8、底径4.8、高6厘米（图一五二，4；图版四七，2）。

汲水瓶　1件。M55：7，泥质灰陶。侈口，尖圆唇，束颈，溜肩，鼓腹，平底。口径3.5、腹径5.6、底径3.5、高5厘米（图一五二，3；图版四六，3）。

碗　1件。M55：3，泥质灰陶。敞口，尖圆唇，弧腹，平底。口径18、底径11.5、高6厘米（图一五二，5；图版四五，6）。

（2）铜器

铜泡　1件。M55：13，覆钵形，中部隆起，呈锥体，下部钉残。直径1.5厘米（图一五三，3）。

铜饰件　1件。M55：11，四叶柿蒂形饰。长8、宽8厘米（图一五三，1；图版四七，1）。

铜钱　75枚（图版四六，5）。钱文皆为“五铢”，正、背面均有外郭，穿背面有内郭。现择其精良者介绍如下。M55：9-1，钱径2.5、穿径1、厚0.1厘米，重2.4克（图一五四，1）。M55：9-2，钱径2.5、穿径1、厚0.1厘米，重2.4克（图一五四，2）。M55：9-3，钱径2.3、穿径1、厚0.1厘米，重2.2克（图一五四，3）。M55：9-4，钱径2.5、穿径0.98、厚0.1厘米，重2.4克（图一五四，4）。M55：9-5，钱径2.5、穿径1.1、厚0.1厘米，重2.5克（图一五四，5）。

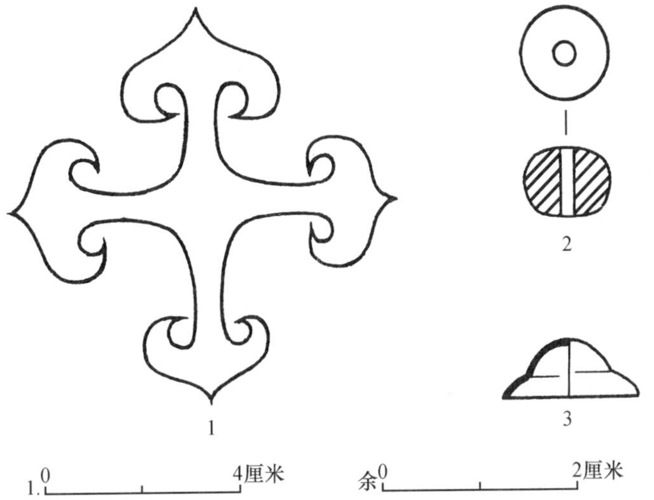

图一五三　M55出土器物

1. 铜饰件（M55：11）　2. 骨珠（M55：10-1）　3. 铜泡（M55：13）

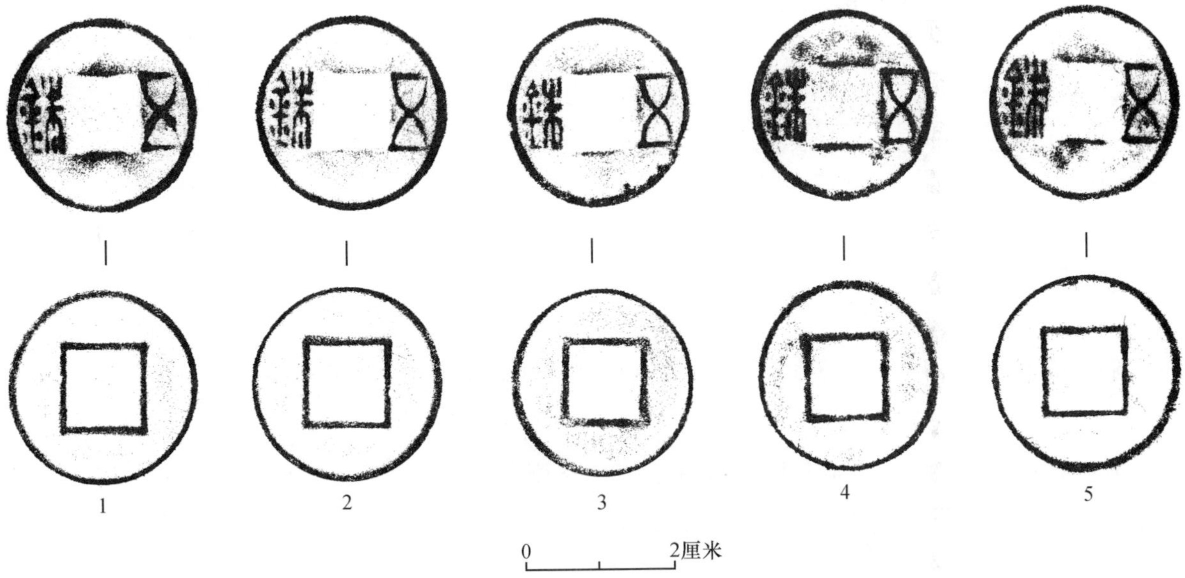

图一五四　M55出土铜钱拓本

1～5. 五铢钱（M55：9-1、M55：9-2、M55：9-3、M55：9-4、M55：9-5）

（3）石器

砚　1件。M55：8，圆形，砚面光滑，砚底有三个立足。直径9、高2.5厘米（图一五二，6；图版四六，4）。

（4）骨器

骨珠　1串。33枚（图版四六，6）。M55：10-1，扁圆形珠，中间穿一孔。直径0.8厘米（图一五三，2）。

M56

（一）墓葬概况

位于ⅡT0103东南部、ⅡT0102东北部和ⅡT0203西南部，开口于第2层下，打破生土，口部距地表深0.35米，方向50°。该墓为斜坡墓道砖券洞室墓，平面形状呈“刀”形，由墓道、封门、甬道、墓室四部分组成（图一五五）。

墓道　位于墓室北部，平面形状近长方形，直壁。口部残长1.9、宽1.3米；底部呈斜坡状，坡长2.1米；深0.94～2.1米。

封门　位于墓道南部，正视呈长方形，为23层条砖顺置错缝平砌。封门宽1.2、高1.44米。

甬道　位于墓室北部，平面形状呈长方形。进深0.8、宽1.3、高1.44米。顶部为券顶，残存1排，为楔形条砖齐缝侧立顺砌；甬道壁为条砖顺置错缝平砌；铺地砖为条砖斜向错缝平铺。

墓室　位于墓道南部，平面形状呈长方形，直壁，平底。长4.2、宽2.2、深2.1米。墓室四壁为条砖顺置错缝平砌；铺地砖为条砖斜向错缝平铺。在墓室北部有棺床1处，长3、宽2.2、高0.3米。

葬具　不详。

葬式、性别及年龄　墓葬盗扰严重，未见人骨，故其葬式、性别及年龄均不详。

（二）随葬品

随葬品出土较少，仅发现3件，位于墓室东南部淤土中，有陶器和玻璃器两种。

（1）陶器

罐　1件。M56：1，泥质灰陶。敛口，圆唇，鼓腹微折，平底。腹部饰一周凹弦纹。口径10.2、腹径14、底径8、高8厘米（图一五六，2）。

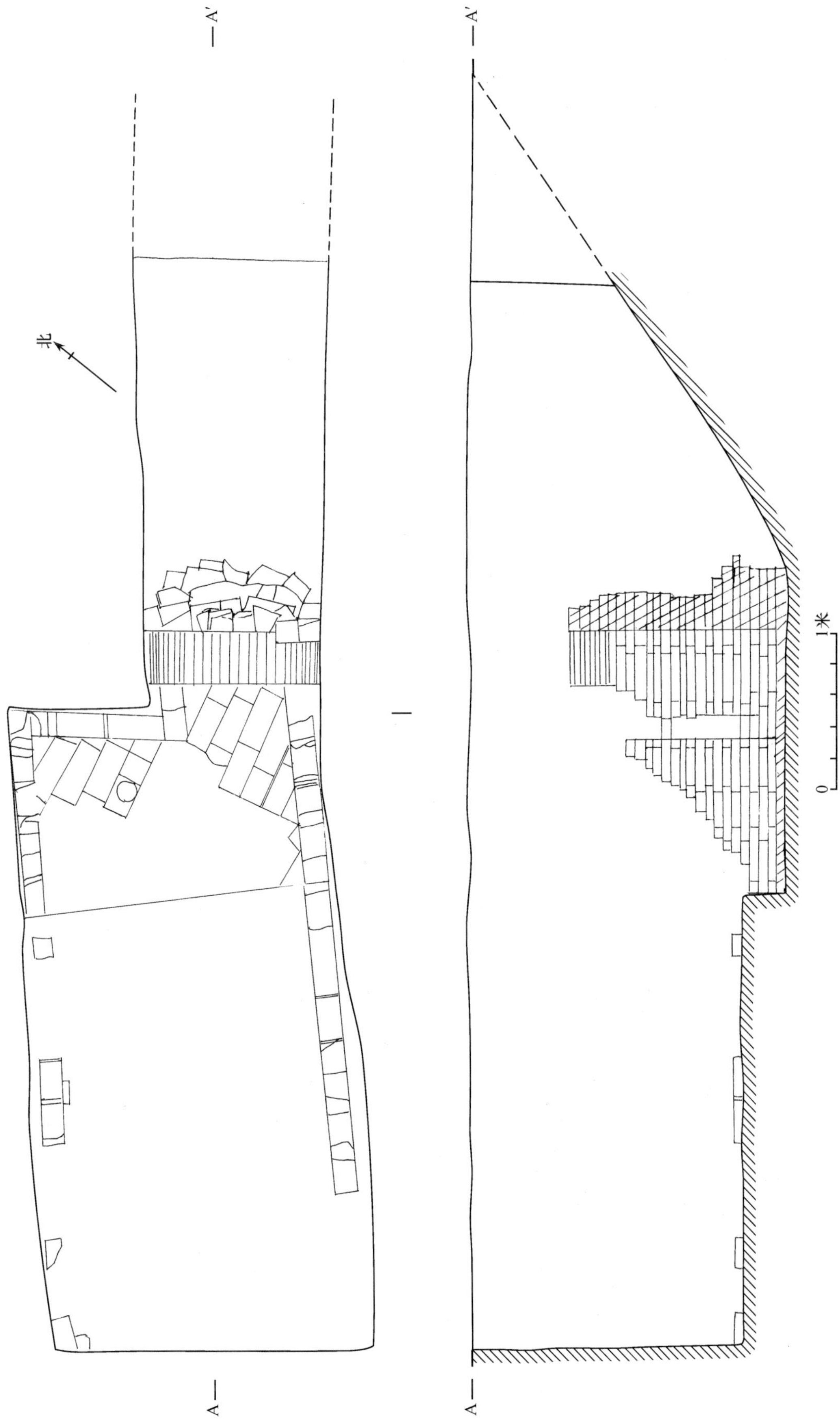

图一五五　M56平、剖面图

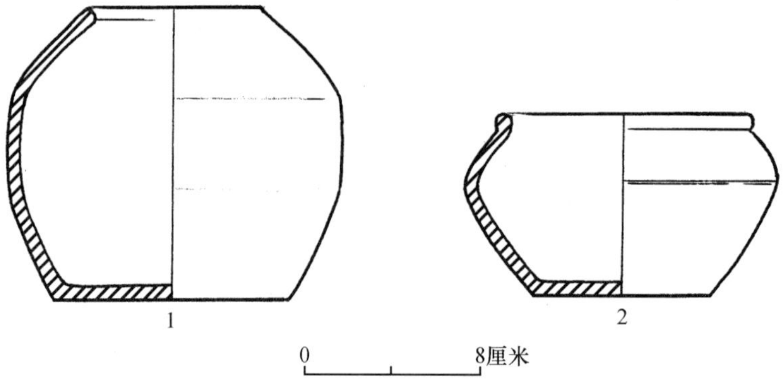

图一五六　M56出土器物

1. 陶仓（M56：2）　2. 陶罐（M56：1）

仓　1件。M56：2，泥质灰陶。敛口，斜肩，筒腹，弧壁，中腹微直，平底。口径8、腹径15.2、底径11、高12.8厘米（图一五六，1；图版四七，3）。

（2）玻璃器

耳珰　1件。M56：3，上端小，下端大，细腰，如喇叭形，中间有一穿孔，蓝色半透明状。上口直径0.8、下口直径1.1、高1.2厘米（图版四七，4）。

第五章　宋金文化遗存

本次发掘共清理宋金时期遗迹3处，全部为墓葬，分别为M24、M25、M27，并且都是迁葬墓。现将其具体内容报告如下。

M24

（一）墓葬概况

位于ⅠT0912西北部，开口于第2层下，打破生土，口部距地表深0.4米，方向105°。该墓为竖穴墓道砖室墓，平面形状呈“凸”字形，由墓道、封门、墓室三部分组成（图一五七）。

墓道　位于墓室东部，平面形状呈长方形，直壁，平底。口部长0.8、宽0.72、深0.56米。

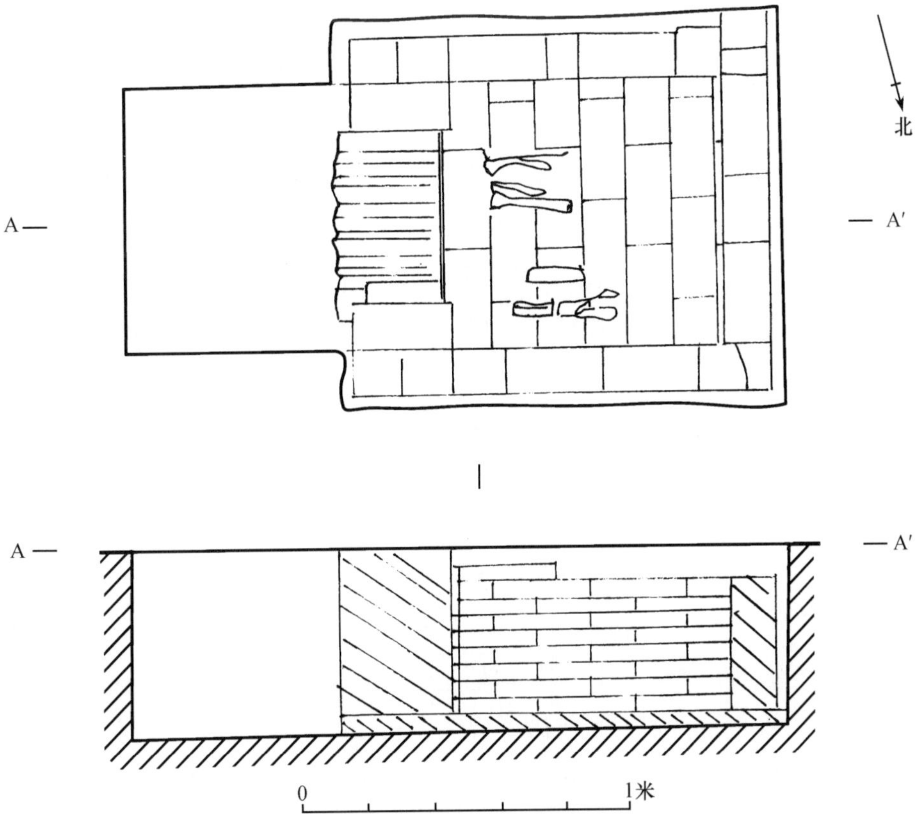

图一五七　M24平、剖面图

封门　位于墓道西部，封门两侧各有1个用9层条砖叠砌而成的门柱，门柱进深0.3、宽0.14、高0.5米。封门为4层条砖斜向顺置侧砌，封门墙厚0.3、宽0.52、高0.5米。

墓室　位于墓道西部，平面形状呈长方形，直壁，平底。长0.84、宽0.8、深0.5米。墓室四壁为条砖顺置错缝平砌，铺地砖为条砖横向错缝平铺。条砖规格为29厘米×14厘米×6厘米。

葬具　不详。

葬式、性别及年龄　墓葬盗扰严重，仅在墓室中部清理出2具残缺的肢骨，故其葬式、性别及年龄均不详。

（二）随葬品

无。

M25

（一）墓葬概况

位于Ⅰ T0912东部，部分延伸于方外，开口于第2层下，打破生土，口部距地表深0.4米，方向140°。该墓为斜坡墓道砖室墓，整体形状呈“凸”字形，由墓道、封门、甬道、墓门、墓室五部分组成（图一五八；彩版一一，1）。

墓道　位于墓室南部，平面形状呈梯形，斜壁。口部长2.64、宽0.9～1.5米；底呈斜坡状，坡度21°，底坡长3、宽0.9～1.34米；深0～1.6米。

甬道　位于墓道北部，平面形状呈方形，顶部残。进深0.44、宽0.44、残高1.6米。

封门　位于甬道北部，条砖顺置错缝平砌，残高1.6米。条砖规格为30厘米×15厘米×5厘米。

墓门　仿木结构，由门框、门楣构成。门框宽1.4、残高1.6米，门楣宽0.7、残高 1.6米。

墓室　顶部不存，从残存痕迹来看，可能为穹隆顶。平面形状呈八边形，边长基本相等，在0.65米左右。墓室宽1.8～1.89、 残高1.3米。除甬道一侧外其余七面均为砖砌仿木结构，每面之间都用立柱将其平分。正对甬道的是一个仿木结构的门窗（彩版一一，4），门分两扇，状作虚掩，两侧有门框，上部有门楣，楣上饰有两枚方形门簪，下部有门墩、门槛。门上面有普柏枋，枋上砌有砖雕斗拱，为一斗三升，斗拱上部已残，详情不明。门框宽0.5、高0.5米，门枋宽0.3、高0.3米。在门的两侧面上有破子棂窗，长0.58、高0.16米。在左边与窗相邻的一侧有一个长0.4、高0.38米的柜子（彩版一一，3）。在与柜子相邻的一侧有一灯檠，高0.6米（彩版一一，2）。在门右边与窗相邻的一侧有一桌子，长0.6、高0.28米。与桌子相邻的一侧有一

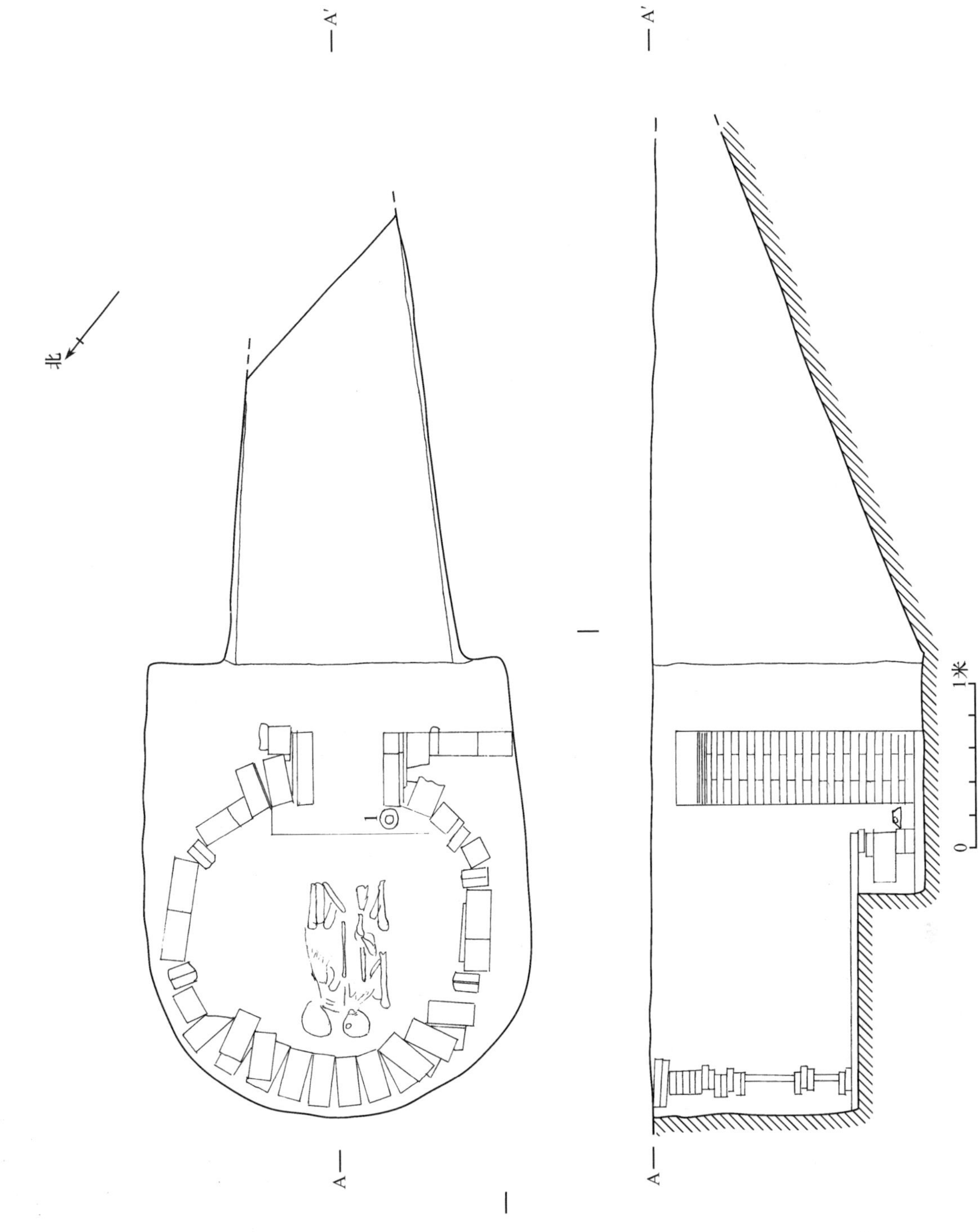

图一五八　M25平、剖面图
1. 瓷碗

把椅子，高0.34米（彩版一〇，2）。墓室底部设有棺床1处，棺床由同规格的青砖南北顺置错缝平铺而成，棺床距墓室底部高0.4米。

葬具　不详。

葬式、性别及年龄　该墓为迁葬墓，墓底发现人骨2具。西侧人骨头向西北，面向上，仰身直肢；东侧人骨放置比较散乱。性别及年龄均不详。

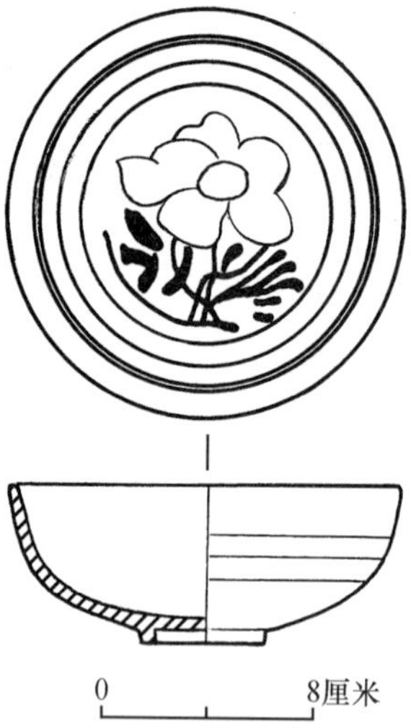

图一五九　M25出土器物
瓷碗（M25：1）

（二）随葬品

位于甬道内侧近棺床处，仅有1件瓷碗。

碗　1件。M25：1，白釉，内、外皆满釉，釉面无光泽，有开片现象。敞口，尖圆唇，弧腹，小圈足，内壁饰釉上红色花卉，近口部饰一周红色弦纹。口径15、底径4.8、高5.8厘米（图一五九；图版四八，1、2）。

M27

（一）墓葬概况

位于ⅠT0912西南部并延伸于方外，少部分在T1012东南部，开口于第2层下，打破生土，口部距地表深0.45～0.5米，方向128°。该墓为斜坡墓道砖室墓，平面形状呈“凸”字形，由墓道、门楼、甬道、墓室四部分组成（图一六〇）。

墓道　位于墓室东南部，平面形状呈梯形，斜壁。口部长2.74、宽0.9～1米；底呈斜坡状，坡度25°，底坡长2.9、宽0.88～0.9米；深0～1.06米。

门楼　位于墓道西北部，长2.72、宽0.64、高1.4米。门楼正中部有一个门，宽0.15、高0.92米。封门砖为2块条砖斜向错缝叠砌而成，共有17层（彩版一二，3）。门楼上部设有门檐两层，第一层为斜向平铺，第二层为横向平铺。

甬道　位于墓室东南部，顶部已被破坏。平面形状呈长方形。进深0.3、宽0.45、残高0.9米。甬道壁为条砖顺置错缝平砌，铺地砖为条砖横向错缝平铺。

墓室　位于墓道西北部，顶为穹隆顶。砖砌墓室建于土圹之中，西、北、东三面砖壁与土圹壁之间均有生土台。墓室西壁距土圹壁0.64米，东壁距土圹壁0.44米，北壁距土圹壁0.18米。墓室平面形状呈圆角方形，直壁，平底，边长1、残高0.9米。北、东、西三壁均为砖砌仿木结构，每面之间都用立柱平分。北壁正对甬道有一个仿木结构的大门，门分两扇，状作虚

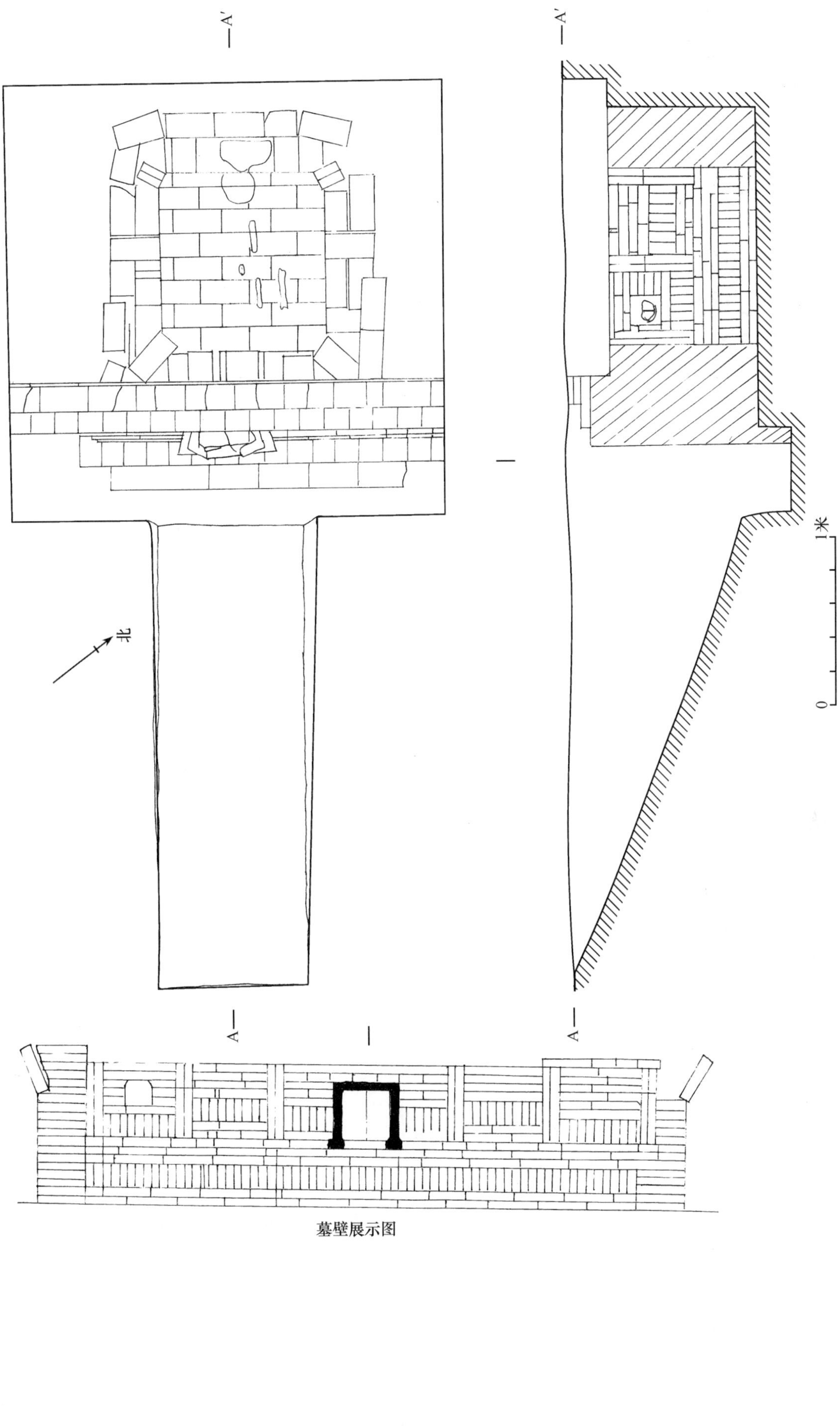

墓壁展示图

图一六〇　M27平、剖面图
1.瓷碗

掩，两侧有门框，上部有门楣，下部有门墩、门槛（彩版一二，2）。门框宽0.4、高0.4米。门的两侧饰有破子棂窗，长0.5、宽0.15米（彩版一二，1）。西壁近墓门处有一个进深0.16、边长0.16米的方形壁龛。条砖规格为30厘米×14厘米×5厘米。

葬具　不详。

葬式、性别及年龄　墓葬盗扰严重，人骨保存极差，仰身直肢葬，面向上，性别及年龄不详。

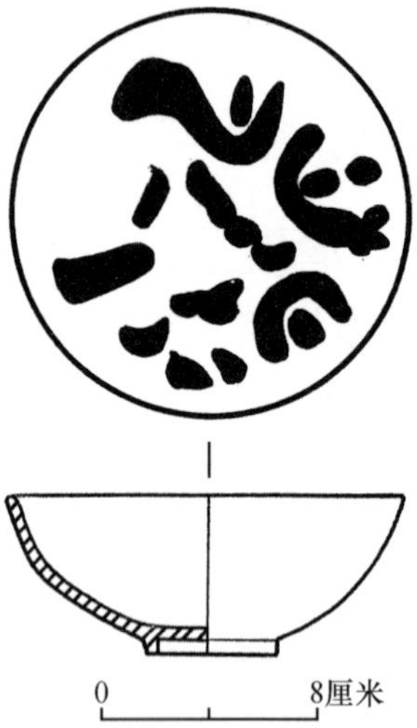

图一六一　M27出土器物
瓷碗（M27：1）

（二）随葬品

随葬品数量较少，仅在墓室壁龛内发现1件瓷器。

碗　1件。M27：1，白釉，内壁施满釉，外壁上腹部施釉，中腹部施白色化妆土，近底部及圈足均露胎，釉面无光泽，有开片现象，釉线不齐，有流釉现象。胎呈灰黄色，胎质较致密，内底部有四个支钉痕迹，内壁饰釉上绿色花卉。敞口，尖圆唇，弧腹，小圈足。口径15、底径4.8、高5.8厘米（图一六一；图版四八，3、4）。

第六章　结　语

从发掘情况来看，蛮子营墓地不仅发现有大批量的汉代遗存，还发现有少量的新石器时代和两周之际文化遗存，但由于该墓地临近老鹳河，常年来受到河水冲刷，各时期遗迹的开口深度均距现有地表较浅，其中新石器时代和两周之际文化遗存受到的破坏程度尤为严重，即便如此，所发现的各时期文化遗存仍为研究当地考古学文化面貌提供了崭新的材料。

一、对新石器时代文化遗存的认识

该墓地新石器时代文化遗存发现较少，仅发现瓮棺葬一座，从葬具的形制来看，应该属新石器时代屈家岭文化遗存，此类器型与淅川下王岗[①]、近在咫尺的沟湾遗址[②]屈家岭文化晚期遗存较为类似，表明其时代约略相当。

屈家岭文化是以湖北京山县屈家岭遗址的发现和发掘而命名的[③]。其主要分布在江汉平原，通过多年的研究，现在基本可以确定屈家岭文化是长江中游地区继大溪文化之后发展起来的一个新石器时代晚期文化。自20世纪50年代至今，豫西南、鄂西北地区也发现了丰富的屈家岭文化遗存，其中淅川沟湾（原名下集）[④]、下王岗[⑤]、郧县青龙泉、大寺[⑥]、邓州八里岗[⑦]发现了“仰韶—屈家岭—龙山（抑或石家河）”三叠层的文化堆积关系，为研究这一地区史前文化的发展序列提供了可靠的资料。

对于屈家岭文化的分区与类型研究进行得较多，有学者将豫西南、鄂西北地区屈家岭文化

---

① 河南省文物研究所等：《淅川下王岗》，文物出版社，1989年。

② 郑州大学考古系发掘材料。

③ 石龙过江水库指挥部文物工作队：《湖北京山、天门考古发掘简报》，《考古通讯》1956年第3期；中国科学院考古研究所：《京山屈家岭》，科学出版社，1965年；屈家岭考古发掘队：《屈家岭遗址第三次发掘》，《考古学报》1992年第1期。

④ 长办考古队河南分队：《淅川下集新石器时代遗址发掘报告》，《中原文物》1989年第1期。

⑤ 河南省博物馆、长江流域规划办公室文物考古队河南分队：《河南淅川下王岗遗址的试掘》，《文物》1972年第10期；河南省文物研究所等：《淅川下王岗》，文物出版社，1989年。

⑥ 中国社会科学院考古研究所：《青龙泉与大寺》，科学出版社，1991年。

⑦ 北京大学考古系：《河南邓州八里岗遗址的调查与试掘》，《华夏考古》1994年第2期；北京大学考古系：《河南邓州八里岗遗址1992年的发掘与收获》，《考古》1997年第12期；北京大学考古实习队：《河南邓州八里岗遗址发掘简报》，《文物》1998年第9期；北京大学考古文博学院：《河南邓州八里岗遗址1998年度发掘简报》，《文物》2000年第11期。

划分为青龙泉类型[①]，部分研究者还将该地屈家岭文化细分为鄂西北郧县城关以东地区的青龙泉类型和鄂西北郧县城关以西至豫西南地区的下王岗类型[②]。从目前的材料来看，将豫西南鄂西北地区屈家岭文化划分为青龙泉类型这一观点是比较恰当的。但是为了避免同石家河文化的青龙泉类型混淆，北京大学樊力先生通过对豫西南、鄂西北地区屈家岭文化遗存进行详细的考察之后，提出把原屈家岭文化青龙泉类型改称为青龙泉二期类型[③]。那么蛮子营墓地所发现的屈家岭文化遗存应属屈家岭文化青龙泉二期类型。

二、对两周之际文化遗存的认识

由于该遗址受自然和人为的破坏，西周之际文化遗存发现不多，并且出土遗物不甚丰富，个别灰坑仅出土极少量的陶片，且残碎严重。其中H2、H3出土遗物尚称丰饶，并且遗物特征明显。上述两座灰坑中出土的陶鬲、陶甗多为夹砂褐陶，少量为夹砂红陶，口沿多为卷沿，多为瘪裆，存在少量联裆，通体饰细绳纹并饰凹弦纹的特征与江汉地区发现的西周晚期文化遗存风格较为一致。如H3出土的陶甗（H3∶1、H3∶2）下部特征与襄樊邓城黄家村同类器（H5∶8、H19②∶8）的整体风格较为一致[④]，与襄阳陈坡Aa型Ⅰ式甗（H6∶10、H6∶42）[⑤]、襄樊真武山Ⅲ式甗（H27②∶3）相同[⑥]，陶鬲（H2∶2、H2∶1）分别与襄樊黄家村A型Ⅱ式鬲（H5∶4）、B型鬲（H19②∶14）[⑦]形制相当，表明其时代约略相当，其年代在西周晚期、春秋早期之间。

从文化因素分析，蛮子营墓地出土的陶鬲不仅具有早期楚文化因素，而且还具有关中地区周文化因素。早期楚文化陶器组合以鬲为核心，兼有盂、豆、罐、盆、瓮等。其中陶鬲一般为联裆或弧裆，空足较浅甚至略有略无，高柱足，足跟与器身分开制作，一般将这种制作方法称为二次包制，学术界将其命名为楚式鬲[⑧]。由于早期楚文化的陶系特征一般多为红陶或红褐

① 沈强华：《试论屈家岭文化的地域类型》，《考古与文物》1986年第2期；祁国钧：《试论屈家岭文化的类型及相关问题》，《江汉考古》1986年第4期；孟华平：《长江中游史前文化结构》，长江文艺出版社，1996年，第117页。

② 林邦存：《关于屈家岭文化区、系、类型问题的初步分析》，《江汉考古》1997年第1、2期。

③ 樊力：《论屈家岭文化青龙泉二期类型》，《考古》1998年第11期。

④ 襄樊市文物考古研究所：《襄樊邓城黄家村遗址2005年西区周代灰坑发掘简报》，《中原文物》2008年第3期。

⑤ 湖北省文物考古研究所等：《襄阳陈坡》，科学出版社，2013年。

⑥ 湖北省文物考古研究所等：《湖北襄樊真武山周代遗址》，《考古学集刊（第9集）》，科学出版社，1995年。

⑦ 襄樊市文物考古研究所：《襄樊邓城黄家村遗址2005年西区周代灰坑发掘简报》，《中原文物》2008年第3期。

⑧ 苏秉琦：《从楚文化探索中提出的问题》，《江汉考古》1982 年第 1 期。

陶，少见灰陶，并且器表一般饰绳纹，俞伟超先生则将其称为“高腿锥足红陶绳纹鬲”[①]。H2出土的陶鬲（H2：2）则具有这种风格，而这种联裆柱足鬲（H2：2）不见于关中周文化因素中，但是关中周文化中西周时期常见的袋足鬲则见于蛮子营墓地（H2：1），这说明该地区和关中地区在西周时期存在着较为密切的交流关系。

长期以来，楚文化的起源问题众说纷纭，这一问题长期困扰学术界，而早期楚文化也一直是楚文化研究的热点。随着近年南水北调中线工程丹江口淹没区考古发掘工作的开展，丹江口库区西周文化遗存的发现愈来愈多，如淅川下王岗[②]、单岗[③]、下寨[④]、龙山岗（黄楝树）[⑤]、盆窑[⑥]、湖北郧县辽瓦店子[⑦]等，以及早年发掘的均县朱家台[⑧]、丹江口观音坪[⑨]、襄樊真武山[⑩]、黄家村[⑪]、宜城郭家岗[⑫]，等等，但上述诸遗址多在丹江沿岸，而老鹳河流域除了早年发现的淅川双河镇之外，其他再无发现，该遗址发现的两周之际文化遗存当属目前所知位于老鹳河流域最上游的一处。结合该地区历年来所发现的西周时期楚文化遗存，该墓地发现的两周之际文化遗存为研究楚文化起源提供了新的线索。

三、关于汉晋时期遗存的认识

（一）墓葬形制分析

汉晋时期墓葬共发现52座，绝大多数为砖室墓，仅有M14、M38为土坑墓，现就墓葬类型简要分析如下。

---

① 俞伟超：《先秦与三苗文化的考古学推测》，《文物》1980年第10期。

② 河南省文物研究所等：《淅川下王岗》，文物出版社，1989年；中国社会科学院考古研究所山西队等：《河南淅川县下王岗遗址西周遗存发掘简报》，《考古》2010年第7期。

③ 靳松安等：《淅川单岗新石器时代至清代遗址》，《中国考古学年鉴·2012》，文物出版社，2013年；郑州大学考古系发掘材料。

④ 河南省文物考古研究院发掘材料。

⑤ 河南省文物考古研究院发掘材料。

⑥ 中山大学人类学系发掘材料。

⑦ 中国社会科学院考古研究所长江工作队：《湖北郧县和均县考古调查与试掘》，《考古学集刊（第4集）》，中国社会科学出版社，1984年；武汉大学考古与博物馆学系等：《湖北郧县辽瓦店子遗址东周遗存的发掘》，《考古》2008年第4期。

⑧ 中国社会科学院考古所长江工作队：《湖北均县朱家台遗址》，《考古学报》1989年第1期。

⑨ 湖北省文物考古研究所等：《2008年湖北省丹江口市观音坪遗址发掘报告》，《江汉考古》2010年第2期。

⑩ 湖北省文物考古研究所等：《湖北襄樊真武山周代遗址》，《考古学集刊（第9集）》，科学出版社，1995年。

⑪ 襄樊市文物考古研究所：《襄樊邓城黄家村遗址2005年西区周代灰坑发掘简报》，《中原文物》2008年第3期；襄樊市文物考古研究所：《湖北襄樊市黄家村遗址周代灰坑的清理》，《考古》2009年第11期。

⑫ 武汉大学历史系考古教研室等：《湖北宜城郭家岗遗址发掘》，《考古学报》1997年第4期。

1. 土坑墓

土坑墓仅发现2座，可分为长方形和“甲”字形两种。其中M14为带有斜坡墓道的“甲”字形土坑墓，M38为长方形竖穴土坑墓。

2. 砖室墓

砖室墓共发现50座，其中M13因保存较差，仅残存墓室部分，整体平面形状不可辨识。其余49座墓葬根据甬道的有无分为两类。

无甬道墓葬共3座，即M17、M21、M30，其中M30为带有斜坡墓道的“甲”字形墓，M17、M21为长方形竖穴砖室墓。

有甬道墓葬共46座。甬道或是砖砌，或为土筑。在排除墓道的情况下，根据甬道与墓室的位置关系可分为长方形、“刀”形和“凸”字形三类①。

长方形，共3座，均带有墓道，包括M41、M46、M54。

“刀”形，共18座，包括M1、M2、M4、M5、M7、M8、M9、M15、M18、M22、M23、M26、M29、M40、M48、M51、M55、M56。其中墓室底部砌有棺墩者4座，即M1、M2、M7、M22；墓室底部砌有棺床者8座，即M4、M8、M15、M18、M40、M51、M55、M56；平底者6座，即M5、M9、M23、M26、M29、M48。

“凸”字形，共25座，包括M3、M6、M10、M11、M12、M19、M20、M28、M31、M32、M33、M34、M35、M36、M37、M39、M42、M43、M44、M45、M47、M49、M50、M52、M53。其中直边“凸”字形单室墓8座，即M6、M11、M12、M19、M28、M34、M39、M44；直边“凸”字形多室墓1座，即M10；弧边“凸”字形单室墓14座，即M3、M20、M32、M33、M35、M36、M37、M42、M43、M45、M47、M49、M52、M53；弧边“凸”字形多室墓2座，即M31、M50。此类墓室底部多设有棺床，其中M39、M44底部未发现棺床，M3、M11、M12、M32、M34、M42、M45、M48因保存较差，底部有无棺床不详。

（二）出土陶器（含釉陶器）主要器形型式分析

汉晋时期遗存以墓葬为主，出土器物比较丰富，质地主要为陶、釉陶、铜、铁等，另有少量的玻璃器、铅器、骨器和石器。其中陶器（含釉陶器）器形较为丰富，有仓、灶、井、磨、鼎、壶、罐、瓮、釜、奁、炉、甑、盆、勺、耳杯、案、盘、汲水瓶、盒、碗、瓦当、龟、俑、鸡、猪、碓等。现就出土陶器（含釉陶器）主要器形型式分析如下（图一六二）。

---

① 结语部分所说的长方形、“刀”形、“凸”字形墓是指甬道和墓室部分，非指墓葬整体形状，个别墓葬与前文有异，特此说明。

1. 仓

38件。均为筒腹。根据器形的整体风格分为三型。

A型 腹壁斜向外张或弧壁外张，底径略大于肩径。根据腹部的变化可分为三式。

Ⅰ式 腹壁斜直或微弧。7件，以M1：26为代表，包括M1：19、M14：15、M22：7、M22：10、M22：11和M33：7。

Ⅱ式 腹壁微弧。10件，以M4：3为代表，包括M3：1、M4：2、M5：5、M22：8、M22：9、M22：12、M51：12、M51：13、M51：14。

Ⅲ式 腹壁弧，腹部最大径移至上腹。1件，标本M3：2。

B型 弧壁。根据腹部变化可分为三式。

Ⅰ式 弧壁较直。2件，以M2：3为代表，包括M2：2。

Ⅱ式 弧壁，中腹微直。1件，标本M56：2。

Ⅲ式 弧壁微鼓。1件，标本M41：2。

C型 斜壁内收，肩径大于底径。根据底部足的有无可分为二亚型。

Ca型 无足。根据腹壁的变化可分为三式。

Ⅰ式 腹壁斜直或微弧。6件，以M7南室：5为代表，包括M7北室：2、M26：2、M30：5、M30：11、M31：5。

Ⅱ式 腹壁微弧。6件，以M55：4为代表，包括M10：1、M21：1、M21：5、M40：5、M40：11。

Ⅲ式 弧壁。2件，以M53：2为代表，包括M53：1。

Cb型 有足。2件，以M2：15为代表，包括M2：16。

2. 井

16件。根据器形整体风格的不同划分为三型。

A型 筒腹。根据腹壁形态的不同可分为二亚型。

Aa型 腹壁斜直。根据腹壁特征及沿部的变化可分三式。

Ⅰ式 斜壁，斜折沿或平折沿。3件，以M1：3为代表，包括M22：20、M30：9。

Ⅱ式 直壁，平折沿。1件，标本M49：1。

Ⅲ式 直壁或弧壁，沿面贴于器壁。4件，以M21：3为代表，包括M3：5、M31：3、M31：7。

Ab型 直腹。根据口部及沿部特征的变化可分为二式。

Ⅰ式 直口，平折沿。1件，标本M26：1。

Ⅱ式 直口微敞，卷沿。1件，标本M41：1。

B型 敛口，平折沿，束颈。根据腹壁特征的变化可分为三式。

Ⅰ式 斜弧壁，腹部最大径近底部。1件，标本M2：19。

Ⅱ式 腹壁较直。2件，以M40：10为代表，包括M4：6。

Ⅲ式　腹壁较直，斜向外张。1件，标本M54：2。

C型　束颈，鼓腹。根据口部及沿部的变化分为二式。

Ⅰ式　直口，平折沿。1件，标本M51：9。

Ⅱ式　侈口，卷沿。1件，标本M4：4。

3. 鼎

4件。根据口部特征的不同分为二型。

A型　子母口。根据腹部特征分为二亚型。

Aa型　垂腹，敛口，口外附双耳。1件，标本M1：15。

Ab型　弧腹，直口微敛。2件，以M7南室：6为代表，包括M14：8。

B型　敛口，折腹，折腹外壁附双耳。1件，标本M51：4。

4. 壶

5件。根据圈足的不同可分二型。

A型　假圈足。根据腹部及圈足的变化可分为二式。

Ⅰ式　圆鼓腹，假圈足较矮。2件，以M51：20为代表，包括M51：26。

Ⅱ式　扁鼓腹，假圈足较高。1件，标本M55：1。

B型　底附矮圈足，球腹。2件，以M1：5为代表，包括M2：24。

5. 磨

7件。根据器物扣合方式的不同分为二型。

A型　分体式。分二式。

Ⅰ式　底座较高。2件，以M1：18为代表，包括M14：13（仅残存上半部）。

Ⅱ式　底座较矮。2件，以M50：2为代表，包括M41：3（仅残存上半部）。

B型　连体式，底部有承盘。亦分二式。

Ⅰ式　承盘较大。1件，标本M2：18。

Ⅱ式　承盘较小。2件，以M31：8为代表，包括M20：1。

6. 灶

17件。根据灶眼多少分为二型。

A型　双眼灶。根据灶面形状分为二亚型。

Aa型　弧边或直边三角形。根据灶眼多少和烟囱的变化可分为三式。

Ⅰ式　双眼。3件，以M1：6为代表，包括M22：13、M30：3。

Ⅱ式　单眼。2件，以M40：6为代表，包括M55：6。

Ⅲ式 单眼，一端上翘形成烟囱。3件，以M31：1为代表，包括M3：4、M21：4。

Ab型 整体呈长方形，不分式。3件，以M9：1为代表，包括M1：22、M14：14。

B型 单眼灶。根据灶面形状分为二亚型。

Ba型 整体呈弧边三角形或椭圆形。可分为二式。

Ⅰ式 弧边三角形。2件，以M9：4为代表，包括M35：3。

Ⅱ式 椭圆形。1件，标本M53：6。

Bb型 整体呈长方形。可分为二式。

Ⅰ式 后端无烟囱。2件，以M51：7为代表，包括M4：1。

Ⅱ式 后端有烟囱。1件，标本M54：3。

7. 瓮

11件。根据肩部有无盘口分为二型。

A型 无盘口，直口，平底。根据肩部特征分为二亚型。

Aa型 广肩。根据肩部特征的变化可分为三式。

Ⅰ式 广肩。2件，以M1：16为代表，包括M22：1。

Ⅱ式 圆肩。2件，以M40：3为代表，包括M5：1。

Ⅲ式 鼓肩。1件，标本M33：8。

Ab型 溜肩。根据肩部特征的变化可分为二式。

Ⅰ式 溜肩。4件，以M1：28为代表，包括M14：11、M14：12、M14：16。

Ⅱ式 溜肩微折。1件，标本M54：1。

B型 肩部有盘口。1件，标本M51：1。

8. 双耳罐

3件。罐类发现较多，其中一部分与陶瓮形制基本相似，唯独形体较小，且无变化规律可循。另一部分为直口，平底，肩部或腹部带有双桥形耳，根据其整体形制演变特征可分为三式。

Ⅰ式 束颈，圆鼓腹，双桥形耳位于中腹。1件，标本M30：4。

Ⅱ式 矮领，深弧腹，双桥形耳位于中上腹。1件，标本M40：1。

Ⅲ式 矮领变高，深弧腹，双桥形耳位于肩部。1件，标本M23：1。

（三）分期与年代

汉晋时期墓葬共发现52座，其中M38为长方形竖穴土坑墓，根据开口层位及墓葬所处位置将其归入该时期，其余51座根据墓葬之间打破关系、形制演变规律及出土遗物，可将其大体分为三期（表一）。

表一　蛮子营墓地汉晋时期墓葬出土器物一览表

分期	墓号	陶器																铜器						铁器	其他
		仓	灶	井	磨	鼎	壶	瓮	双耳罐	罐	釉陶器盖	釜	奁	熏炉	甑	盆	其他	铜钱				车马器	其他		
																		有郭五铢	磨郭五铢	大泉五十	货泉				
第一期	M1	AⅠ	AaⅠ、Ab	AaⅠ	AⅠ	Aa	B	AaⅠ、AbⅠ		√	√	√			√	√		√	√	√	√		铺首、洗	不明器	
	M2	BⅠ、CbⅠ		BⅠ	BⅠ		B			√	√	√				√		√	√		√	√	壶	鼎、洗	
	M5	AⅡ						AaⅡ								√	瓦当								
	M7	CaⅠ				Ab				√	√	√		√			炉	√				√			
	M8																	√	√		√				
	M9		Ab、BaⅠ							√		√						√			√				
	M14	AⅠ	Ab		AⅠ	Ab		AbⅠ		√	√			√	√	√		√				√	弩机		
	M22	AⅠ、AⅡ	AaⅠ	AaⅠ				AaⅠ		√		√				√		√		√				釜	
	M26	CaⅠ		AbⅠ																					
	M30	CaⅠ	AaⅠ	AaⅠ					Ⅰ	√			√				碗							刀	
	M51	AⅠ、AⅡ	BbⅠ	CⅠ		B	AⅠ	B		√		√	√		√	√	勺、耳杯、案、盘、汲水瓶						镜		玻璃器
第二期	M4	AⅡ	BbⅠ	BⅡ、CⅡ						√					√	√	盂、盒、汲水瓶	√	√				扣、环		骨珠
	M6											√						√					环		
	M15																	√	√						
	M18																	√							
	M40	CaⅡ	AaⅡ	BⅡ				AaⅡ	Ⅱ	√		√			√	√		√							
	M55	CaⅡ	AaⅡ				AⅡ			√		√			√		碗、汲水瓶	√				√	饰件		骨珠、石砚
	M56	BⅡ								√															玻璃器

续表

分期	墓号	陶器																铜器						铁器	其他
		仓	灶	井	磨	鼎	壶	瓮	双耳罐	罐	釉陶器盖	釜	奁	熏炉	甑	盆	其他	铜钱				车马器	其他		
																		有郭五铢	磨郭五铢	大泉五十	货泉				
第三期	M3	AⅡ、AⅢ	AaⅢ	AaⅢ						√					√	√									
	M10	CaⅡ																√					镜		
	M11														√								印章		
	M12																瓦当	√			√				
	M20				BⅡ											√									
	M21	CaⅡ	AaⅢ	AaⅢ						√		√			√	√									
	M23								Ⅲ	√															
	M29															√									
	M31	CaⅠ、CaⅡ	AaⅢ	AaⅢ	BⅡ										√	√									铅印
	M32		AaⅢ												√										
	M33	AⅠ						AaⅢ		√							龟、俑、鸡	√							
	M35		BaⅠ							√					√	√									
	M37																	√							
	M41	BⅢ		AbⅡ	AⅡ											√	炉								
	M43									√															
	M45																	√							
	M46																					√			
	M47																	√							
	M49			AaⅡ																					
	M50				AⅡ												碓、猪								
	M53	CaⅢ	BaⅡ												√	√									
	M54		BbⅡ	BⅢ				AbⅡ							√			√			√		环		

第一期：本期墓葬共11座，其中“刀”形墓9座，包括M1、M2、M5、M7、M8、M9、M22、M26、M51；“甲”字形墓2座，即M14、M30。本期墓葬形制有以下特点：“刀”形墓墓道位于墓室一侧，墓室以带甬道和砖砌棺墩为其主要特征，部分墓葬开始出现简易棺床；“甲”字形墓墓道均位于墓室中部，墓室平面呈长方形，其中M30底部有砖砌棺墩。本期墓葬从分布上来看，多数位于Ⅰ区，仅M51位于Ⅱ区。墓葬方向以东北—西南向为主，西北—东南向者较少。

本期随葬品流行AⅠ式仓、AⅡ式仓、BⅠ式仓、CaⅠ式仓、CbⅠ式仓、AaⅠ式灶、Ab型灶、BaⅠ式灶、BbⅠ式灶、AaⅠ式井、AbⅠ式井、BⅠ式井、CⅠ式井、Aa型鼎、Ab型鼎、B型鼎、AⅠ式壶、B型壶、AⅠ式磨、BⅠ式磨、AaⅠ式瓮、AaⅡ式瓮、AbⅠ式瓮、B型瓮、Ⅰ式双耳罐，以及釉陶器、铜车马器、“大泉五十”、“货泉”等。

从墓葬形制来看，本期墓葬以砖室墓为主，其中M14为带有斜坡墓道的“甲”字形土坑墓，与淅川泉眼沟①M57基本相似。M30墓室底部低于墓道尽端，明显是承袭了该地区西汉中晚期墓葬的特征，如泉眼沟西汉中期M22、西汉晚期至新莽时期的M52等，表明M30的年代当不早于上述两座墓葬的年代。本期砖室墓最大的特征是墓室底部砌有棺墩，而其沿袭者明显是第二期墓室建有棺床的墓葬。通过参考以往的发掘材料，建有棺床的墓葬年代大体在东汉中期，那么本期墓葬的年代当不晚于东汉中期。此外，本期墓葬出现“大泉五十”和“货泉”等“新莽”时期的铜钱，表明其时代当不早于“新莽”时期，参考以往的研究成果②，本期墓葬出土的部分五铢钱和东汉早期的五铢钱特征较为一致。那么，可以基本断定本期的墓葬年代大体在新莽至东汉早期。

第二期：本期墓葬共9座，其中“刀”形墓6座，包括M4、M15、M18、M40、M55、M56；“凸”字形墓3座，包括M6、M19、M28。本期“刀”形墓继承了第一期同类墓葬基本形制，仍是带有甬道的直边单室墓，但砖砌棺墩变为棺床，墓室后端底部高于墓室前部，不仅“刀”形墓如此，本期新出现的“凸”字形墓亦如此。本期墓葬分布无明显规律，在Ⅰ区、Ⅱ区皆有分布，且分布相对较为散乱。本期墓葬方向和第一期相仿，仍以东北—西南向为主，西北—东南向者较少。

本期随葬品流行AⅡ式仓、BⅡ式仓、CaⅡ式仓、AaⅡ式灶、BbⅠ灶、BⅡ式井、CⅡ式井、AⅡ式壶、AaⅡ式瓮、Ⅱ式双耳罐。本期不见釉陶器，陶鼎消失不见，铜车马器减少。

本期墓葬以带有棺床为主要特征，与第一期带有棺墩的墓葬明显有承袭关系，本期新出现“凸”字形墓，但这些墓葬均为直边，与泉眼沟东汉中期墓葬基本相似，如泉眼沟M83、M84③代表了本期“凸”字形墓的基本特征，而其承袭者当是第三期的弧边墓葬。表明第二期墓葬的年代晚于第一期，并早于第三期，时代约为东汉中期。

---

① 四川大学历史文化学院考古系等：《河南淅川泉眼沟汉代墓葬发掘报告》，《考古学报》2014年第3期。

② 徐承泰、范江欧美：《东汉五铢钱的分期研究》，《文物》2010年第10期。

③ 四川大学历史文化学院考古系等：《河南淅川泉眼沟汉代墓葬发掘报告》，《考古学报》2014年第3期。

第三期：共31座，其中“凸”字形墓21座，包括M3、M10、M11、M12、M20、M31、M32、M33、M34、M35、M36、M37、M42、M43、M44、M45、M47、M49、M50、M52、M53；“刀”形墓3座，包括M23、M29、M48；长方形无甬道墓4座，包括M39、M41、M46、M54；无墓道长方形墓2座，M17、M21。M13因保存较差，仅残存墓室部分，但从墓壁呈弧形的特征来看，也可归入本期。本期“刀”形墓减少，盛行“凸”字形墓，仍流行单室墓，个别墓葬为多室墓，墓室后部有棺床，墓壁呈弧形为其主要特征。带墓道的长方形墓葬，墓室狭长为其主要特征，个别“凸”字形墓，如M44也有这种特征。本期墓葬在Ⅰ区、Ⅱ区皆有分布，Ⅱ区相对较多，多数墓葬分布散乱，个别墓葬分布相对集中，本期墓葬方向仍以东北—西南向为主，西北—东南向者较少，新出现南北向和东西向墓葬。

本期随葬品流行AⅠ式仓、AⅡ式仓、AⅢ式仓、BⅢ式仓、CaⅠ式仓、CaⅡ式仓、CaⅢ式仓、AaⅢ式灶、BaⅠ式灶、BaⅡ式灶、BbⅡ式灶、AaⅡ式井、AaⅢ式井、AbⅡ式井、BⅢ式井、AⅡ式磨、BⅡ式磨、AaⅢ式瓮、AbⅡ式瓮、Ⅲ式双耳罐，部分墓葬随葬有釉陶俑、釉陶龟、釉陶鸡、陶猪等像生人物和动物模型，几乎不见车马器。

本期墓葬以弧边为主要特征，此类墓葬在淅川地区发现较多，如淅川泉眼沟墓地[①]、柳家泉墓地[②]、杨营墓地[③]等，研究者已经对其进行深入分析，其年代大体在东汉晚期，部分墓葬的年代可能会晚至魏晋时期。此外，本期还出现墓室狭长的长方形墓葬，淅川下寨[④]遗址发现多座类似的墓葬，但其年代在东晋至南朝时期，并且出土有青瓷器等时代特征明显的器形，鉴于蛮子营墓地此类墓葬出土器物与弧边“凸”字形墓出土器物基本相似，将其年代大体定在东汉晚期至魏晋时期应大体不谬。

（四）文化因素分析及个别问题的探讨

蛮子营汉代墓葬出土的遗物大多见于中原地区同时期墓葬出土的器物群中，其中以仓、井、灶、磨、罐、壶、釜、盆、甑为基本组合，个别墓葬中随葬有壶、奁、鼎、盒、炉、熏炉、碗、碓、俑、鸡、猪、瓮、双耳罐等。其中以仓、井、灶极具地方特色。如A、B型仓与中原地区常见的上大下小斜壁三足仓差别较大，与汉江流域同时期遗存特征类似，应是江汉文化因素，与襄樊贾巷墓地[⑤]、襄樊彭岗汉墓[⑥]、老河口杨寨东汉墓[⑦]、老河口北岗东汉墓[⑧]、郧

① 四川大学历史文化学院考古系等：《河南淅川泉眼沟汉代墓葬发掘报告》，《考古学报》2014年第3期。
② 河南省文物局：《淅川柳家泉墓地》，科学出版社，2013年。
③ 咸宁市博物馆等：《河南淅川杨营墓群发掘简报》，《江汉考古》2015年第1期。
④ 河南省文物考古研究院等：《河南淅川下寨遗址东晋至南朝墓发掘简报》，《文物》2016年第1期。
⑤ 襄樊市文物考古研究所：《襄樊贾巷墓地发掘报告》，《襄樊考古文集（第一辑）》，科学出版社，2007年。
⑥ 老河口市博物馆：《襄樊彭岗汉墓群发掘简报》，《江汉考古》2000年第2期。
⑦ 老河口市博物馆：《老河口市杨寨东汉墓清理简报》，《江汉考古》1996年第4期。
⑧ 老河口市博物馆：《湖北省老河口市北岗东汉墓发掘简报》，《江汉考古》2004年第2期。

县老幸福院汉墓[①]等墓地出土的同类器较为一致；陶灶在该时期墓葬中较为常见，但其形态特征亦与以洛阳为中心的中原地区陶灶特征迥异，中原地区发现的陶灶多以泥板拼合成方形或长方形，而该墓地发现的陶灶平面形状多为直边或弧边三角形，灶面多数平整，而个别器物尖端拱起形成烟囱的特征较为别致，当是该地的地方特色；蛮子营墓地出土的陶井也与中原地区同类器形制差别较大，多见于汉水中下游流域，这种形制的陶井不见井架或者井亭盖顶，制作极为简单，甚至呈直筒式，仅具象征意义，已无写实手法。

此外，值得注意的是，蛮子营汉代墓葬中随葬有云纹瓦当数件，汉墓中随葬瓦当在淅川境内不是孤例，如淅川柳家泉墓地出土四瓣纹瓦当5件[②]，发掘者将以河南洛阳为主出土有瓦当的汉晋墓葬罗列详明，得出的结论值得借鉴——“以洛阳为中心的中原地区从东汉早中期就开始有随葬瓦当的风俗，并在东汉晚期变得较为常见，且延续到西晋，西晋晚期或东晋之后随着陶制明器渐渐为实用陶瓷器所替代，瓦当也悄然消失。因此，瓦当也可能是作为其中一种有代表实用建筑意义的明器随葬在汉晋墓中的”。

四、关于宋金文化遗存的认识

宋金时期文化遗存发现较少，仅发现三座墓葬，且均被破坏严重，虽然没有发现明确纪年题记，但墓葬的形制结构、砖雕内容和中原地区宋金时期墓葬较为近似。出土的两件白釉加彩瓷碗外壁施釉不及底，内壁釉上加彩的装饰风格，是北宋晚期至金代红绿彩瓷典型的制作手法。此外，参考以往学者关于中原地区宋墓的研究成果[③]，我们将该时期遗存的年代推断为北宋晚期至金代应该大体不谬。

宋加彩是宋代釉上彩绘品种，是最早的瓷器釉上彩装饰技法。又称“宋红绿彩”，这类产品是在已烧成的瓷器上用色料加以绘画，再经低温烘烤而成。彩料有红、绿、黄及金、银彩几种。宋加彩始于河北定窑，最初仅用红彩书字或金、银彩绘画。之后北方金代磁州窑、扒村窑及山东、山西某些瓷窑竞相烧造，在一件器物上应用多种彩料，其中只用红、绿两色的，也称“宋红、绿彩”。也有以黑彩在釉下描绘轮廓线，釉上再填入其他色彩，宋加彩当为明、清五彩与斗彩之前身。蛮子营墓地发现的两件白釉彩瓷碗在淅川地区发现极少，为研究宋金时期彩瓷的传播地域提供了较为珍贵的实物材料。

蛮子营墓地发现的三座宋金时期墓葬均为二次葬，砖砌墓室狭小，但墓内装饰较为精致，这和宋金时期的民间葬俗密不可分。时人惑于“风水”，葬俟年月之利，不仅选择吉时，更要选择吉地，以至于枯骨改葬，新丧久殡。“有贪求吉地，未能惬意，至数十年不葬其亲

① 南水北调中线水源有限责任公司等：《郧县老幸福院墓地》，科学出版社，2007年。

② 河南省文物局：《淅川柳家泉墓地》，科学出版社，2013年。

③ 陈朝云：《我国北方地区宋代砖室墓的类型和分期》，《郑州大学学报》1994年第6期。

者，……有既葬以为不吉，一掘未已，至掘三掘四者。”[①]关于看“风水”对社会的危害，时人已有所认识。罗大经在其《鹤林玉露》中把它归纳为久殡不葬、多次改葬、抢购吉地、争夺风水四点[②]。司马光讲得还要具体些：“今世俗信术者妄言，以为葬不择地及岁、月、日、时，则子孙不利，祸殃总至，乃至终丧除服，或十年，或二十年，或终身，或累世，犹不葬，至为水火所漂焚，他人所投弃，失亡尸柩不知所之者。岂不哀哉!”[③]可见时人迷惑于“风水”之深。

蛮子营墓地地处豫、陕、鄂三省交界处，该地区北依伏牛山，东控桐柏山，南有大洪山，西为肖山。东部为南阳盆地与江汉平原相连；向西北可通过丹江、汉水谷地与关中平原相通。这里自古以来就是江汉地区通往关中和中原地区的交通要道。加之该地区河流密布，气候温和，为古人类的生存和发展及南北方不同文化之间的交流与融合提供了优越的条件。多年来的考古发掘材料也基本上反映了长江中游和黄河中游两大传统区域文化势力此消彼长的过程，对于研究中华文化多元一体格局的形成发展和中国早期文明进程都具有重要价值。

---

① （宋）罗大经：《鹤林玉露》丙编卷六，《风水》，点校本，中华书局，1983年。

② （宋）罗大经：《鹤林玉露》丙编卷六，《风水》，点校本，中华书局，1983年。

③ （宋）司马光：《家范》卷五，《子下》，影印本，上海古籍出版社，1992年。

附　　表

附表一　新石器时代墓葬登记表

墓号	位置	方向	形制结构	墓口尺寸（厘米）	墓底尺寸（厘米）	葬式	性别	年龄	葬具	盗扰否
				长×宽-距地表深	长×宽-距地表深					
M16	Ⅰ T0906	95°	瓮棺葬，平面形状近圆形，直壁，平底	55×60-45	55×60-70	不详	不详	不详	瓮棺1	否

附表二　两周之际灰坑登记表

编号	位置	层位关系	形状	口（底）径-深（厘米）	填土	出土遗物
H1	Ⅰ T0704	②→H1→生土	椭圆形，弧壁，圜底	口（100～220）-（44～74）	灰褐色，土质较硬，包含有大量的红烧土颗粒、少量的草木灰	夹砂灰陶片、夹砂红陶片，可辨器形为鬲
H2	Ⅰ T0705	②→H2→生土	近圆形，弧壁，底略平	口206、底160-（52～56）	灰褐色，土质较硬，包含有大量的烧土颗粒、草木灰	夹砂红陶片和灰陶片，可辨器形为鬲
H3	Ⅰ T0705 Ⅰ T0805	②→H3→生土	不规则形，弧壁，平底	（74～236）-42	红褐色，土质较硬，包含有草木灰和烧土颗粒	夹砂陶片、兽骨，可辨器形有鬲、甗
H4	Ⅰ T0705 Ⅰ T0805	②→H4→生土	椭圆形，弧壁，圜底	口（256～440）-90	灰褐色，土质较硬，包含有较多的草木灰、少量的烧土颗粒	夹砂陶片
H5	Ⅰ T0807	②→H5→生土	圆形，弧壁，平底	口140、底120-78	红褐色，土质较硬，包含有大量的红烧土块	夹砂红、灰陶片，可辨器形为鬲
H6	Ⅰ T0807	②→H6→生土	椭圆形，弧壁，底不平	口（92～210）-（32～42）	黑灰色，土质较硬，包含有大量的红烧土颗粒	夹砂绳纹陶片、鬲足、铜镞
H7	Ⅰ T0908	②→H7→生土	近圆形，直壁，底不平	口190-44	黑灰色，土质较硬，包含有少量的红烧土和一些河卵石	泥质红陶片、夹砂红陶片，石凿1件，可辨器形有鬲

续表

编号	位置	层位关系	形状	口（底）径–深（厘米）	填土	出土遗物
H8	Ⅰ T0807 Ⅰ T0808 Ⅰ T0907	②→H8→生土	椭圆形，弧壁，底略平	口（175～210）–（55～65）	灰褐色，土质较硬，包含有大量的红烧土块及颗粒	夹砂红陶片、夹砂灰陶片、泥质灰陶片及兽骨，可辨器形有鬲、罐等
H9	Ⅰ T0807	②→H9→生土	近圆形，壁微弧，圜底	口212–（70～76）	灰褐色，土质较硬，包含大量的红烧土块及颗粒、草木灰	夹砂红陶片、夹砂灰陶片、泥质灰陶片兽骨，可辨器形有鬲、罐等
H10	Ⅰ T0807 Ⅰ T0907	②→H10→生土	半圆形，弧壁，圜底	口（90～170）–90	灰褐色，土质较硬，含有大量的红烧土块及颗粒、少量的草木灰	夹砂红陶片、夹砂灰陶片、泥质灰陶片、兽骨及牙齿
H11	Ⅰ T0907	②→H11→生土	椭圆形，弧壁，圜底	口（80～146）–84	灰褐色，土质较硬，含大量的草木灰及红烧土颗粒	夹砂红陶片、夹砂灰陶片、泥质灰陶片、兽骨等，可辨器形有鬲、罐
H12	Ⅰ T0908	②→H12→生土	近圆形，斜壁，圜底	口208–180	第1层为五花土，第2层为浅黄色沙土，第3层为黑色土，第4层为灰褐色土。含有大量的红烧土颗粒、红烧土块、河卵石、草木灰等	夹砂红陶残片、泥质灰陶残片及石器，可辨器形有鬲、豆、罐、石锛、石凿等
H13	Ⅰ T0706	②→H13→生土	近圆形，弧壁，底不平	口120、底110–66	灰褐色，土质较硬，内含大量的红烧土块、少量的草木灰	夹砂红陶片、灰陶片，泥质红陶片、灰陶片，可辨器形为鬲、罐
H14	Ⅰ T1110	②→H14→生土	近长方形，斜壁，圜底	口（256～440）、底（140～420）–（30～80）	青灰色，土质软，包含有草木灰和烧土颗粒	无
H15	Ⅰ T1110	②→H15→生土	近圆形，壁略弧，底不平	口（150～160）–（20～40）	褐色，土质较硬，包含较多的红烧土颗粒、草木灰、少量河卵石	夹砂红、灰陶片，泥质陶片，并出土石网坠2件、石饼1件、石锛1件

附表三　汉晋时期灰坑登记表

编号	位置	层位关系	形状	口径–距地表深 底径–深（厘米）	填土	出土遗物
H16	Ⅰ T1113	②→H16→生土	椭圆形，直壁微弧，底不平	（210～257）–（45～50） （210～257）–（17～31）	灰黄色，土质较硬，包含物有大量的残砖块及少量的瓦片、石块	陶筒瓦

附表四　汉晋时期墓葬登记表

墓号	位置	方向	形制结构	墓道尺寸（厘米）长×宽-深	封门尺寸（厘米）	甬道尺寸（厘米）进深×宽-高	墓室尺寸（厘米）长×宽-深	葬具（厘米）长×宽-高	葬式	随葬品	盗扰否
M1	Ⅰ T0604 Ⅰ T0605 Ⅰ T0606	170°	斜坡墓道砖券洞室墓，平面形状呈“刀”形，由墓道、封门、甬道、墓室四部分组成	口768×（120～148）底坡856×120-（0～290）	厚30、残高88、宽104	174×96-100	280×160-180	木棺1	不详	釉陶鼎1、釉陶壶1、陶釜6、陶甑1、陶盆3、陶罐2、陶瓮2、陶仓2、陶井1、陶磨1、陶灶2、釉陶器盖3、铜铺首2、铜洗1、铜钱24、铁器1	扰
M2	Ⅰ T0704 Ⅰ T0705	164°	斜坡墓道砖券洞室墓，平面形状呈“刀”形，由墓道、封门、甬道、墓室四部分组成	口500×（110～154）底坡520×（100～120）-（116～300）	残高140	220×100-不详	（口394、底370）×（口240、底200）-160	砖砌棺床1 310×120-102	不详	釉陶壶1、釉陶罐1、陶盆2、陶仓2、釉陶仓2、陶釜1、釉陶井1、釉陶磨1、釉陶器盖4、铜壶1、铜盖弓帽4、铜车軎4、铜车轴1、铜钱6、铁鼎1、铁洗1、铁块1	扰
M3	Ⅰ T0706 Ⅰ T0705 Ⅰ T0605	213°	斜坡墓道砖室墓，平面形状呈“凸”字形，由墓道、封门、甬道、墓室四部分组成	口510×100 底坡520×94-（0～112）	高106、宽80	100×（94～110）-106	（口460、底426）×（口240～300、底178～278）-70	不详	不详	陶罐1、陶盆1、陶仓2、陶灶1、陶甑1、陶井1	扰
M4	Ⅰ T0805 Ⅰ T0905	113°	斜坡墓道砖券洞室墓，平面形状呈“刀”形，由墓道、甬道、墓室三部分组成	口340×140 底坡370×130-（0～140）		100×96-138	400×174-132	砖砌棺床1 340×174-20	不详	陶罐3、陶盆1、陶仓2、陶灶1、陶釜1、陶甑1、陶井2、陶汲水瓶1、陶盒1、铜扣1、铜环1、铜钱3、骨珠1	扰
M5	Ⅰ T0605	170°	斜坡墓道砖券洞室墓，平面形状呈“刀”形，由墓道、封门、甬道、墓室四部分组成	口310×（116～128）底坡346×（106～116）-（0～150）	残高120、宽90	64×86-不详	320×118-150	不详	不详	陶瓮1、陶盆2、陶仓1、陶瓦当1	扰

续表

墓号	位置	方向	形制结构	墓道尺寸（厘米）长×宽–深	封门尺寸（厘米）	甬道尺寸（厘米）进深×宽–高	墓室尺寸（厘米）长×宽–深	葬具（厘米）长×宽–高	葬式	随葬品	盗扰否
M6	Ⅰ T0705 Ⅰ T0805 Ⅰ T0806	22°	斜坡墓道砖券洞室墓，平面形状呈“凸”字形，由墓道、甬道、墓室三部分组成	口280×（133～135）底坡310×130–（0～136）		140×92–136	350×216–130	砖砌棺床1 250×216–28	不详	陶釜1、铜环1、铜钱7	扰
M7	Ⅰ T0807 Ⅰ T0907	250°	双墓道双墓室的砖券洞室墓，分为南室和北室。北室由墓道、封门、甬道、墓室四部分组成，南室由墓道、墓室两部分组成	北室：口500×（110～160）底坡450×（110～130）–（50～270） 南室：口490×（100～130）底坡520×（100～104）–（0～160）	北室：高160	150×100–165	北室：296×217–258 南室：290×218–175	不详	不详	北室：陶罐1、陶仓1、陶釜1、陶炉1、陶熏炉1、铜盖弓帽1； 南室：陶鼎1、釉陶罐2、陶仓1、釉陶器盖1、铜饰件1、铜扣1、铜钱8、石锛1	扰
M8	Ⅰ T1006	291°	斜坡墓道砖券洞室墓，平面形状呈“刀”形，由墓道、封门、甬道、墓室四部分组成	口290×（108～128）底坡330×（106～116）–（0～180）	残高110、宽110	105×85–114	340×170–176	砖砌棺床1 165×72–8	不详	铜钱14	扰
M9	Ⅰ T0808 Ⅰ T0708	20°	斜坡墓道砖券洞室墓，平面形状呈“刀”形，由墓道、甬道、墓室三部分组成	口300×（112～134）底坡330×120–（0～126）		140×94–不详	380×250–120	不详	不详	陶罐1、陶灶2、陶釜2、陶甑1、铜钱10	扰
M10	Ⅰ T0510 Ⅰ T0511	160°	斜坡墓道砖室墓，平面形状呈“凸”字形，由墓道、甬道、前室、后室四部分组成	口384×（100～126）底坡420×（98～100）–（0～160）		150×150–120	前室：376×227–120 后室：250×148–154	砖砌棺床1 226×200–14	不详	陶仓1、铜镜1、铜钱5	扰
M11	Ⅰ T0704 Ⅰ T0804	143°	斜坡墓道洞室墓，平面形状呈“凸”字形，由墓道、甬道、墓室三部分组成	口240×122 底坡（246×112）–（8～72）		74×116–70	（口350、底330）×（口220、底210）–110	不详	不详	陶甑1、铜印章1	扰

续表

墓号	位置	方向	形制结构	墓道尺寸（厘米）	封门尺寸（厘米）	甬道尺寸（厘米）	墓室尺寸（厘米）	葬具（厘米）	葬式	随葬品	盗扰否
				长×宽–深		进深×宽–高	长×宽–深	长×宽–高			
M12	Ⅰ T0807 Ⅰ T0808	342°	斜坡墓道洞室墓，平面形状呈“凸”字形，由墓道、甬道、墓室三部分组成	口390×（126～184）底坡430×174–（0～154）		66×180–154	（口640、底540）×（口340、底292）–154	不详	不详	陶瓦当1、铜钱3	扰
M13	Ⅰ T0705	205°	洞室墓，由墓道、墓室两部分组成	不详			320×210–（10～20）	不详	不详	无	扰
M14	Ⅰ T0807 Ⅰ T0907 Ⅰ T0806 Ⅰ T0906 Ⅰ T1006	258°	斜坡墓道土坑墓，平面形状呈“甲”字形，由墓道、墓室两部分组成	口1030×（130～170）底坡1060×（130～160）–（0～286）			470×（229～302）–200	木棺1	不详	釉陶鼎1、釉陶罐1、陶瓮3、陶盆1、釉陶盆1、釉陶仓1、釉陶灶1、釉陶甑1、陶熏炉1、釉陶磨1、釉陶器盖4、铜饰件5、铜盖弓帽7、铜衔镳2、铜车軎1、铜当卢1、铜节约1、铜弩机2、铜车轴1、铜车軎2、铜轴饰2、铜钱12、石斧1、石器1	扰
M15	Ⅰ T0511 Ⅰ T0512	335°	斜坡墓道砖室墓，平面形状呈“刀”形，由墓道、封门、甬道、墓室四部分组成	口400×（132～138）底坡428×（102～132）–（0～154）	厚52、高70	160×134–156	（口410、底390）×（口230～236、底206～210）–（136～156）	不详	不详	铜钱4	扰
M17	Ⅰ T0610	25°	长方形竖穴砖室墓				（口300、底260）×（口140、底85）–70	不详	不详	无	扰
M18	Ⅰ T0610 Ⅰ T0611	200°	斜坡墓道砖券洞室墓，平面形状呈“刀”形，由墓道、封门、甬道、墓室四部分组成	口420×（100～120）底坡474×100–（0～222）	厚34、高30	120×120–130	440×220–210	砖砌棺床1 250×190–18	不详	铜钱3	扰

续表

墓号	位置	方向	形制结构	墓道尺寸（厘米）	封门尺寸（厘米）	甬道尺寸（厘米）	墓室尺寸（厘米）	葬具（厘米）	葬式	随葬品	盗扰否
				长×宽–深		进深×宽–高	长×宽–深	长×宽–高			
M19	Ⅰ T0710	200°	斜坡墓道砖券洞室墓，平面形状呈“凸”字形，由墓道、甬道、墓室三部分组成	口280×（100～124）底坡324×（100～124）–（0～162）		120×126–不详	390×120–（124～160）	砖砌棺床1 254×220–36	不详	无	扰
M20	Ⅰ T1110 Ⅰ T1210	282°	斜坡墓道砖券洞室墓，平面形状呈“凸”字形，由墓道、封门、甬道、墓室四部分组成	口220×（100～120）底坡244×80–（40～146）	厚56、残高14	120×120–130	410×（210～240）–（120～140）	砖砌棺床1 260×（190～235）–22	不详	陶盆2、陶磨1	扰
M21	Ⅰ T0706	206°	长方形竖穴砖室墓				320×140–28	不详	不详	陶罐1、陶盆2、陶仓2、陶灶1、陶釜1、陶甑1、陶井2	扰
M22	Ⅰ T0809 Ⅰ T0810	203°	斜坡墓道砖室墓，平面形状呈“刀”形，由墓道、甬道、墓室三部分组成	口500×140 底坡540×130–（20～210）		100×100–240	320×240–260	不详	不详	陶瓮1、陶罐5、陶盆3、陶仓6、陶井1、陶釜4、陶灶1、铁釜1、铜钱124	扰
M23	Ⅰ T0613	0°	斜坡墓道砖室墓，平面形状呈“刀”形，由墓道、甬道、墓室三部分组成	未发掘		98×（口136、底126）–156	（口420、底410）×（口280、底246）–156	不详	不详	陶罐2	扰
M26	Ⅰ T1010 Ⅰ T1011	200°	斜坡墓道砖券洞室墓，平面形状呈“刀”形，由墓道、封门、甬道、墓室四部分组成	口436×（100～124）底坡480×（100～106）–（0～186）	厚14、高24、宽92	100×92–114	（口420、底370）×（口261、底235）–186	不详	不详	陶仓1、陶井1	扰
M28	Ⅰ T1013 Ⅰ T1012	162°	斜坡墓道砖券洞室墓，平面形状呈“凸”字形，由墓道、甬道、墓室三部分组成	口240×（90～110）底坡250×100–（0～72）		100×120–100	（口440、底430）×（口255～260、底245～252）–100	砖砌棺床1 295×（245～252）–24	不详	无	扰

续表

墓号	位置	方向	形制结构	墓道尺寸（厘米）	封门尺寸（厘米）	甬道尺寸（厘米）	墓室尺寸（厘米）	葬具（厘米）	葬式	随葬品	盗扰否
				长×宽-深		进深×宽-高	长×宽-深	长×宽-高			
M29	ⅠT1014	220°	斜坡墓道砖室墓，平面形状呈“刀”形，由墓道、甬道、墓室三部分组成	口170×（100～110）底坡180×95-（0～60）		60×80-80	（口350、底342）×（口200～210、底194～200）-80	木棺1	不详	陶盆1	扰
M30	ⅠT0809 ⅠT0810	195°	斜坡墓道砖券洞室墓，平面形状呈“甲”字形，由墓道、墓室两部分组成	口450×110 底坡460×100-（0～104）			300×206-230	不详	不详	陶罐4、陶奁1、陶仓2、陶灶1、陶井1、陶碗1、铁刀1	扰
M31	ⅠT1113 ⅠT1112 ⅠT1013	200°	斜坡墓道砖室墓，平面形状呈“凸”字形，由墓道、封门、甬道、墓室、耳室五部分组成	口330×（97～118）底坡374×（97～110）-（40～172）	高134、宽116	181×158-不详	（口348～366、底364）×357-175 耳室194×120-140	砖砌棺床1 260×337-24	不详	陶盆2、陶仓1、陶灶1、陶甑1、陶井2、陶磨1、铅印1	扰
M32	ⅠT1014 ⅠT1114	133°	斜坡墓道砖室墓，平面形状呈“凸”字形，由墓道、甬道、墓室三部分组成	口270×（100～110）底坡280×100-（0～90）		120×112-100	（口350、底330）×（口240～290、底196～200）-100	木棺1	不详	陶灶1、陶甑1	扰
M33	ⅠT1214 ⅠT1114	100°	斜坡墓道砖室墓，平面形状呈“凸”字形，由墓道、封门、甬道、墓室四部分组成	口340×（120～145）底坡380×120-（0～164）	厚40、高100、宽140	200×160-115	（口440、底420）×（口390、底340）-175	不详	不详	陶瓮1、陶罐2、陶仓1、釉陶龟1、釉陶俑2、釉陶鸡1、铜钱1	扰
M34	ⅠT1010 ⅠT1011	32°	斜坡墓道砖室墓，平面形状呈“凸”字形，由墓道、甬道、墓室三部分组成	口256×（100～120）底坡270×（100～110）-（0～90）		80×（口120～130、底110～120）-90	（口470、底462）×（口270、底260）-90	不详	不详	无	扰
M35	ⅡT0301 ⅡT0401	104°	斜坡墓道砖券洞室墓，平面形状呈“凸”字形，由墓道、甬道、墓室三部分组成	口260×（94～110）底坡276×（94～110）-（0～78）		120×（口108、底180）-108	（口374、底358）×（口260～268、底174～234）-96	砖砌棺床1 260×（200～234）-22	不详	陶罐2、陶盆1、陶灶1、陶甑1、	扰

续表

墓号	位置	方向	形制结构	墓道尺寸（厘米）长×宽-深	封门尺寸（厘米）	甬道尺寸（厘米）进深×宽-高	墓室尺寸（厘米）长×宽-深	葬具（厘米）长×宽-高	葬式	随葬品	盗扰否
M36	ⅡT0301	111°	斜坡墓道砖券洞室墓，平面形状呈“凸”字形，由墓道、甬道、墓室三部分组成	口320×114 底坡340×114–（0～110）		120×（口140、底190）–140	424×（260～272）–（124～140）	砖砌棺床1 278×210–16	不详	无	扰
M37	ⅡT0501	200°	斜坡墓道砖券洞室墓，平面形状呈“凸”字形，由墓道、甬道、墓室三部分组成	口295×（96～130） 底坡318×（96～130）–（0～110）		144×（130～166）–130	370×（240～310）–（123～133）	砖砌棺床1 310×236–10	不详	铜钱39	扰
M38	ⅡT0401	14°	竖穴土坑墓				（口350、底288）×（口110、底98～100）–100	不详	不详	无	扰
M39	ⅡT0302 ⅡT0402	125°	斜坡墓道砖室墓，平面形状呈“凸”字形，由墓道、甬道、封门、墓室四部分组成	口300×（96～102） 底坡280×（96～102）–（0～115）	厚32、残高62、宽112	36×（96～102）–115	（口420、底330）×（口160、底83）–104	不详	不详	无	扰
M40	ⅡT0403 ⅡT0503	200°	斜坡墓道砖室墓，平面形状呈“刀”形，由墓道、封门、甬道、墓室四部分组成	口264×（116～140） 底坡320×（110～140）–（60～200）	厚36、高90、宽96	150×100–94	400×214–204	砖砌棺床1 300×165-25	不详	陶罐3、陶瓮1、陶盆1、陶仓2、陶灶1、陶甑1、陶釜2、陶井1、铜钱3	扰
M41	ⅡT0302	21°	斜坡墓道砖券洞室墓，平面形状呈“刀”形，由墓道、封门、甬道、墓室四部分组成	口（214～224）×110 底坡268×110–（26～134）	高128、宽106～112	70×86–115	296×（126～130）–130	不详	不详	陶盆1、陶仓1、陶井1、陶磨1、陶炉1	扰

续表

墓号	位置	方向	形制结构	墓道尺寸（厘米）	封门尺寸（厘米）	甬道尺寸（厘米）	墓室尺寸（厘米）	葬具（厘米）	葬式	随葬品	盗扰否
				长×宽–深		进深×宽–高	长×宽–深	长×宽–高			
M42	ⅡT0401	115°	斜坡墓道砖券洞室墓，平面形状呈“凸”字形，由墓道、甬道、墓室三部分组成	口180×（120～128）底坡196×（112～124）–（0～82）		104×（128～170）–（118～120）	（口394、底404）×（口200～203、底240～244）–120	不详	不详	无	扰
M43	ⅡT0301	21°	斜坡墓道砖券洞室墓，平面形状呈“凸”字形，由墓道、甬道、墓室三部分组成	口80×（140～146）底坡85×（140～146）–（0～26）		70×154–58	470×324–58	砖砌棺床1 324×272–10	不详	陶罐1	扰
M44	ⅡT0403 ⅡT0404	216°	斜坡墓道砖券洞室墓，平面形状呈“凸”字形，由墓道、封门、甬道、墓室四部分组成	口320×110 底坡360×110–（0～170）	高98、宽110	230×80–60	324×110–170	不详	不详	无	扰
M45	ⅡT0401 ⅡT0402	24°	斜坡墓道砖券洞室墓，平面形状呈“凸”字形，由墓道、甬道、墓室三部分组成	口48×120 底坡54×120–（0～24）		88×144–24	340×266–24	不详	不详	铜钱20	扰
M46	ⅡT0402	25°	斜坡墓道砖券洞室墓，平面形状呈“刀”形，由墓道、封门、甬道、墓室四部分组成	口300×（96～146）底坡280×（96～146）–（0～112）	残高12、宽72	65×98–130	316×127–130	不详	不详	铅马衔1	扰
M47	ⅡT0505	185°	斜坡墓道砖券洞室墓，平面形状呈“凸”字形，由墓道、甬道、墓室三部分组成	口120×（110～114）底坡124×（110～114）–（0～40）		160×138–64	370×273–64	砖砌棺床1 331×246–13	不详	铜钱9	扰

续表

墓号	位置	方向	形制结构	墓道尺寸（厘米）	封门尺寸（厘米）	甬道尺寸（厘米）	墓室尺寸（厘米）	葬具（厘米）	葬式	随葬品	盗扰否
				长×宽-深		进深×宽-高	长×宽-深	长×宽-高			
M48	ⅡT0503	200°	斜坡墓道砖券洞室墓，平面形状呈“刀”形，由墓道、封门、甬道、墓室四部分组成	口160×114 底坡182×114-（0～30）	残高10、宽90	110×90-27	328×198-30	不详	不详	无	扰
M49	ⅡT0103 ⅡT0104	214°	斜坡墓道砖券洞室墓，平面形状呈“凸”字形，由墓道、甬道、墓室三部分组成	口210×170 底坡230×170-（0～104）		144×170-122	420×320-122	砖砌棺床1 320×260-20	不详	陶井1	扰
M50	ⅡT0405	175°	斜坡墓道砖券洞室墓，平面形状呈“凸”字形，由墓道、封门、甬道、墓室、耳室五部分组成	口120×（92～124） 底坡130×112-（34～70）	残高92～99、宽112～118	166×（146～156）-（92～99）	（484～494）×（280～342）-98 耳室237×130-78	砖砌棺床1 300×296-22	不详	釉陶碓1、釉陶磨1、陶猪1	扰
M51	ⅡT0201 ⅡT0301	115°	斜坡墓道砖室墓，平面形状呈“刀”形，由墓道、封门、甬道、墓室四部分组成	口204×（108～110） 底坡274×（108～110）-（52～154）	残高22、宽94	（100～110）×（94～98）-154	400×240-155	砖砌棺床1 （240～250）×180-20 木棺1 长128、宽36	不详	釉陶鼎1、釉陶壶2、陶瓮1、陶罐2、釉陶奁1、陶盆1、釉陶盘1、陶仓3、陶灶1、陶釜3、陶甑1、釉陶勺1、陶井1、陶汲水瓶1、釉陶耳杯1、釉陶案1、铜环1、铜镜1、玻璃耳珰1组（5件）、玻璃珠1组	扰
M52	ⅡT0101 ⅡT0102	115°	斜坡墓道砖券洞室墓，平面形状呈“凸”字形，由墓道、甬道、墓室三部分组成	口142×120 底坡150×120-（0～50）		（44～46）×120-90	（400～410）×（244～266）-90	砖砌棺床1 290×（240～260）-14	不详	无	扰

续表

墓号	位置	方向	形制结构	墓道尺寸（厘米）长×宽–深	封门尺寸（厘米）	甬道尺寸（厘米）进深×宽–高	墓室尺寸（厘米）长×宽–深	葬具（厘米）长×宽–高	葬式	随葬品	盗扰否
M53	ⅡT0103	116°	斜坡墓道砖券洞室墓，平面形状呈“凸”字形，由墓道、封门、甬道、墓室四部分组成	口296×100–底坡334×100–（0～168）	高142、宽106	74×88–116	440×270–162	砖砌棺床1 270×222–24	不详	陶盆2、陶仓2、陶灶1、陶甑1	扰
M54	ⅡT0401 ⅡT0402	25°	斜坡墓道砖券洞室墓，平面形状呈“凸”字形，由墓道、封门、甬道、墓室四部分组成	口214×（100～112）底坡290×（100～112）–（0～152）	高146、宽36	74×122–116	316×（124～130）–152	不详	西：迁葬 东：仰身直肢	陶瓮1、陶仓1、陶灶1、陶甑1、铜环1、铜钱120	扰
M55	ⅡT0102	130°	斜坡墓道砖室墓，平面形状呈“刀”形，由墓道、封门、甬道、墓室四部分组成	口180×120底坡210×120–（40～140）	东：残高30 西：高128、宽72	140×（110～116）–140	（口380～400、底340）×（口210～212、底190～194）–140	砖砌棺床1 248×194–20	不详	釉陶壶1、陶罐1、陶仓1、陶灶1、陶釜1、陶甑1、陶汲水瓶1、陶碗1、铜泡1、铜饰件1、铜钱75、石砚1、骨珠33	扰
M56	ⅡT0103 ⅡT0102 ⅡT0203	50°	斜坡墓道砖券洞室墓，平面形状呈“刀”形，由墓道、封门、甬道、墓室四部分组成	口190×130底坡210×130–（94～210）	高144、宽120	80×130–144	420×220–210	砖砌棺床1 300×220–30	不详	陶罐1、陶仓1、玻璃耳珰1	扰

附表五　宋金时期墓葬登记表

墓号	位置	方向	形制结构	墓道尺寸（厘米）	封门尺寸	甬道尺寸（厘米）	墓室尺寸（厘米）	葬具（厘米）	葬式	随葬品	盗扰否
				长×宽–深		进深×宽–高	长×宽–深	长×宽–高			
M24	Ⅰ T0912	105°	竖穴墓道砖室墓，平面形状呈“凸”字形，由墓道、封门、墓室三部分组成	口80×72–56	高50、宽52、厚30		84×80–50	不详	不详	无	扰
M25	Ⅰ T0912	140°	斜坡墓道砖室墓，整体形状呈“凸”字形，由墓道、封门、甬道、墓门、墓室五部分组成	口264×（90～150）底300×（90～134）–（0～160）	残高160	44×44–160	八边形每边长65、墓室宽180～189、高130	不详	西：仰身直肢 东：不详	瓷碗1	扰
M27	Ⅰ T0912	128°	斜坡墓道砖室墓，平面形状呈“凸”字形，由墓道、门楼、甬道、墓室四部分组成	口274×（90～100）底290×（88～90）–106	高140、宽64	30×45–90	100×100–90	不详	仰身直肢	瓷碗1	扰

后　　记

本报告是集体劳动的成果，由陈文利、姚军英、王建平共同执笔。参加发掘的工作人员有段志强、刘会龙、刘彦龙、董少清等，温志恒、刘彦龙拍摄了遗迹和遗物照片，河南省文物考古研究院鲁红卫先生绘制了器物线图，线图排版由孙广贺制作。

在墓葬发掘和报告编写的过程中，得到了河南省文物局南水北调文物保护办公室张志清、孔祥珍、董睿，许昌市文物局诸位领导，郑州大学靳松安、李锋，河南省文物考古研究院孙凯，洛阳市文物考古研究院张鸿亮等先生的帮助和指导。与此同时，科学出版社的张亚娜女士、王光明先生也提出了许多宝贵意见，使报告增色不少，在此表示感谢！

由于水平有限，报告中难免有疏漏甚至错误之处，敬请读者不吝赐教。

编　者

2014年7月

图 版

1. Ⅰ区周边环境（西北方向）

2. Ⅰ区周边环境（西南方向）

蛮子营墓地周边环境

1. Ⅰ区遗迹分布状况

2. Ⅰ区遗迹分布状况

蛮子营墓地遗迹分布状况

1. Ⅰ区发掘现场

2. Ⅱ区周边环境

蛮子营墓地Ⅰ区发掘现场和Ⅱ区周边环境

1. Ⅱ区遗迹分布状况

2. Ⅱ区遗迹分布状况

蛮子营墓地Ⅱ区遗迹分布状况

1. 工作场景

2. 工作场景

3. 工作场景

蛮子营墓地工作场景

1. 河南省文物局南水北调文物保护办公室张志清主任一行视察工地

2. 监理单位指导工作

领导视察蛮子营墓地发掘工作

1. M1全景

2. M1封门

3. M1出土器物

4. M2墓室全景

M1全景、封门、出土器物和M2墓室全景

彩版八

1. M3墓室全景

2. M5全景

3. M8全景

4. M10全景

M3墓室全景和M5、M8、M10全景

1. M7全景

2. M22墓室全景

3. M7隔墙

M7全景、M22墓室全景及M7隔墙

1. M21出土器物

2. M25砖雕桌椅

M21出土器物和M25砖雕

1. M25全景

2. M25砖雕灯擎

3. M25砖雕木柜

4. M25砖雕木门

M25全景及其墓室砖雕

1. M27砖雕木窗

2. M27砖雕木门

3. M27封门

M27墓室砖雕和封门

1. 釉陶壶（M1：5）

2. 釉陶器盖（M1：12）

3. 釉陶鼎（M1：15）

4. 铜壶（M2：8）

5. 釉陶器盖（M2：10）

6. 釉陶器盖（M2：20）

M1、M2出土器物

1. 釉陶器盖（M7南室：4）

2. 铜镜（M10：2）

3. 釉陶器盖（M14：10）

4. 釉陶鼎（M51：4）

5. 釉陶壶（M51：20）

6. 玻璃耳珰（M51：21）

M7、M10、M14、M51出土器物

1. H2全景

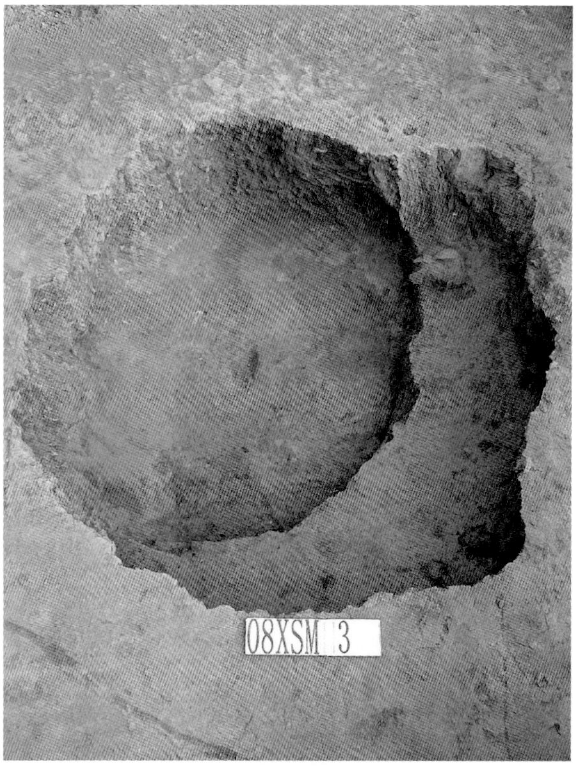

2. H3全景

3. M30墓室全景

4. M31全景

H2、H3 、M31全景和M30墓室全景

图版二

1. M31墓室全景

2. M31墓室底部

M31墓室全景及墓室底部

1. M39全景

2. M40全景

3. M41全景

4. M40墓室全景

M39 、M40、M41全景和M40墓室全景

图版四

1. M41封门

2. M51全景

3. M51墓室全景

4. M53全景

M41封门、M51、M53全景及M51墓室全景

1. M54墓室全景

2. M54封门及券顶

3. M53墓室全景

M54墓室全景、封门、券顶和M53墓室全景

图版六

1. 陶瓮（M16：1）

2. 陶鬲（H2：1）

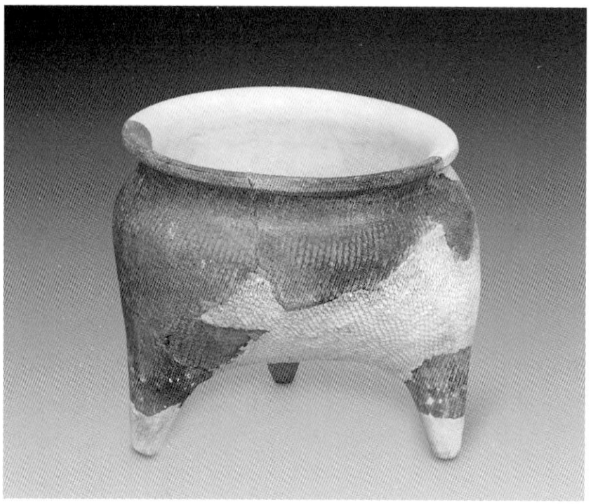

3. 陶鬲（H2：2）

4. 陶器（H2：3）

5. 陶甗（H3：1）

6. 陶甗（H3：2）

M16、H2、H3出土器物

1. 陶甗（H3：3）

2. 铜镞（H6：1）

3. 陶器盖（H12：1）

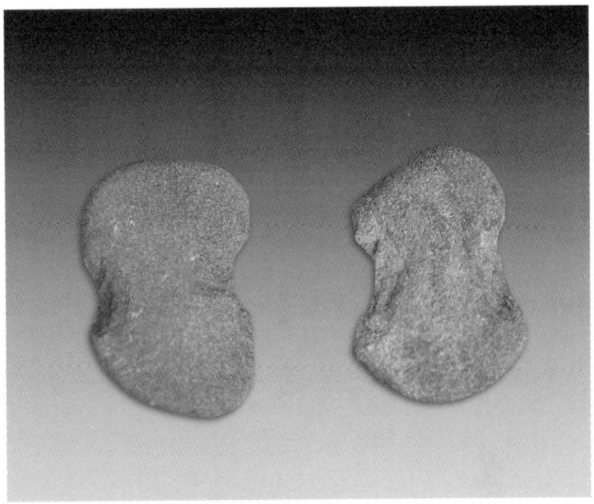

4. 石网坠（H15：1）

5. 石锛（H15：2）

H3、H6、H12、H15出土器物

图版八

1. 陶釜（M1：1）

2. 陶井（M1：3）

3. 陶罐（M1：4）

4. 陶灶（M1：6）

5. 陶釜（M1：10）

6. 釉陶器盖（M1：13）

M1出土器物

1. 陶釜（M1：14）

2. 陶瓮（M1：16）

3. 陶盆（M1：17）

4. 陶磨（M1：18）

5. 陶仓（M1：19）

6. 陶灶（M1：22）

M1出土器物

图版一〇

1. 陶瓮（M1：28）

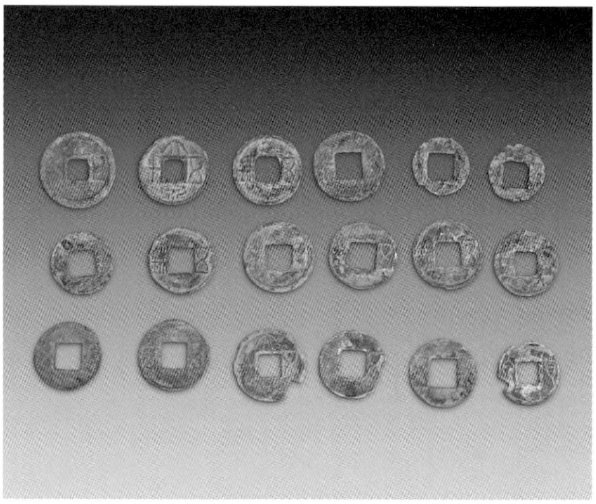

2. 铜钱（M1：29）

3. 釉陶罐（M2：1）

4. 陶仓（M2：2）

5. 陶仓（M2：3）

6. 陶釜（M2：5）

M1、M2出土器物

1. 铜车軎（M2：9、M2：14）

2. 铜车轴（M2：11）

3. 铜钱（M2：12）

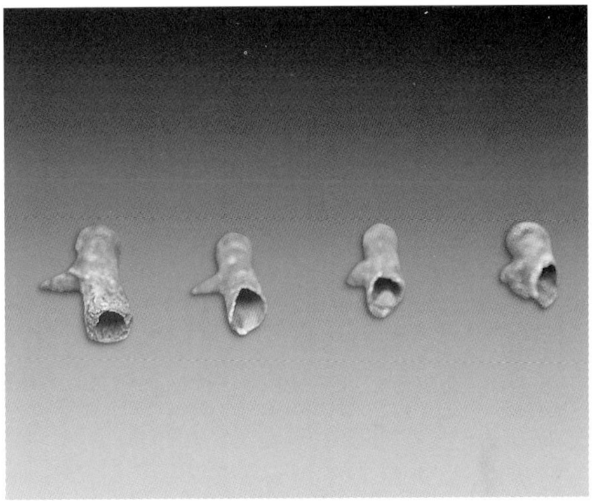
4. 铜盖弓帽（M2：13）

5. 釉陶仓（M2：15）

6. 釉陶仓（M2：16）

M2出土器物

图版一二

1. 陶盆（M2：17）

2. 釉陶磨（M2：18）

3. 釉陶井（M2：19）

4. 釉陶器盖（M2：22）

5. 陶盆（M2：23）

6. 釉陶壶（M2：24）

M2出土器物

1. 陶仓（M3：1）

2. 陶仓（M3：2）

3. 陶甑（M3：3）

4. 陶井（M3：5）

5. 陶灶（M3：4）

6. 陶灶（M3：4）

M3出土器物

图版一四

1. 陶罐（M3：6）

2. 陶盆（M3：7）

3. 陶灶、釜（M4：1、M4：17）

4. 陶仓（M4：2）

5. 陶仓（M4：3）

6. 陶井（M4：4）

M3、M4出土器物

1. 陶甑（M4：5）

2. 陶井（M4：6）

3. 陶盆（M4：7）

4. 陶汲水瓶（M4：8）

5. 陶盒（M4：9）

6. 陶罐（M4：10）

M4出土器物

图版一六

1. 陶罐（M4：11）

2. 陶罐（M4：12）

3. 陶瓮（M5：1）

4. 陶瓦当（M5：2）

5. 陶盆（M5：4）

6. 陶仓（M5：5）

M4、M5出土器物

1. 陶釜（M6：1）

2. 铜环（M6：2）

3. 铜钱（M6：3）

4. 陶仓（M7北室：2）

5. 陶釜（M7北室：3）

6. 陶罐（M7北室：4）

M6、M7出土器物

图版一八

1. 釉陶罐（M7南室：2）

2. 陶仓（M7南室：5）

3. 陶鼎（M7南室：6）

4. 陶炉（M7北室：5）

5. 陶熏炉（M7北室：6）

6. 铜钱（M8：1）

M7、M8出土器物

1. 陶灶（M9：1）

2. 陶釜（M9：3）

3. 陶灶（M9：4）

4. 陶罐（M9：5）

5. 铜钱（M9：6、M9：7、M9：8、M9：9）

6. 陶甑（M9：10）

M9出土器物

图版二〇

1. 陶仓（M10：1）

2. 铜印章（M11：1）

3. 陶甑（M11：2）

4. 陶瓦当（M12：1）

5. 铜钱（M12：2）

6. 釉陶盆（M14：2）

M10、M11、M12、M14出土器物

1. 釉陶器盖（M14：3）

2. 釉陶器盖（M14：4）

3. 釉陶盆（M14：5）

4. 釉陶罐（M14：6）

5. 陶熏炉（M14：7）

6. 釉陶鼎（M14：8）

M14出土器物

图版二二

1. 釉陶器盖（M14：9）

2. 陶瓮（M14：11）

3. 陶瓮（M14：12）

4. 釉陶磨（M14：13）

5. 釉陶灶（M14：14）

6. 釉陶仓（M14：15）

M14出土器物

1. 陶瓮（M14：16）

2. 铜轴饰（M14：18）

3. 铜车轴（M14：20）

4. 铜弩机（M14：21）

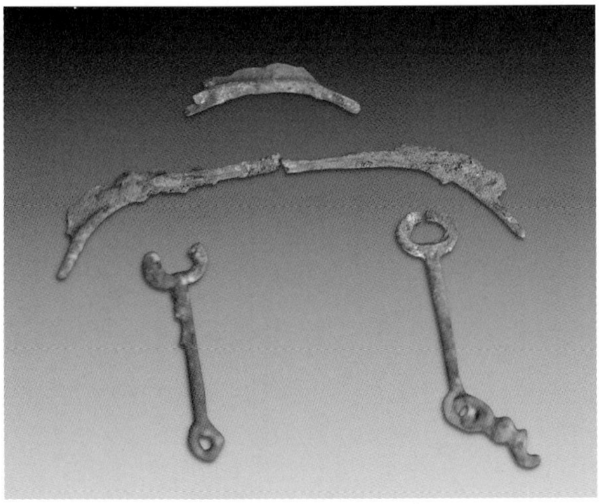

5. 铜衔镳（M14：22）

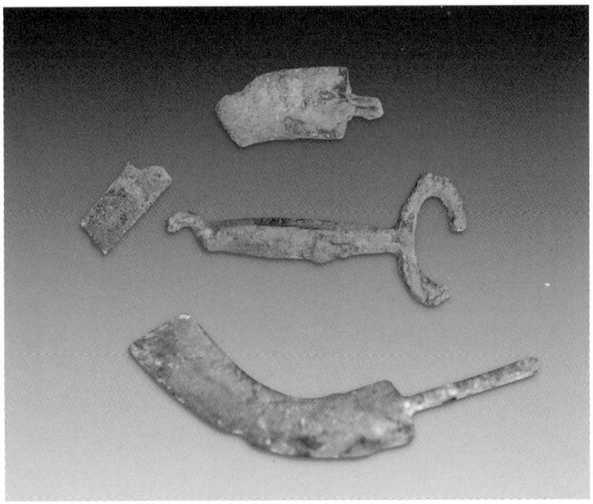

6. 铜衔镳（M14：23）

M14出土器物

图版二四

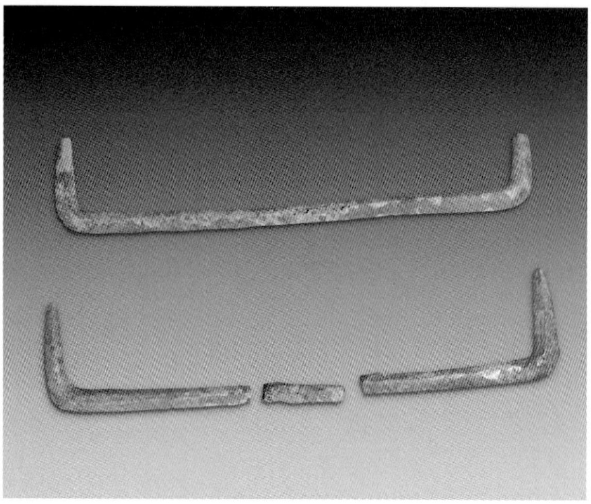

1. 铜车軎（M14：24）

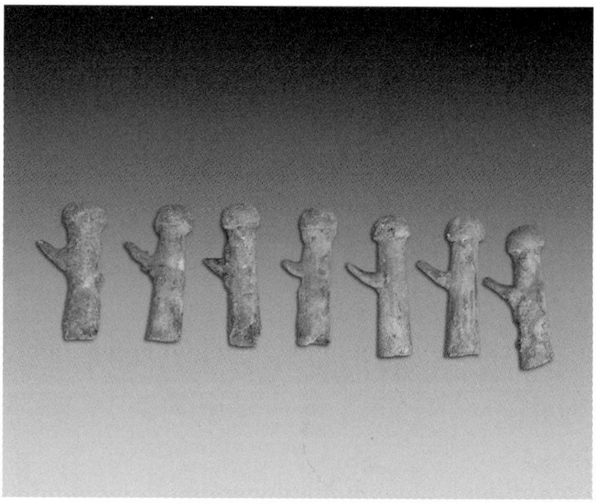

2. 铜盖弓帽（M14：25）

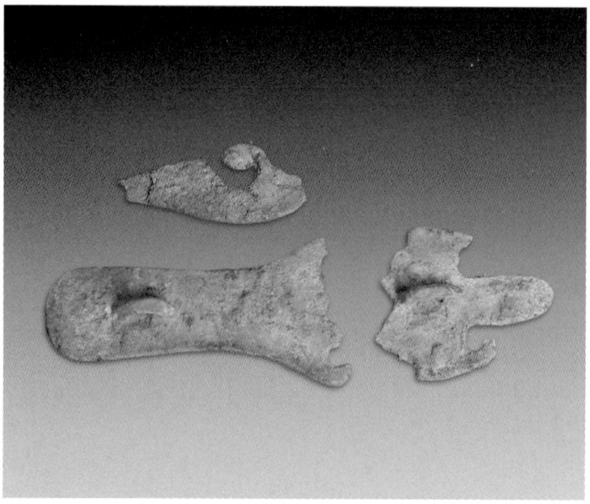

3. 铜当卢（M14：26）

4. 铜节约（M14：27）

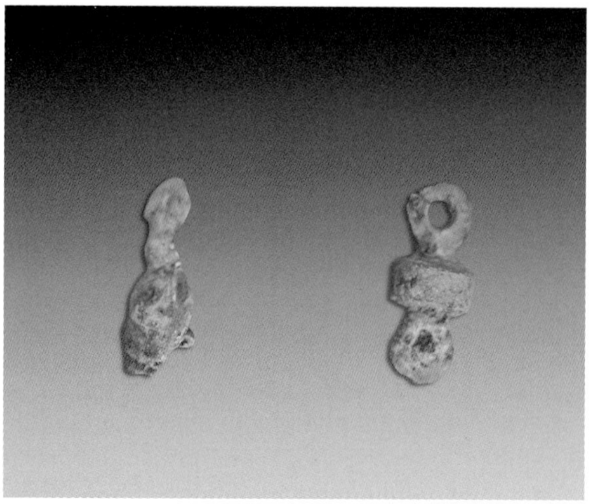

5. 铜饰件（M14：28）

6. 石器（M14：30）

M14出土器物

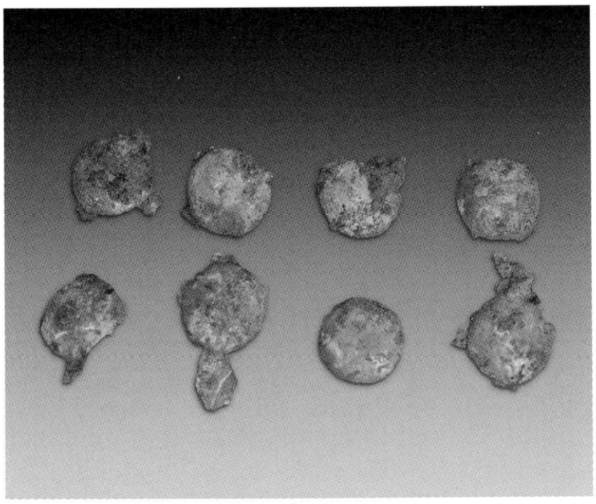

1. 铜饰件（M14：31）

2. 铜钱（M14：32）

3. 铜钱（M18：1）

4. 陶磨（M20：1）

5. 陶盆（M20：2）

6. 陶盆（M20：3）

M14、M18、M20出土器物

图版二六

1. 陶仓（M21：1）

2. 陶罐（M21：2）

3. 陶井（M21：3）

4. 陶灶（M21：4）

5. 陶仓（M21：5）

6. 陶甑（M21：6）

M21出土器物

图版二七

1. 陶盆（M21：8）

2. 陶釜（M21：9）

3. 陶瓮（M22：1）

4. 铁釜（M22：2）

5. 陶盆（M22：3）

6. 陶罐（M22：4）

M21、M22出土器物

图版二八

1. 陶罐（M22：5）

2. 陶釜（M22：6）

3. 陶仓（M22：7）

4. 陶仓（M22：9）

5. 陶仓（M22：11）

6. 陶灶（M22：13）

M22出土器物

1. 陶釜（M22：14）

2. 陶罐（M22：16）

3. 陶井（M22：20）

4. 铜钱（M22：21、M22：22、M22：23）

5. 陶罐（M23：1）

6. 陶罐（M23：2）

M22、M23出土器物

图版三〇

1. 陶井（M26：1）

2. 陶仓（M26：2）

3. 陶盆（M29：1）

4. 陶罐（M30：1）

5. 陶奁（M30：2）

M26、M29、M30出土器物

1. 陶灶（M30：3）

2. 陶罐（M30：4）

3. 陶仓（M30：5）

4. 陶罐（M30：6）

5. 陶罐（M30：7）

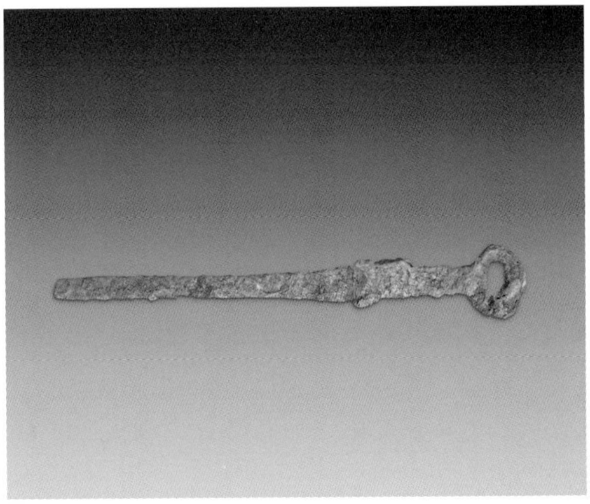

6. 铁刀（M30：8）

M30出土器物

图版三二

1. 陶井（M30：9）

2. 陶碗（M30：10）

3. 陶仓（M30：11）

4. 陶灶（M31：1）

5. 陶井（M31：3）

6. 陶盆（M31：4）

M30、M31出土器物

1. 陶仓（M31：5）

2. 陶井（M31：7）

3. 陶磨（M31：8）

4. 陶灶（M32：1）

5. 陶甑（M32：2）

6. 釉陶龟（M33：1）

M31、M32、M33出土器物

图版三四

1. 釉陶俑（M33：2）

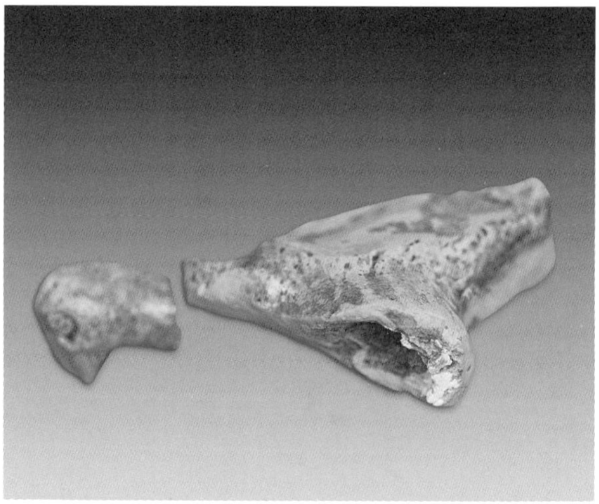

2. 釉陶鸡（M33：4）

3. 釉陶俑（M33：5）

4. 陶罐（M33：6）

5. 陶仓（M33：7）

6. 陶罐（M33：9）

M33出土器物

1. 陶罐（M35：1）

2. 陶罐（M35：2）

3. 陶灶（M35：3）

4. 陶灶（M35：3）

5. 陶甑（M35：4）

6. 铜钱（M37：1）

M35、M37出土器物

图版三六

1. 陶罐（M40：1）

2. 陶罐（M40：2）

3. 陶仓（M40：5）

4. 陶灶（M40：6）

5. 陶釜（M40：7）

6. 陶甑（M40：8）

M40出土器物

1. 陶盆（M40：9）

2. 陶井（M40：10）

3. 陶仓（M40：11）

4. 陶釜（M40：12）

5. 陶罐（M40：13）

6. 陶井（M41：1）

M40、M41出土器物

图版三八

1. 陶仓（M41：2）

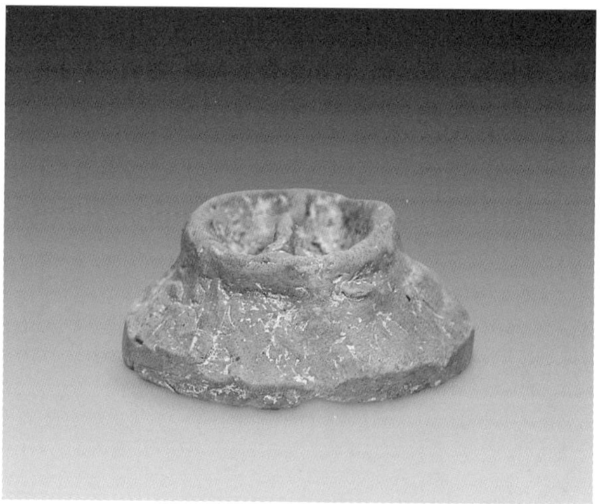
2. 陶磨（M41：3）

3. 陶盆（M41：4）

4. 陶炉（M41：5）

5. 陶罐（M43：1）

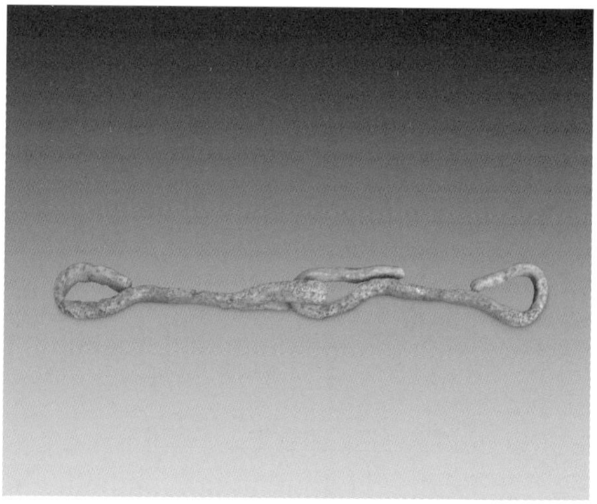
6. 铅马衔（M46：1）

M41、M43、M46出土器物

1. 铜钱（M47：1）

2. 陶井（M49：1）

3. 釉陶碓（M50：1）

4. 釉陶磨（M50：2）

5. 陶猪（M50：3）

6. 陶瓮（M51：1）

M47、M49、M50、M51出土器物

1. 釉陶盘（M51：2）

2. 釉陶耳杯（M51：3）

3. 釉陶耳杯（M51：3）

4. 釉陶案（M51：5）

5. 陶甑（M51：6）

6. 陶灶（M51：7）

M51出土器物

1. 陶釜（M51：8）

2. 陶井（M51：9）

3. 陶汲水瓶（M51：10）

4. 陶盆（M51：11）

5. 陶仓（M51：12）

6. 陶仓（M51：13）

M51出土器物

图版四二

1. 陶仓（M51：14）

2. 陶罐（M51：15）

3. 陶釜（M51：17）

4. 陶釜（M51：18）

5. 铜镜（M51：19）

6. 玻璃珠（M51：22）

M51出土器物

1. 铜环（M51：23）

2. 釉陶奁（M51：24）

3. 釉陶勺（M51：25）

4. 釉陶壶（M51：26）

5. 陶仓（M53：1）

6. 陶仓（M53：2）

M51、M53出土器物

图版四四

1. 陶灶（M53：6）

2. 陶灶（M53：6）

3. 陶井（M54：2）

4. 陶甑（M54：4）

5. 陶灶（M54：3）

6. 陶灶（M54：3）

M53、M54出土器物

1. 陶瓮（M54：1）

2. 铜钱（M54：5）

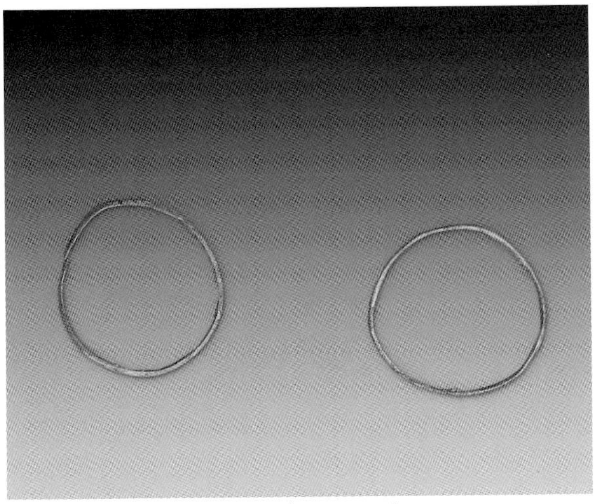

3. 铜环（M54：6）

4. 釉陶壶（M55：1）

5. 陶罐（M55：2）

6. 陶碗（M55：3）

M54、M55出土器物

1. 陶仓（M55：4）

2. 陶灶（M55：6）

3. 陶汲水瓶（M55：7）

4. 石砚（M55：8）

5. 铜钱（M55：9）

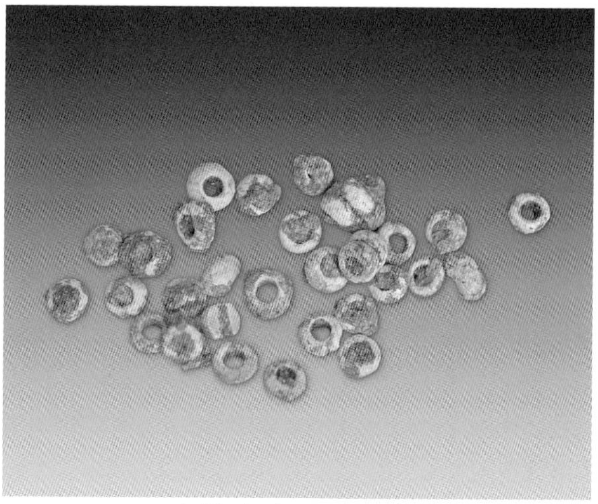

6. 骨珠（M55：10）

M55出土器物

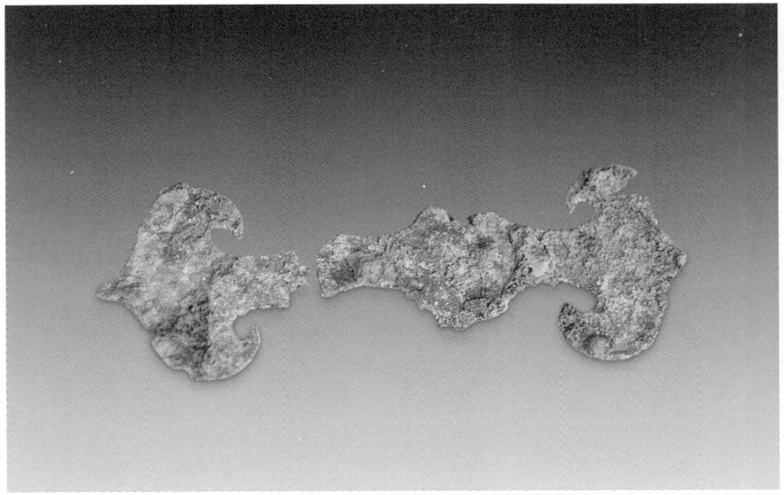

1. 铜饰件（M55：11）

2. 陶甑（M55：12）

3. 陶仓（M56：2）

4. 玻璃耳珰（M56：3）

M55、M56出土器物

1. 瓷碗（M25：1）

2. 瓷碗（M25：1）

3. 瓷碗（M27：1）

4. 瓷碗（M27：1）

M25、M27出土器物